ARKANA

W0193840

Buch

Jeder wünscht sich ein erfülltes Leben. Viele warten jedoch lebenslang auf ein Wunder, ohne zu merken, dass es um Achtsamkeit im Hier und Jetzt geht. Brenda Shoshanna lehrt uns Zen als einen Weg, wach zu werden für die Gaben und Wunder, die wir täglich empfangen. Sie erzählt von den Erfahrungen und Weisheiten der alten Zen-Meister und zeigt, wie wir die Zen-Praxis in unser Leben und unsere Kultur integrieren können. Ihre Ausführungen beweisen, dass die alte buddhistische Methode der Geistes- und Charaktervervollkommnung weder exotisch noch schwierig ist, sondern erstaunlich einfach und für jeden praktikabel. Nicht Weltferne und Rückzug sind das Ziel der Meditationsübungen. Denn das wahre innere Gleichgewicht offenbart sich als aktive Teilnahme und lebendige Antwort auf die Bewegungen des Lebens.

Autorin

Dr. Brenda Shoshanna, Ph. D., war als Psychologin, Therapeutin und Workshop-Leiterin tätig und praktiziert seit über 25 Jahren Zen-Meditation. Sie lehrte Zen und Psychologie am Marymont-College, der Zen Studies Society und anderen Einrichtungen. Ihre Bücher, die sich als Wegweiser für die Bewältigung von Lebensproblemen und Krankheiten verstehen, wurden in eine Vielzahl von Sprachen übersetzt.

BRENDA SHOSHANNA

ZEN-WUNDER

Mit alltäglichen Zen-Übungen
das torlose Tor durchschreiten

Aus dem Amerikanischen
von Margarete Tesch

ARKANA
GOLDMANN

Die amerikanische Originalausgabe erschien 2002
unter dem Titel
»Zen Miracles: Finding Peace In An Insane World«
bei John Wiley & Sons, New York.

Umwelthinweis:
Alle bedruckten Materialien dieses Taschenbuches
sind chlorfrei und umweltschonend.

Vollständige Taschenbuchausgabe Februar 2003
© 2003 der deutschsprachigen Ausgabe
Wilhelm Goldmann Verlag, München
in der Verlagsgruppe Random House GmbH
© 2002 der Originalausgabe Brenda Shoshanna, Ph. D.
Published by arrangement with Brenda Shoshanna Lukeman Ph. D.
Umschlaggestaltung: Design Team, München
Umschlagfoto: Zefa/Masterfile
Satz/DTP: Martin Strohkendl, München
Druck: GGP Media, Pößneck
Redaktion: Gerhard Juckoff
WL · Herstellung: WM
Made in Germany
ISBN 3-442-21627-3
www.goldmann-verlag.de

2. Auflage

*Dieses Buch ist dem
unendlichen Einen gewidmet,
dessen großes Wunder mir erlaubt hat,
dieser Lehre zu begegnen,
sie zu üben und das weiterzugeben,
was ich zu lernen begonnen habe.*

Erkenne Ihn auf allen deinen Wegen,
und Er wird deine Schritte lenken.

Thora

Inhalt

TEIL IV
DAS FALSCHE SELBST AUFLÖSEN

TEIL V
ZEN, GOTT UND ERLEUCHTUNG

Danksagung

Ein herzlicher Dank gilt dem lebendigen und mutigen Geist meiner Lehrer Soen Nakagawa Roshi, Eido Shimano Roshi, Charlotte Joko Beck und meinem Großvater Reb Moshe Snitofsky, der Gott so sehr liebte, dass sein ganzes Leben zu einem Gesang wurde.

Einleitung

Alter Pflaumenbaum.
Die frischen Zweige tragen
herrliche Blüten.

Basho

Wir alle möchten, dass das Leben voller Wunder sei, und das ist es auch. Wir beten um Wunder, suchen nach Wundern, hören uns Geschichten über Wunder an und denken, Wunder würden irgendwann in der Zukunft geschehen oder hätten vor Tausenden von Jahren stattgefunden. Nur wenige unter uns begreifen, dass das große Wunder genau jetzt in unserem Leben geschieht. Zen ist einfach die Übung zu erwachen, damit wir das Wunder sehen, dafür danken und es von ganzem Herzen leben.

Der Übungsweg des Zen hat die Menschen zu allen Zeiten verwirrt und fasziniert. Eine wirkliche Beschreibung dessen, was Zen ist, lässt sich nicht mit Worten geben. Sobald man es ausspricht, heißt es im Zen, hat man es schon verfehlt. Eine alte Zen-Weisheit lautet: »Wasch deinen Mund aus, wenn du das Wort ›Zen‹ gebraucht hast.« Worte begrenzen, verwässern und verzerren das Verständnis. Und dennoch ist es ebenso wenig hilfreich zu schweigen. Dies selbst ist ein *Koan* – ein Zen-Rätsel – oder eine Herausforderung für uns.

Zen stammt aus einer klösterlichen Tradition. Es ist durch

viele Nationen und Kulturen gewandert und kommt nun zu uns, wo es dringend gebraucht wird. Wir müssen lernen, es zusammen mit seinen alten Traditionen in unsere Kultur und unseren Alltag zu integrieren.

Ich bin in einem chassidischen Milieu in Borough Park, Brooklyn, aufgewachsen, in einer Familie, in der jedes Mitglied ganz entschieden seine eigenen Ansichten vertrat. Ich war von Anfang an von *Koans* fasziniert (auf die ich später eingehen werde), obwohl ich sie nicht so nannte. Eine Sehnsucht nach Gott, gemischt mit Verwirrung, Konflikten und gespaltenen Loyalitäten hielt mich in Atem. Nachdem ich von der Talmud-Schule in eine öffentliche Highschool verpflanzt worden war, geschah dann im Alter von 15 plötzlich etwas Seltsames. Ein Geschichtslehrer drückte mir ein Geschenk in die Hand, das in eine braune Papiertüte eingepackt war.

»Sag niemandem etwas davon«, bat er mich geheimnisvoll. »Das ist genau das Richtige für dich. Ich weiß es.« Ich hatte nicht die geringste Ahnung, worum es sich handelte.

Zu Hause machte ich das Päckchen auf. Es enthielt ein Buch von D. T. Suzuki über Zen. Ich öffnete es, fing an zu lesen und wurde von einer unerklärlichen Freude erfüllt. Ich las ein Koan nach dem nächsten, ohne eine Ahnung von ihrer Bedeutung zu haben, aber ich wusste, dass dies mich endlich genau zu dem führen konnte, wonach ich mich immer gesehnt hatte.

Dieses Buch war viele Jahre lang mein ständiger Begleiter; ich trug es immer bei mir und las es wiederholt. Wenn Freunde wissen wollten, wovon es handelte, konnte ich es nicht sagen. Ich spürte nur sehr stark, dass es ein Weg zur Wahrheit war.

Jahrelang war mir nicht klar, dass es so etwas wie eine

Zen-»Praxis« gibt. Ich wusste auch nicht, wo ich je einen Lehrer finden sollte. Zuweilen fragte ich Freunde, ob sie meinten, ich müsse dafür nach Japan gehen. Ein besonders lieber und weiser Freund, Gerry, pflegte mir zu antworten: »Ach was, ich glaube, er wird eines Tages schon von selbst kommen.«

Etwa 17 Jahre später war es so weit. Ich fand einen Lehrer, einen Ort, um zu üben, und wurde in *Zazen* oder Sitzmeditation unterwiesen. Tag für Tag eröffnete sich mir ein völlig neues Leben, während gleichzeitig starke Kindheitserinnerungen und -sehnsüchte aufstiegen. Das Sitzen war kein Entrinnen aus irgendetwas, noch bedeutete es für mich, eine neue »Religion« anzunehmen. Es war üben, üben, üben. Es brachte mich dazu, alle Aspekte meines Lebens zu reflektieren, darunter auch meine Verbindung mit Gott und meinem Erbe, die mit jedem Tag, an dem ich saß, zunehmend tiefer und lebendiger wurde. Es zwang mich auch, meine psychologische Praxis, meine Patienten, meine Ehe und meine Kinder, kurz jede Seite meines Lebens, neu zu betrachten.

In Japan sagt man: Es gibt keinen Weg zurück nach Hause. Beim Zen ist man gegenteiliger Meinung: »Jedes Mal, wenn wir sitzen, kehren wir nach Hause zurück.« Einige Menschen müssen mitunter sogar tatsächlich wieder in die Straßen und das Milieu ihrer Herkunft eintauchen und das mitbringen, was sie gefunden haben.

Zen-Wunder ist der Versuch, meine Erfahrungen mit Zen als Angehörige des westlichen Kulturkreises, als praktizierende Psychologin und Therapeutin und als Mutter und Chefin eines Haushalts zu verarbeiten und das, was ich dabei gelernt habe, all jenen Menschen anzubieten, denen es hilfreich erscheint.

In meiner mehr als 25-jährigen Tätigkeit als Psychologin und Therapeutin ist mir zunehmend deutlich geworden, dass uns wahrer Friede und echte Erfüllung, ganz gleich wie viele Probleme wir durchgearbeitet haben mögen, immer wieder entgleiten. Sobald ein Problem gelöst ist, taucht ein anderes auf, um seinen Platz einzunehmen. Besonders heutzutage, wo wir nach immer mehr Erfolg, Geld, Können und Besitz streben, bleibt das große Wunder des Lebens selbst unentdeckt. Viele bringen ihre kostbare Zeit in dem Gefühl zu, Bettler und Verlierer zu sein, und haben Groll beim großen Festmahl des Lebens. Dieses Buch soll einen Beitrag dazu leisten, uns auf die Gaben und Wunder aufmerksam zu machen, die wir tagtäglich empfangen. Sein Schwerpunkt liegt darauf, die Schleier, die uns umgeben, zu verstehen und zu beseitigen: all die inneren und äußeren Hindernisse, die aus Freunden Feinde machen, aus Freude Leid und aus dem Himmel selber die Hölle. Nichts außerhalb von uns trägt daran die Schuld. Es ist einfach das Wesen des verwirrten Geistes.

Solange der verwirrte Geist nicht als das erkannt wird, was er ist, und zur Ruhe gebracht wird, sind wir weder imstande zu erkennen, wer wir sind und wohin wir gehen, noch können wir das große Wunder des Lebens würdigen.

In diesem Buch erfahren Sie, wie die Zen-Praxis mit dem verwirrten Geist und den Problemen, Hindernissen und Beziehungen umgeht, mit denen wir Tag für Tag zu tun haben. Als Psychologin und langjährige Zen-Schülerin stelle ich hier unseren üblichen Problemlösungsversuchen die Methode des Zen gegenüber. Statt die Krankheit zu diagnostizieren, Medizin zur Schmerzlinderung zu verschreiben, Mängel zu korrigieren oder uns selbst als schwach und sündig zu betrachten, schlägt Zen einen anderen Kurs ein. Es weist auf unsere grundlegende Kraft und Schönheit – »unsere Buddha-Natur« – hin und widmet sich der Aufgabe, diese zu stärken. Auf diese Weise fallen Depressionen, Konflikte und andere Störungen ganz von selbst weg.

Letztlich wird der Leser feststellen, dass die Zen-Praxis weder exotisch noch schwierig, sondern eine erstaunlich einfache und wirkungsvolle Methode ist, um die Qualität des eigenen Alltags zu verbessern. Das, was uns begegnet, wird nicht zurückgewiesen, sondern zum Üben verwendet. Die Dinge werden weder be- noch verurteilt; wir bemühen uns einfach, das grundlegende Wesen der Erfahrung selbst zu verstehen.

Anders als in der psychologischen Arbeit legen wir es nicht darauf an, die Äste des Baums zu beschneiden (ein Problem zu lösen, nur um auf das nächste zu stoßen), sondern gehen in die Tiefe und reißen die Wurzel aus. Wir begeben uns zur Wurzel unseres Leidens und setzen uns direkt mit ihr auseinander.

Wenn wir uns dem Leben auf diese Weise nähern, lösen sich Stress, Verwirrung, Einsamkeit, Ärger und viele andere Formen des Unglücks direkt vor unseren Augen auf. Die Ruhe, das Mitgefühl und die Klarheit, die dieser Übungsweg erzeugt, waren noch nie so notwendig wie heutzutage. Es gibt keine bessere Medizin.

Das Buch gliedert sich in fünf Teile: 1. *Wie man anfängt*: Was man zum Üben braucht, wie man es macht und was es beinhaltet. 2. *Wünsche und Begierden*: Ein Blick auf unsere psychologische Natur aus der Zen-Sicht sowie eine Erörterung der drei Gifte und der Wirkungen des Karmas auf unser Leben. 3. *Loslassen*: Das Wesen des Loslassens und Vergebens und die Aufhebung von Hindernissen in unserem Leben. 4. *Das falsche Selbst auflösen*: Ein neuer

Blick auf unser Gefühl von Identität und darauf, wie das falsche Ich Verzerrungen und Einengungen herbeiführt und großen Schmerz verursacht. 5. *Zen, Gott und Erleuchtung*: Die Integration der Zen-Praxis in die jüdisch-christliche Welt mit einer Betrachtung der Vorschriften, Gebote, Ermahnungen und Werte im Leben, die eine gesunde Praxis begleiten.

Da die Betonung in diesem Buch immer darauf liegt, die Zen-Praxis in die Familie, die Arbeit, die Beziehungen und den Alltag zu integrieren, beinhaltet es Reflexionsübungen, die man überall durchführen kann und die uns dabei helfen, uns die Grundsätze des Zen zu Eigen zu machen.

Neben Zazen ist von entscheidender Wichtigkeit, dass wir das Üben in all unsere Aktivitäten im Alltag mitnehmen. Dazu werden in jedem Kapitel Reflexionsübungen, praktisches Zen genannt, angeboten. Sie bereiten uns auf all die Formen vor, die das Üben annehmen kann, wie etwa Saubermachen, Kochen, Essen, Schlafen, Spazierengehen, Lachen, das Studium von Koans, *Sesshin* (Retreats) und *Dokusan* (Begegnungen mit dem Meister).

Die Leser und Leserinnen erhalten auch einen Einblick in die Geschichte des Zen. Es werden ihnen Fragen, Antworten, Ausrufe, Anekdoten und Einsichten einiger großer Lehrer in der Vergangenheit präsentiert. Sie werden überdies von Erfahrungen zeitgenössischer Zen-Schüler hören und wie das Üben in deren Leben Früchte getragen hat.

Zen-Wunder ist ein praktisches Buch, das den Lesern einen leicht verständlichen Einstieg in diese alte Welt bieten will, ohne dass die Authentizität und Dynamik verloren gehen, die sie uns bringt. Nur einige wenige Augenblicke des Übens mit voller Aufmerksamkeit können den ganzen Tag verändern. Dieses Üben vollzieht sich Atemzug für Atemzug, Augenblick für Augenblick. Es ist nie zu früh und nie zu spät dafür.

Das Sitzen im Zen ist keine schwierige Aufgabe. Befreit euch einfach von allen hereinströmenden Komplikationen und setzt ihnen euren Geist entgegen wie eine große Eisenwand. Dann werdet ihr eines Tages eurem wahren Selbst begegnen, so als ob ihr aus einem Traum erwacht wärt, und euch wird das Glück zuteil werden, das ihr anders nie hättet finden können.

Soyen Shaku

TEIL I

* * * * * * * * *

Wie man anfängt

1

Was ist Zen?

Zen-Wunder 1

*Wir können lachen, wenn wir lachen,
und weinen, wenn wir weinen.*

In einer alten Zen-Geschichte wird erzählt, dass einmal vor vielen Jahren ein Arzt, der täglich mit Tod und Leiden konfrontiert war, den Rat eines berühmten Zen-Meisters einholte, der still für sich in einer unzugänglichen Berghütte lebte. Der Arzt erklomm den Berg, suchte lange nach der Hütte und traf schließlich nach vielen Tagen den Meister dabei an, wie er Blätter neben seiner winzigen Behausung zusammenharkte. Der Lehrer schaute bei der Ankunft des Schülers nicht auf, sondern fuhr mit dem bedächtigen Harken fort. »Ich bin gekommen, um das Wesen von Zen zu verstehen«, erklärte der Schüler. Der Zen-Meister hob einen Augenblick lang den Blick. »Geh nach Hause und sei freundlich zu deinen Patienten«, antwortete er. »Das ist Zen.«

Die eigenen Antworten finden

Auf die meisten Fragen gibt es Antworten, die sich an unseren Intellekt richten. Wir wollen Auskünfte, die verständlich sind, Antworten auf die brennende Frage, wie wir das Richtige erkennen und tun können und mit den endlosen Komplikationen fertig werden, die das Leben bereithält. Wir entwerfen Strategien und Pläne und sammeln alle Fakten, deren wir habhaft werden können. In der Annahme, jemand im Äußeren kenne die Antwort, suchen wir nach Autoritäten. Diese Suche kann zu einer Manie werden. Wir laufen zu Lehrern, Ärzten, Psychologen, Priestern und Rabbis und sind der Überzeugung, sie wüssten den »richtigen Weg«. Um die richtige Antwort oder das richtige System durchzusetzen, wurden Kriege geführt und Leben geopfert.

Die Antworten auf Zen-Fragen kann man nicht durch Nachdenken, Reden oder dadurch erhalten, dass man sich einen Zen-Meister oder eine andere Autorität sucht. Ein Zen-Meister kann Sie nur so lange schubsen, treten, anschreien, lieben, bedrängen und Ihnen gut zureden, bis Sie begreifen, dass niemand anderer als Sie selbst im Besitz Ihrer Wahrheit sind. Um die Antworten auf Ihre Lebensfragen zu finden, müssen Sie nach innen schauen. Weniger ist nicht genug. Mehr ist nicht erforderlich.

Beim Zen geht es darum, dass Sie den Kopf auf Ihren eigenen Schultern und das Herz, das jetzt in Ihnen schlägt, finden und ehren. Es geht darum, die Suche umzukehren, das Innere zu entdecken und ihm zu vertrauen.

Setz keinen Kopf auf deinen Kopf.
Was ist verkehrt an dem, den du hast?

Nyogen Senzaki

Setz keinen Kopf auf deinen Kopf

Die Zen-Praxis ist autoritär und antiautoritär zugleich. Sie ist antiautoritär in dem Sinne, dass Zen-Schüler gelehrt werden, ihr Leben und ihren Geist wieder ganz in Besitz zu nehmen. Sie werden fähig, die verstreute Macht und Energie wieder an sich zu nehmen, welche sie Tausenden von »Autoritäten« gegeben haben, die sie in der Außenwelt gefunden oder in sie hineinprojiziert haben. Nach Jahren des Übens ist ein Zen-Schüler schließlich in der Lage, auf seinen eigenen Füßen durch die Welt zu gehen und das Leben zu leben, das ihm gegeben ist. Er ist in der Lage, zu lachen, wenn er lacht, und zu weinen, wenn er weint. Er ist aufrichtig und ohne Täuschung.

Iss, wenn du hungrig bist;
schlaf, wenn du müde bist

Rinzai Gigen war der Begründer einer der wichtigsten Zen-Schulen in China. Er starb 866 n. Chr., sein Geburtsdatum ist unbekannt. Das Rinzai-Zen ist für seine Dynamik und seine kompromisslose Direktheit bekannt. Die Lehre gelangte im 13. Jahrhundert nach Japan.

Rinzai sagte: »Wenn ich hungrig bin, esse ich; wenn ich müde bin, schlafe ich. Die Narren lachen mich aus. Aber die Weisen verstehen mich.« *(Rinzai Roku)*

Wie vielen gelingt es wirklich, zu essen, wenn sie hungrig sind, und zu schlafen, wenn sie müde sind? Vielen fällt es bereits schwer, Hunger als solchen zu erkennen. Wenn wir hungrig sind, reden wir, suchen nach Liebe, machen eine Diät oder schlingen die falsche Nahrung hinunter. Wenn wir müde sind, treiben wir uns an, härter zu arbeiten, laufen, tanzen oder fallen ins Bett und wälzen uns die ganze Nacht mit schweren Träumen herum. Wie vielen gelingt es, tatsächlich die Nahrung zu schmecken, die sie essen, sie wertzuschätzen und zu verdauen? Wie viele von uns kennen einen wirklich erfrischenden Schlaf, den unschuldigen Schlaf eines kleinen Kindes?

Lauras Geschichte

Laura, eine Mutter in den Mittvierzigern, die ihr Leben lang kerngesund gewesen war, wachte eines Tages auf und fühlte sich krank. Am Anfang hielt sie es für einen vorübergehenden Virus, aber die Wochen vergingen und die Krankheit blieb. Ihre Stimmungen wurden unkontrollierbar, ihr seelisches Gleichgewicht brach schließlich zusammen und sie bekam Schwellungen an den Augen. Nachdem sie eine Reihe von Ärzten aufgesucht hatte, wurde endlich eine Erkrankung der Schilddrüse diagnostiziert. Laura erhielt Medikamente und die Auskunft, dass sich ihr Zustand vielleicht bessern würde, vielleicht aber auch nicht. Die Monate vergingen, ohne dass eine Besserung eintrat. In ihrer Verzweiflung versuchte sie es mit Akupunktur, Kräutern und einem ganzen Bündel von alternativen Heilmitteln, doch ohne Erfolg.

Eines Nachmittags bot ihr eine Freundin an, sie in Zen-

Meditation zu unterweisen. Laura glaubte, dass sie nichts mehr zu verlieren habe. Sie folgte den Grundanweisungen und übte an dem Tag ungefähr eine Stunde zusammen mit ihrer Freundin. »Es war gut, aber nicht spektakulär«, sagte Laura. »Ich hörte keine Glocken läuten. Ich habe keine Euphorie erlebt.« Dennoch zog irgendetwas sie auf das Meditationskissen zurück, und sie entschloss sich von da an, eine Stunde pro Tag auf eigene Faust zu sitzen.

Nach sechs Monaten kontinuierlicher Zen-Übung gingen die Schwellungen an Lauras Augen zurück, ihre Gemütsverfassung stabilisierte sich und sie fand ihr seelisches Gleichgewicht wieder. Wenn man sie heute zu Zen befragt, sagt sie: »Ich weiß nicht genau, was passiert ist, aber es hat mir das Leben gerettet.«

Worin besteht die Krankheit?

> Die ganze Welt ist Medizin.
> Worin besteht die Krankheit?
> *Alter Zen-Spruch*

Worin genau besteht die Krankheit, an der Laura leidet? Die meisten kommen in den *Zendo* (den Meditationsraum) und üben, weil sie unter vielen Problemen, Ängsten und Unzufriedenheiten im Leben leiden. Irgendetwas stimmt nicht – fehlt. Welche anderen Wege sie auch gewählt haben mögen, die innere Unruhe lässt nicht nach.

Buddha hat diese Unruhe sehr schön beschrieben. Als man ihn fragte, wer er sei, sagte er: »Ich bin ein Arzt, der gekommen ist, um die Leiden der Welt zu kurieren. In uns allen steckt ein giftiger Pfeil, und ich werde euch zeigen, wie man ihn herauszieht.« Er hat niemals gesagt: »Ich werde ihn für euch herausziehen.« Bei der Zen-Praxis machen wir uns nicht von anderen abhängig, sondern lernen stattdessen, unseren eigenen Giftpfeil herauszuziehen.

Die meisten von uns verbringen ihre Zeit damit, Erörterungen und Analysen über das Wesen des Leidens anzustellen und zu überlegen, wer ihnen helfen kann. Beim Zen setzen wir dem Diskutieren ein Ende. Wir nehmen einfach den Pfeil und ziehen ihn heraus. Ist er entfernt, entdecken Menschen oft voller Erstaunen, dass vieles von dem, was sie herbeigesehnt hatten, dem sie nachgejagt waren und von dem sie glaubten, nicht ohne es leben zu können, selbst das Gift war.

Meine Augenbrauen sind waagerecht, meine Nase senkrecht

Als Dogen (ein großer alter Zen-Lehrer) nach Jahren des Übens aus China nach Japan zurückkehrte, wurde er gefragt, was er gelernt habe. »Ich habe gelernt, dass meine Augenbrauen waagerecht sind und meine Nase senkrecht«, lautete seine Antwort.

Der Fragesteller schaute ihn verwundert an. »Das weiß doch jeder.«

Aber er irrte sich. Wie lange brauchen wir, um Dinge genau so zu sehen, wie sie sind? Wie viele von uns können das aushalten? T. S. Eliot sagte: »Die Menschheit kann nicht sehr viel Wirklichkeit verkraften.«

Deshalb flüchten wir uns oft in Illusionen, die uns beschwichtigen sollen, ein Vorgang, der maßlose Enttäuschung und Schmerz verursachen kann. Doch die Wirklichkeit ist die Medizin. Wenn wir den Tatsachen unseres Lebens ins Auge blicken können, werden sie uns von der Qual befreien, in der wir stecken. Wer die Wahrheit voll und ganz ertragen kann, für den ist das Leiden vorüber. Es mag Schmerz da sein, aber es ist lediglich Schmerz. Leiden ist unsere Zutat zum Schmerz. Leiden ist die Weigerung, das Leben Augenblick für Augenblick so zu erleben, wie es ist. Es wird erzeugt durch die vielen Schichten von Erfindungen – Meinungen und Interpretationen –, die wir zu dem hinzutun, womit wir konfrontiert werden.

Wenn man einer Krankheit, Schwierigkeit oder anderen Katastrophe ausgesetzt ist, entsteht das starke Verlangen, das Geschehene zu verstehen. Einige Menschen denken: »Das wäre mir nie passiert, wenn ich ein besserer Mensch wäre« oder »Jemand anders trägt die Schuld an meinem Leiden« oder auch: »Dieses Ereignis ist ein Zeichen dafür, dass ich böse bin und gehasst werde. Mein Leiden wird meine gesamten Sünden tilgen.«

Wir können uns alle möglichen Erklärungen ausmalen, aber die tiefste Wahrheit lautet, dass wir es nicht wissen. Erklärungen bringen einen oberflächlichen Trost. Ein Weiß-nicht-Geist ist anders. Er ist imstande, das Leben so zu nehmen, wie es kommt. Er wagt es, aufzustehen und zu leben, ganz gleich, was geschieht. Ein Weiß-nicht-Geist ist bescheiden und anpassungsfähig. Er drängt sich nicht den Tatsachen des Lebens auf. Er hört auf, Katastrophen zu erwarten. Er lernt, einfach anzunehmen und weiterzugehen.

Die Welt der Gefühle und Vorstellungen

Die Interpretationen, die wir unseren Erfahrungen geben, und die Gedanken und Bedeutungen, zu denen wir gelangen, stehen im Zentrum psychologischer Untersuchungen. Psychologen analysieren den Ursprung und Inhalt unserer Denkprozesse. Einige Gedanken oder Zwänge werden als Abwehr gegen unannehmbare Erinnerungen oder Gefühle betrachtet, andere verfolgt man zu ihrem Ursprung zurück und erkennt sie vielleicht als Reaktion auf strafende Eltern. Durch die Untersuchung von Gedanken, Gefühlen und Interpretationen lernen die Patienten, ihre Welt von einem neuen Bezugsrahmen aus zu sehen und dadurch anders zu reagieren. Daran ist an sich nichts falsch, außer dass sowohl Patient als auch Therapeut den größten Teil ihrer Zeit in der Welt der Gefühle und Vorstellungen zubringen. Dadurch verlieren beide mitunter die Verbindung zur lebendigen Wirklichkeit, die sich ihnen in diesem Augenblick zeigt. Vielleicht sind beide nicht imstande, den sanften Hauch der Frühlingsluft auf ihrem Gesicht oder die liebevolle Berührung eines neuen Freundes wahrzunehmen.

Auch wenn die Annahmen der Psychologie auf einer bestimmten Wahrheitsebene gültig sind, wird beim Zen die Auffassung vertreten, dass alle mentalen Konstrukte das Ziel verfehlen. Sie selber sind die Ursache des Leidens, denn sie trennen uns davon, die schlichten Tatsachen unseres Lebens direkt zu erfahren. Die gesamte Einsicht, die wir brauchen, um gut zu leben, entsteht daraus, dass wir voll und ganz die sind, die wir sind, und dort sind, wo wir sind.

Schmerz ist bloß Schmerz

Wenn wir die mentalen Konstrukte loslassen, ist Schmerz
lediglich Schmerz. Er lässt sich im Leben nicht vermeiden. Der Versuch, ihn zu vermeiden, ist Bestandteil der
Krankheit. Je mehr wir imstande sind, den Schmerz zu erleben und zu akzeptieren, desto eher klingt unser Leiden
ab. Wir müssen den Schmerz nicht wegerklären. Wir können ihn nicht durch Denken erledigen. Wir können ihn jedoch zulassen. Dadurch, dass wir ihn einfach zulassen,
verwandelt sich der Schmerz in etwas völlig anderes. Und
nicht nur das: Vor allem verwandeln *wir* uns. Wenn wir
Zen üben, sehen wir, dass Schmerz nichts Schlechtes ist.
Er ist einfach Schmerz. Wenn wir unser Leben damit zubringen, vor schmerzhaften Augenblicken davonzulaufen,
schließen wir vieles von dem aus, was das Leben uns
bringt, sowohl den Schmerz als auch die Freude. Wir können weder lachen, wenn wir glücklich sind, noch weinen,
wenn wir traurig sind.

Beim Zen lernen wir, schmerzhafte Augenblicke zu fühlen
und anzunehmen und größer zu werden als unser Schmerz.
Wenn wir willens sind, unsere Erfahrung genauso zu akzeptieren, wie sie ist, geschieht etwas Seltsames: Sie verwandelt sich in etwas anderes. Weichen wir hingegen dem
Schmerz aus und kämpfen gegen ihn an, verwandelt sich
der Schmerz in Leiden.

Es gibt einen erheblichen Unterschied zwischen Schmerz
und Leiden. Schmerz lässt sich oft nicht vermeiden, Leiden hingegen schon. Wenn wir den Unterschied begreifen,
klingen viele Ängste ab.

Beim Üben lässt das Denken nach, und wir werden eins

mit dem Vogelgezwitscher, der Sommerhitze, dem Lächeln eines Freundes, dem Gefühl des Spülwassers auf unseren Händen. Das Denken bringt uns davon weg. Die unmittelbare Erfahrung jedoch schenkt uns die Heilung, Freude und Kraft, die wir für alles benötigen.

Der Zendo

Schweigen ist der Anfang der Heilung. Der Zendo ist ein Raum, der dem Schweigen, der Zen-Meditation, gewidmet ist. Er kann sehr groß sein, wie etwa ein Kloster, das vielen Menschen Platz bietet. Er kann auch ein einfacher Tempel, eine Hütte, ein Baumhaus oder ein geeigneter Bereich Ihrer Wohnung sein. Gewöhnlich wird er sauber und leer gehalten mit Ausnahme von ein paar Blumen und einem Sitzkissen. Das wird ausführlich im nächsten Kapitel erläutert.

Beim Betreten des Zendos schweigen wir. Die üblichen Begrüßungen und Gespräche werden vorübergehend eingestellt, und wir lassen an der Tür unser soziales Selbst zurück. Wir müssen nicht vorgeben, jemand zu sein, der wir nicht sind, glücklich zu sein, wenn wir traurig sind, oder stark zu sein, wenn wir uns verletzlich fühlen. Wir kommen in den Zendo, um zu üben. Wir kommen nicht, um an irgendjemanden Forderungen zu stellen. Außer bei der Teepause oder zu anderen Zeiten, in denen soziale Interaktion notwendig ist, schauen wir uns gegenseitig nicht an und suchen nicht nach Anerkennung oder Bestätigung. Hier ist die Zeit, um unser eigenes Selbst kennen zu lernen.

Die Kommunikation mit anderen entwickelt sich anders, wenn wir sitzen und schweigen. Sie wird tief, bedeutungsschwer und dauerhaft. Wir verständigen uns mit anderen Mitteln. Glocken, Schlaghölzer und Gongs kündigen den Anfang und das Ende der Meditation an. Bei einer längeren Meditationsübung übernehmen wir in den Pausen die uns zugewiesenen Aufgaben, wie Saubermachen und Kochen, und tun sie hundertprozentig. Das ist unsere Kommunikation.

Wenn man bei einem Schweige- und Meditationsseminar mehrere Tage neben jemandem gesessen hat, weiß man alles über diesen Menschen, was es zu wissen gibt, und fühlt sich ihm oder ihr ebenso nahe wie sich selbst, auch wenn man miteinander kein Wort gewechselt hat. Endlich ist es leicht zu erkennen, dass unsere Worte, Handlungen und angenommenen Persönlichkeiten wie Mauern wirken können, die andere fern halten, statt uns einander näher zu bringen. An diesem Punkt beginnen wir zu verstehen, was es heißt, »nach Hause zu gehen und freundlich zu den Patienten zu sein«, und was das Gebot bedeutet, unseren Nächsten zu lieben wie uns selbst.

> Alle Wesen sind Blumen,
> ein Blühen
> in einem blühenden Universum.
> *Soen Nakagawa Roshi*

2

Wie man es macht

Zen-Wunder 2

*Kein Anlehnen mehr an andere,
wir können uns auf uns selbst
verlassen.*

Wie man es macht: Zen-Meditation

Beim Zen heißt es, dass die beste Unterweisung keine Unterweisung und die beste Ermutigung keine Ermutigung ist. Das zwingt Sie, der Abhängigkeit ein Ende zu setzen, die Dinge selbst herauszufinden und auf Ihren eigenen Füßen zu stehen.

Wenn sich die Möglichkeit bietet, ist es wunderbar, in einen Zendo zu gehen, mit anderen zu üben und Führung und Ermutigung zu erhalten. Diejenigen, denen das nicht möglich ist, können jedoch auch auf eigene Faust üben. Üben müssen letztlich Sie selbst, und das Üben kann überall dort stattfinden, wo Sie wollen. Es besteht kein Unterschied in dem, was Sie tun, ob Sie in einem Zendo oder zu Hause sitzen.

Beginnen Sie dort, wo Sie gerade sind; dann werden sich vielleicht neue Möglichkeiten in Ihrem Leben auftun. Wenn das Üben zur Reife gelangt ist, wird schließlich die ganze

Welt zu Ihrem Zendo, und Sie sind zu Hause, ganz gleich, wo Sie sich aufhalten.

Einen Raum schaffen

Wenn Sie in Ihrem Haus oder Ihrer Wohnung einen Raum zum Sitzen schaffen wollen, bedarf es einiger Vorbereitungen. Räumen Sie zunächst in einem Teil Ihrer Wohnung alles weg, was herumliegt. Schaffen Sie einen sauberen, leeren Raum. Dann besorgen Sie sich ein Sitzkissen (in Zen-Zentren und im Versandhandel gibt es große rechteckige Matten, auf denen kleinere runde Kissen liegen). Für den Anfang eignet sich bei Ihnen zu Hause jedes bequeme Kissen. Wenn Sie nicht auf einem Kissen sitzen können, können Sie auch ein Bänkchen, einen Hocker oder einen Stuhl mit gerader Lehne nehmen. Manche Leute stellen gern eine kleine Glocke neben sich, um den Anfang und das Ende des Sitzens zu markieren, und zünden ein Räucherstäbchen an. Frische Blumen und Wasser können einen Beitrag zur Atmosphäre leisten. Ihre Umgebung beeinflusst Ihre Meditation, und Ihre Meditation beeinflusst Ihre Umgebung.

Wenn Sie in Ihrer äußeren Welt Platz schaffen, wird sich auch Ihre innere Welt öffnen. Je leerer der Raum ist, den Sie für das Sitzen schaffen, desto größer wird Ihre innere Welt werden.

Zieh die Schuhe aus

Gewöhnlich schenken wir unseren Füßen keine Beachtung.
Wir nehmen sie als etwas Selbstverständliches hin und
hüllen sie in Strümpfe und Schuhe. Wenn wir diese Hüllen abstreifen, stellen wir fest, dass unsere Füße mit zu
den sensibelsten Körperteilen gehören. Sie sind mit vielen
Nervenendungen ausgestattet, die uns sowohl mit dem
Boden in Kontakt bringen, auf dem wir gehen, als auch
mit inneren Vorgängen. Sie sind imstande, Weisheit und
Informationen aufzunehmen, die wir anders nicht aufnehmen könnten.

Wenn wir einen Zendo betreten, ziehen wir als Erstes die
Schuhe aus und stellen sie ordentlich in ein Regal neben
der Tür. Zum einen sollen kein Staub und Schmutz in den
Zendo getragen werden, der immer makellos sauber ist.
Zum anderen ziehen wir die Schuhe aus, weil unsere Füße
kostbar sind. Wir ehren und respektieren sie und gehen
achtsam auf ihnen. Wir verachten nicht, was sie uns zu
lehren haben. Genau darin besteht die Zen-Praxis. Nichts
wird gering geachtet, alles wird seiner Bestimmung gemäß
genutzt. Wir gehen langsam mit gesenktem Blick, konzentrieren uns auf jeden Schritt und spüren den Boden unter
unseren Füßen, während wir uns unserem Platz nähern.

Setz dich

Nehmen Sie auf Ihrem Kissen am Boden Platz, kreuzen
Sie Ihre Beine, oder setzen Sie sich auf Ihren Stuhl oder
Hocker. Halten Sie den Rücken gerade und den Kopf auf-

recht, und schauen Sie mit geöffneten Augen auf den Boden. Die Augen bleiben geöffnet, um dem Einschlafen oder dem Versinken in Träumereien vorzubeugen. Zen ist die Übung, aufzuwachen, zu wissen, wann wir fantasieren und wann wir ganz da sind, genau in diesem Augenblick.

Damit unterscheidet es sich von anderen Formen der Meditation. Beim Zazen streben wir nicht an, einen besonderen Zustand zu erreichen, sondern versuchen bloß, für das wach zu werden, was bereits ist. Wir müssen nichts Besonderes schaffen, sondern nur lernen, für das präsent zu sein, was sich uns Augenblick für Augenblick, Atemzug für Atemzug zeigt.

Legen Sie Ihre linke Hand mit der leicht gekrümmten Handfläche nach oben in die Bauchnabelgegend, legen Sie Ihre rechte Hand auf dieselbe Weise unter die linke Hand. Die beiden Daumen berühren einander. Dann richten Sie Ihre Aufmerksamkeit auf den Ort unterhalb des Nabels – Ihr *Hara* oder Vitalzentrum.

»Ist das alles?«, fragte David, nachdem er das erste Mal geübt hatte. »Ich war enttäuscht. Ich dachte, ich würde zu den Sternen schweben. Ich habe lange gebraucht, um zu begreifen, dass die Sterne hier sind, bei jedem Atemzug.«

Lehn dich nicht an

Die Haltung ist wichtig. Lehnen Sie sich nicht an. Bei diesem Übungsweg lernen wir, uns nicht anzulehnen, sondern unser ursprüngliches Gleichgewicht und unsere Stärke in uns selbst zu entdecken und uns auf sie zu verlassen. Wenn Sie im Lotussitz, im halben Lotussitz oder auch nur im Schneidersitz sitzen können, ist das hilfreich. Wenn nicht, machen Sie sich keine Sorgen. Tun Sie Ihr Bestes. Das Zazen wird für den Rest Sorge tragen. Sie müssen sich, so gut es geht, nur darum bemühen, die Haltung beizubehalten. (Sie können sich auch auf die Fersen hocken und das Kissen zwischen die Beine legen.)

Wenn Sie aufhören, sich beim Sitzen anzulehnen, werden Sie auch in anderen Bereichen Ihres Lebens aufhören, sich anzulehnen und zu schwanken. Sie werden nicht mehr von anderen fordern, sich um Sie zu kümmern, und nicht mehr behaupten, Sie seien zu schwach, um Ihr eigenes Leben in die Hand zu nehmen. Einer der größten Schätze der Zen-Praxis besteht darin, dass Sie zu Ihrer eigenen natürlichen Stärke finden.

Folge dem Atem

Beim Sitzen zählen Sie Ihre Atemzüge von eins bis zehn. Danach fangen Sie immer wieder bei eins an, zählen die Atemzüge bis zehn und folgen dabei Ihrem natürlichen Atem. Greifen Sie nicht ein, machen Sie den Atem nicht zu etwas Besonderem. (Diese Anweisung gilt für die ersten 50 Jahre.) Vielleicht gibt Ihnen ein Lehrer später eine andere Übung oder auch nicht. Das ist jetzt nicht wichtig. Im Augenblick ist es wichtig, regelmäßig und so lange zu sitzen, wie es Ihnen möglich ist.

Lass einen langen Atemzug lang und einen kurzen Atemzug kurz sein

Machen Sie sich beim Sitzen keine Sorgen über Ihren Atem. Machen Sie sich über gar nichts Sorgen. Gewöhnlich hetzen wir voll von Gedanken, Plänen, Ärger und Kummer durch den Tag, während uns die ganze Zeit dieser unglaubliche Atem geschenkt wird, Augenblick für Augenblick. Wir sind nicht dankbar für ihn, erkennen nicht an, dass er da ist, oder überlegen, was geschehen würde, wenn er einige Augenblicke lang aussetzen würde. Doch jeder Atemzug wird uns kostenlos geschenkt. Jeder Atemzug ist gut, so wie er ist. Lassen Sie einen langen Atemzug lang und einen kurzen Atemzug kurz sein. Nachdem Sie ihn empfangen haben, atmen Sie einfach aus, und geben Sie ihn zurück. Sie erlauben sich, endlich zu spüren, dass Sie in eben diesem Augenblick am Leben sind. Während Sie Ihrem Atem Aufmerksamkeit schenken, kann Ihr Leben gar nicht umhin, sich nach innen zu kehren.

Wenn die Glocke erklingt, hör auf die Glocke

Die Glocke erklingt dreimal, um den Beginn des Sitzens anzukündigen. Wenn die Glocke erklingt, hören Sie auf sie. Wenn sie aufhört zu klingen, hören Sie darauf. Wie oft lauschen wir den Geräuschen unserer Umgebung wirklich oder hören die Stille, wenn das Geräusch endet? Wie oft lauschen wir den Worten anderer, hören den Ruf in ihrer Stimme? Die meisten von uns leben ihr Leben und sind taub für die Rufe, die an sie ergehen. Hier halten wir nun inne und lauschen. Mit fortschreitendem Üben wird das Lauschen tiefer, bis wir schließlich den Laut der Stille und dessen, was jenseits von ihr liegt, vernehmen können.

> Hör dem zu, der zuhört.
> *Meister Bankei*

Beweg dich nicht

Sobald das *Zazen* (das Sitzen) begonnen hat, bewegen Sie sich nicht, bis es endet. Das Sitzen kann lang oder kurz sein, ganz wie Sie es wünschen. In Zen-Zentren dauern Sitzmeditationen meist 30 bis 40 Minuten oder länger. Fünf-, zehn- oder fünfzehnminütige Sitzmeditationen zu Hause sind für Anfänger auch in Ordnung. Tun Sie, was Ihnen möglich ist. Das Wichtige ist Regelmäßigkeit. Das Üben baut sich in seiner eigenen Zeit und auf seine eigene Weise auf.

Es ist sehr wichtig, sich während des Sitzens nicht zu bewegen. Sobald wir uns unwohl fühlen, möchten wir uns gewöhnlich bewegen, um das Unwohlsein zu beseitigen. Dadurch, dass wir uns nicht bewegen, heben wir unsere gewohnheitsmäßigen Reaktionen auf und erlauben uns, für das, was gerade geschieht, präsent zu sein. Wenn Gedanken kommen, sollten Sie sie weder unterdrücken noch verachten, sondern einfach das, was da ist, zur Kenntnis nehmen und sich wieder aufs Atmen – den gegenwärtigen Augenblick – konzentrieren. Die Gedanken kommen und gehen; es ist nicht notwendig, ihnen nachzuhängen. Ebenso kommen und gehen die Reaktionen. Manchmal empfinden wir tiefe Liebe, zu anderen Zeiten hassen wir. Manchmal wünschen wir uns, voll und ganz zu leben, zu anderen Zeiten erscheint uns das Leben unerträglich. Aber wir gestatten uns nicht, ein Spielball vorübergehender Erscheinungen zu sein. Stattdessen gestatten wir uns, alles zu erleben, was kommt – und es dann loszulassen.

Wenn wir leiden, versuchen wir gewöhnlich, die Dinge zu analysieren und in Ordnung zu bringen. Manche Menschen wollen auch die Welt verändern. Die Welt zu verändern, zu heilen und in Ordnung zu bringen bildet die Grundlage vieler Religionen. Aber beim Zen fragen wir: »Wo ist denn die Welt? Wo ist denn dieses Selbst, das du in Ordnung bringst?«

Buddha sagte: »Bevor du andere geradebiegst, musst du zuerst etwas viel Schwierigeres vollbringen – dich selbst geradebiegen« (*Dhammapada*). Bevor Sie sich daranmachen, die Welt, Ihren Freund, Ihre Ehe, Ihre Mutter oder Ihren Vater zu heilen, halten Sie einen Augenblick inne. Setzen Sie sich, und biegen Sie sich selbst gerade.

Immer wieder

Beim Zen (vor allem an einem Zen-Übungstag oder in einer Zen-Übungswoche) tun wir hundert Mal und mehr dasselbe. Lernen Sie, die Wiederholung zu lieben. Ein Regentropfen, der auf einen Fels fällt, muss viele tausend Mal fallen, bevor der Fels ein klein wenig durchlässiger wird und den Tropfen in sich aufnehmen kann. Dasselbe gilt auch für unseren Geist und unser Herz. Immer wieder hören wir denselben Regentropfen im Zendo, denselben

Gong, dieselbe Glocke, dieselben Schlaghölzer, dieselbe Anweisung. Wir setzen uns Tag für Tag auf dieselbe Weise nieder und hören auf, uns zu bewegen, Dingen nachzujagen, etwas in Ordnung zu bringen und zu denken. Wir laufen nicht länger vor unserem Schmerz weg oder agieren ihn aus. Stattdessen erlauben wir uns, urteilsfrei für alles präsent zu sein, was geschieht. Dann vergeht das, was geschieht, und wir müssen für etwas anderes präsent sein. Auch dies vergeht wieder, und etwas anderes tritt in Erscheinung.

Damit drehen wir unserem Leiden den Hahn zu, ziehen unsere Aufmerksamkeit von dem Äußeren ab und nehmen sie zu uns selbst zurück. Zen ist die Übung, uns zu uns selbst zurückzubringen.

Sei aufmerksam

Wo unsere Aufmerksamkeit ist, ist auch unser Leben – unsere Energie. Nun ist es an der Zeit, unsere Aufmerksamkeit von den endlosen Erscheinungen und Reizen abzuziehen, die Anspruch auf sie erheben, und auf das zu achten, was im Innern geschieht. Träume, Erinnerungen, Ängste, Fantasien, starre Gebote – sie verlieren ihre Macht, uns zu beherrschen. Im Verlauf des Sitzens erkennen wir sie als das, was sie sind. Unsere Entscheidungen, Handlungen und Reaktionen sind dann der gegenwärtigen Situation angemessen, dem, was tatsächlich jetzt geschieht.

All das ergibt sich einfach dadurch, dass wir auf unseren Atem, auf eben diesen Augenblick achten. Wir beobachten oder spüren, wie der Atem in uns hineingeht und wie er uns anschließend wieder verlässt. Einigen Menschen erscheint das belanglos. »Was bringt mir das?«, fragen sie. Sie merken nicht, dass sie ohne genau diesen Atem nicht imstande wären, überhaupt zu leben.

Beim Üben verschieben sich unsere Prioritäten. Das, was wir für belanglos hielten, wie etwa den nächsten Atemzug, wird kostbar. Das, was wir meinten, so dringend zu brauchen, wie etwa einen neuen Partner oder ein neues Auto, verliert an Gewicht. Wir können immer mehr ohne es auskommen. Wir benutzen andere, uns selbst oder die Dinge, die die Welt zur Verfügung stellt, nicht, um unser Leben richtig zu »machen«. Beim Sitzen sehen wir, dass unser Leben bereits richtig ist. Und wir bedanken uns.

Steh auf, wenn es an der Zeit ist

Am Schluss einer Zazen-Runde erklingt die Glocke zum Zeichen, dass das Sitzen beendet ist. (Wenn Sie allein üben, können Sie sich selbst ein Zeichen geben.) Wenn wir die Glocke hören, legen wir die Hände zusammen und machen eine kleine Verneigung. Dann stehen wir auf, auch wenn wir lieber sitzen bleiben möchten. Alle Aktivitäten im Zendo vollziehen sich gemeinsam. Wir lenken keine Aufmerksamkeit auf uns. Die Stärke der *Sangha* (der Gruppe von Menschen, die gemeinsam sitzen) ist auch *unsere* Stärke. Wenn wir harmonisch handeln und der Sangha etwas geben, empfangen wir gleichzeitig etwas.

Selbst wenn uns die nächste Tätigkeit widerstrebt, haben wir keine Wahl, außer einfach das zu tun, was ansteht. Das ist an sich bereits eine ausgezeichnete Lektion fürs Leben. Wir halten uns nicht mit dem auf, was vorbei ist. Auch wenn wir das, was als Nächstes kommt, fürchten oder dagegen Widerstand empfinden, tun wir einfach das Notwendige – und gehen zur nächsten Tätigkeit über. Wenn wir erst einmal dabei sind, verliert sich der größte Teil der Angst und des Widerstands von selbst.

Nach dem Aufstehen und dem gemeinsamen Gehen setzen wir uns wieder, ohne zu wissen, was uns erwartet. Es könnte der Himmel oder die Hölle sein. Ganz gleich, was es ist: Es ist zeitlich begrenzt. Die Glocke wird wieder erklingen. Wieder werden wir aufstehen und umhergehen. Anschließend werden wir uns wieder setzen. Im Leben stecken wir manchmal in einer Sackgasse und fragen uns, ob die Glocke je erklingen wird. Wird die Situation je vorübergehen? Manchmal stecken wir so fest in der Sackgasse, dass wir den Eindruck haben, die Glocke wäre seit 50 Jahren nicht mehr erklungen. Dann hilft es, aufzustehen, umherzugehen und uns klar zu machen, dass alles mit der Zeit vergeht.

Achte auf jeden Schritt, den du machst

Kinhin ist eine Gehmeditation. Nach einer Phase, in der wir gesessen und unsere Energie und Konzentration versammelt haben, stehen wir auf und werden wieder aktiv. Statt mechanisch in diese Aktivität einzutauchen, nehmen wir die Gerichtetheit und Achtsamkeit, die sich während des Sitzens entwickelt haben, und wenden sie auf das an, was wir als Nächstes tun.

Kinhin kann fünf bis fünfzehn Minuten oder auch länger dauern. Beim Kinhin gehen wir langsam und hintereinander, die Hände unterhalb des Brustbeins zusammengelegt. Wir gehen aufrecht, aber mit gesenkten Augen und richten unsere Aufmerksamkeit auf unseren Atem und unsere Fußsohlen. Wir sind aufmerksam bei jedem Schritt, den wir machen. Das ist alles. Wir gehen nicht, um irgendwohin zu gelangen, sondern um exakt dort zu sein, wo wir sind. Jeder Schritt ist kostbar und einzigartig. Beim Gehen wird klar, dass *dieser eine Schritt nicht wiederkommen wird.*

Am Ende des Kinhin ertönen die Schlaghölzer, die den Schluss ankündigen. Wir legen unsere Hände zusammen und gehen in der Reihe zurück zu unseren Kissen. Die Schlaghölzer ertönen noch einmal. Wir verbeugen uns und setzen uns zur nächsten Runde des Zazen nieder.

Lege deine Hände zusammen und verneige dich

Beim Zen legen wir häufig die Hände zusammen. Das nennt man *Gassho.* Damit verbinden wir alle Teile von uns selbst miteinander: den linken und den rechten, den guten und bösen, den männlichen und weiblichen. Wir vereinigen die Welt der Gegensätze oder der Dualität. Das Zusammenlegen unserer Hände trägt auch zur Konzentration bei. Vor allem aber ist es ein Ausdruck unseres Danks und unserer Anerkennung. Wir halten inne und bedanken uns bei allem: bei dem Raum dafür, dass er da ist, bei den Kissen und Glocken und bei den anderen, die gekommen sind, um uns ihre Anwesenheit und Unterstützung zu schenken.

Dieser Augenblick der Dankbarkeit ist entscheidend. Wenn wir uns diese Achtsamkeit und Aufmerksamkeit den Tag über bewahren, erscheint uns alles in einem anderen Licht.

Wenn es an der Zeit ist zu gehen, geh

Es ist schwer zu gehen, wenn es an der Zeit ist zu gehen. Niemand will Abschied nehmen. Kommen und gehen ist die Natur unseres Lebens, aber wir alle denken, wir könnten irgendwo auf Dauer bleiben, sei es in einer Wohnung, einer Beziehung oder einer Lebensphase.

Wir haben keine Ahnung, was uns in der nächsten Phase, mit dem nächsten Menschen oder im nächsten Augenblick erwartet. Wir entwerfen Vorstellungen, Überzeugungen, Träume oder Fantasien, um unsere Zukunft zu sichern. Auch wenn das normal ist, gründen wir unsere Hoffnungen genau genommen auf eine Fiktion. Im Grunde wissen wir das und leben in Hoffnung, Angst, Sorge und Erwartung.

Die Zen-Praxis stellt unser Leben auf eine völlig andere Grundlage. Auch wenn wir nicht Abschied nehmen wollen und nicht wissen, was als Nächstes kommt, gehen wir einfach, wenn es an der Zeit ist. Wir machen den nächsten Schritt und richten unsere Aufmerksamkeit völlig auf den Augenblick. Wenn unser Herz und Geist für den Augenblick präsent sind, haben projizierte Zukunftsängste oder alte Erinnerungen keinen Raum, um einzudringen. Dieser Augenblick genügt immer sich selbst.

Ein hoher Herr bat Takuan, einen Zen-Lehrer, ihm zu raten, wie er die Zeit verbringen könne. Die Tage wurden ihm sehr lang, wenn er sein Büro beaufsichtigte und steif herumsaß, um die Huldigungen der Besucher entgegenzunehmen. Takuan schrieb acht chinesische Schriftzeichen auf und gab sie dem Mann:

Nicht zweimal an diesem Tag
ein Millimeter Zeit, ein Zentimeter Kostbarkeit.
Dieser Tag wird nicht wiederkehren.
Jede Minute ist eine unbezahlbare Kostbarkeit.
        Paul Reps: *Ohne Worte, ohne Schweigen*

Weder Versagen noch Erfolg

Viele Menschen fühlen sich unsicher, wenn sie mit dem Üben anfangen, und fragen sich, ob sie es richtig machen. Wenn Sie jedoch den einfachen Anweisungen folgen, können Sie keine Fehler begehen. Sie können gar nichts falsch machen. Was auch in der jeweiligen Phase des Sitzens geschieht, ist richtig, so wie es ist. Das Einzige, was Sie tun müssen, ist, sich dem Erleben zu öffnen. Sie können unmöglich scheitern. Jemand sagt vielleicht: »Das Sitzen war grauenhaft« oder »Ich hatte einen grauenhaften Tag.« Doch das Sitzen war gar nicht grauenhaft. Vielleicht hatten Sie Beschwerden. Es grauenhaft zu nennen ist eine Zutat. Sie haben einfach das erlebt, was Sie erlebt haben. Sie haben es überlebt. Sie haben gesessen, geatmet und gespürt, was passiert ist.

Ein anderer sagt: »Das Sitzen war wunderbar. Ich war glückselig und habe mich mit allen im Zendo eins gefühlt.« Doch beim nächsten Mal erlebt er oder sie wieder etwas anderes. Wir sollten uns an nichts klammern. Wir haben es mit einer Abbildung des täglichen Lebens im Kleinen zu tun, und wir lernen eine neue Weise, damit umzugehen.

Für diejenigen, die schnelle Ergebnisse und Sofortbefriedigung wollen, kann diese Praxis schwierig sein. Diese Menschen unterliegen der Illusion, dass *sie* diejenigen sind, die im Leben alles tun und das Sagen haben. Sie können das Leben in Ordnung bringen und verändern. In der Zen-Praxis heißt es: »Nicht wirklich.« Obwohl es nichts gibt, was Sie falsch machen können, können Sie auch nichts richtig machen. Es geht nicht um Versagen oder Erfolg. Zazen ist im Grunde nichts, was *Sie* tun. Sie folgen nur den Anweisungen. Das Zazen tut alles selbst.

> Wenn ihr nur diese simple Übung durchführt, Tag für Tag, Schritt für Schritt, Atemzug für Atemzug, ist es unmöglich, zu scheitern. So wie euer Fuß nicht umhin kann, den Boden zu berühren, wenn er einen Schritt auf ihm macht, so könnt ihr nicht umhin, eines Tages aufzuwachen, wenn ihr weiter übt.
>
> *Soen Nakagawa Roshi*

Das Üben

Der große Zen-Meister Soen Nakagawa Roshi, der 1984 verstarb und Abt des Ryutakuji-Klosters war, äußert sich zum Üben, auch *Gyo* genannt. Für viele herrscht eine Aufspaltung zwischen Sitzen einerseits und Leben oder Aktivsein andererseits. Doch sind sie wie die beiden Flügel eines Vogels. Beide sind notwendig, damit er sich am Himmel fortbewegen kann.

Das wirkliche Üben findet in jedem Augenblick unseres Lebens statt – beim Aufwachen, Schlafen, Sprechen, Lieben und Unterwegssein. Zu allen Zeiten und an allen Orten bleiben wir wach und bewusst. Wir tun alles mit dem ganzen Körper, Geist und Herzen. Wahres Üben bedeutet, aus der Gesamtheit dessen zu leben, was in uns ist.

Praktisches Zen

Übung 1: Kehr zur Quelle zurück

Halten Sie mitten beim Sprechen, Arbeiten, Saubermachen oder einer beliebigen anderen Tätigkeit einen Augenblick inne. Achten Sie darauf, wo Sie sind; achten Sie auf Ihren Atem. Ziehen Sie Ihre Aufmerksamkeit aktiv von der Außenwelt ab, und folgen Sie Ihrem Atem. Tun Sie das mindestens dreimal pro Tag.

Übung 2: Spür den Lufthauch auf deinem Gesicht

Wenn Sie mitten in einer aufregenden Situation stecken oder Ärger bzw. eine andere starke Emotion erleben, halten Sie einen Augenblick inne und tun Sie nichts. Beobachten Sie sich selbst. Fragen Sie sich, worum es bei der ganzen Aufregung eigentlich geht. Nehmen Sie Ihre Haltung, Ihren Atem und Ihre Reaktionen zur Kenntnis. Halten Sie Ihren Rücken gerade. Spüren Sie die Füße auf dem Boden. Spüren Sie den Lufthauch auf Ihrem Gesicht. Machen Sie sich klar, dass Sie in einem vorübergehenden Gewitter stecken. Bewahren Sie die Ruhe, bis es sich verzieht.

> Zuletzt bin ich meinem
> eigenen kühlen Stern begegnet.
> *Soen Nakagawa Roshi*

3

Willkommen in der Welt der Koans

Zen-Wunder 3

Wir finden sowohl unsere Fragen als auch unsere Antworten genau dort, wo wir sind.

Beim Rinzai-Zen gibt der Meister seinen Schülern ein *Koan*. Zusammen mit dem Zazen bilden Koans das Herzstück des Rinzai-Zen. Koans sind Zen-Fragen, die sich nicht rational oder logisch beantworten lassen. Sie müssen mit Ihrer ganzen Existenz darauf antworten. Wenn Sie ein Koan hören, ergibt es anfangs für Sie möglicherweise überhaupt keinen Sinn. Es kann sein, dass Sie ratlos sind und sich fühlen, als hätte sich Ihr Geist in eine Schlammwolke verwandelt und sei völlig nutzlos. Das ist ein guter Beginn.

Bring mir eine Schale, ohne deine Hände zu benutzen

Vielleicht fordert der Meister seinen Schüler auf: »Bring mir eine Schale, ohne deine Hände zu benutzen« oder »Überquere den Berg, ohne dich einen Zentimeter zu bewegen.« So wie das Leben uns vor unmögliche Situationen stellt und Lösungen verlangt, die wir nicht durch Denken erreichen können, so schubsen uns auch Koans über unser gewöhnlich zwanghaftes Grübeln hinaus in einen weiten offenen Raum.

Um eine lebendige Antwort zu bringen, zwingt das Koan Sie, in unbekannte Teile Ihres Wesens vorzustoßen. Sie müssen das Koan an sich reißen und unnachgiebig mit ihm arbeiten, bis es Ihnen in Fleisch und Blut übergegangen ist. Wenn Sie nicht am Koan arbeiten, arbeitet das Koan an Ihnen. In diesem Prozess wird dem dualistischen Denken ein Ende gesetzt, richtig und falsch verlieren ihre Bedeutung, persönliche Strategien sind irrelevant, und die konstante Sorge darum, es zu lösen oder daran zu scheitern, beginnt sich zu legen. Eben dies macht uns schließlich dafür frei, neue Lösungen für unser Leben zu finden.

Bei der Arbeit an einem Koan werden wir mit unseren »eingebildeten« Schwierigkeiten und Begrenzungen konfrontiert. Man kann ein Koan in einem Augenblick lösen oder jahrelang daran arbeiten. Selbst wenn wir es in einem Augenblick lösen, ist das Merkwürdige an einem Koan, dass wir noch jahrelang daran weiterarbeiten müssen. Heute lösen wir es vielleicht, morgen scheitern wir. Täuschungen sind stark, und eingefahrene Gewohnheiten können ein Eigenleben führen.

Je tiefer wir in unser Koan eindringen, desto mehr stellen wir fest, dass die Widersprüchlichkeiten und Konflikte des Lebens uns nicht mehr so sehr gefangen nehmen. Wir gewöhnen uns an Verwirrung und Komplikationen und versuchen nicht, sie alle auf die gleiche Art zu lösen. Wir gehen nicht mit so viel Ungestüm daran, der riesigen, geheimnisvollen Welt unsere Sicht des Lebens aufzuzwingen. Ganz langsam beginnt die schwarz-weiße Welt, in der wir vorher gelebt haben, Tausende von Schattierungen anzunehmen – in Grau, Blau, Purpur und Lila. Vor uns tut sich eine Farbenpracht und Schönheit ohne Ende auf.

Du bist die Antwort

Wir haben gewöhnlich den Eindruck, dass die Antwort auf ein Problem irgendwo außerhalb und getrennt von uns zu finden ist. Begierig suchen wir nach ihr und kommen uns wie Versager vor, wenn die Lösung für unsere Fragen nicht deutlich wird. Finden wir eine vorübergehende Lösung, halten wir andererseits unbarmherzig daran fest in dem Glauben, sie werde immer gelten. Irgendwie sind wir uns nicht darüber im Klaren, dass mit der Änderung der Bedingungen vielleicht auch unsere Lösungen ihre Richtigkeit einbüßen und nicht mehr passen.

Die Arbeit an Koans schüttelt uns durch und macht uns davon frei. Um das Koan zu lösen, müssen wir begreifen, woher es kommt. Wir müssen den finden, der fragt. Statt unsere Aufmerksamkeit auf die Schwierigkeiten der Frage zu richten, wenden wir uns dem zu, der sehnsüchtig nach der Antwort verlangt. Sobald man ihn entdeckt, ist die Lösung glasklar. Einige lachen in einem solchen Augenblick von ganzem Herzen; andere weinen.

Eben der Prozess, ein Koan zu beantworten, ist selbst die Antwort. Während Sie mit dem Koan sitzen, mit ihm schlafen gehen und es genauso kauen, wie Sie Ihre Nahrung kauen, wird dieses Koan zu Ihrem eigenen Selbst. Wenn Sie sich ihm weiter bedingungslos widmen, taucht im richtigen Moment eine Antwort auf, wie ein Küken, das seine Schale durchstößt.

Keine Nachahmungen

Die Antwort, die Sie Ihrem Lehrer bringen, kann nicht die Kopie der Antwort eines anderen sein. Es muss *Ihre* sein. Die Antwort eines anderen ist nicht Ihre Antwort; das Leben eines anderen ist nicht Ihr Leben.

So viele Menschen leben ein nachgeahmtes Leben und wollen nur irgendeinem Bild gerecht werden, dass sie selber oder jemand anders von der Art Mensch hegt, der sie werden sollten. In der Zen-Praxis werden wir gebeten, uns nicht den Kopf darüber zu zerbrechen, wer wir werden »sollten«. Finden Sie heraus, wer Sie genau jetzt sind.

Im Grunde genommen haben wir keine Ahnung, wer wir eigentlich sind oder was unser Leben vollständig macht. In dieser Geistesverfassung können wir uns einem Koan nicht einmal ansatzweise nähern. Als Erstes müssen wir die Masken ablegen, die uns von uns selbst trennen. Wenn wir das tun, durchbrechen wir unsere eigenen Schranken und begegnen unserem Herzen, Geist, Blut und Bauch.

> Ich erhielt das erste Koan von meinem Lehrer bei meinem ersten Retreat. Ich ging in seinen Raum zum Zwiegespräch. In dem Augenblick, als ich ihn da sitzen sah, war ich sprachlos, unfähig, ein Wort zu sagen. Er saß schweigend da und wartete. Entsetzt über meine Dummheit, starrte ich ihn perplex an.
>
> Ich brauchte zwei Jahre, um mein erstes Koan zu lösen. Jedes Mal, wenn ich ein neues bekomme, reagiere ich wieder genauso.
>
> *Andrew, Zen-Schüler*

Verschiedene Koans sprechen unterschiedliche Aspekte der Zen-Praxis an. *Die torlose Schranke* und *Die Niederschrift von der smaragdenen Felswand* sind zwei klassische Koan-Sammlungen, die von großen Zen-Meistern der Vergangenheit stammen. Auf das Koan folgen ein Kommentar und gewöhnlich ein Vers. Andere Zen-Meister geben *Teishos* (Zen-Vorträge, die bei Meditationswochen gehalten werden) und Anweisungen, die auf den Koans basieren. All das gibt einen Einblick in das Koan aus einer jeweils leicht unterschiedlichen Perspektive. Aber wenn Sie versuchen, es rational zu verstehen, gehen Sie in die Irre. Um ein Koan zu durchdringen, ist Zazen notwendig.

Miro Lisa Clark, eine langjährige Zen-Schülerin, schildert, wie die Arbeit an Koans ihr ganzes Leben verändert hat:

Ein Augenblick der Klarheit

An irgendeinem Punkt in meiner Zazen-Praxis hörte der Selbstmord auf, eine Option für mich zu sein. An meinem vierzigsten Geburtstag stellte ich auf einmal fest, dass ich mehr oder minder ein halbes Leben überstanden hatte. Warum gab ich also nicht die Option auf, meine unbedeutende Rolle bei den heutigen und morgigen Alltagsgeschäften einfach zu beenden? Doch war es damals noch mit zu viel Angst verbunden, auf die rationale Option des Selbstmords zu verzichten. Langsam verblasste die Vorstellung. Dennoch ist es ein Wunder, dass ich mich bis dahin nicht verabschiedet hatte.

Manchmal geht beim Zen der Schmerz einem Augenblick der Klarheit voraus oder ist dessen Essenz. Ein

Wendepunkt fand für mich in der Folge von physischen Schmerzen statt, als ich an einem Sesshin teilnahm und zum *Dokusan* (dem Zwiegespräch mit dem Zen-Meister) ging.

Die Lungenentzündung, die ich damals hatte, wäre nicht so schlimm gewesen, wenn meine Lungen nicht bereits von Narbengewebe zerfurcht gewesen wären. Meinen Atem zu beobachten half nicht. Das Atmen war schierer Schmerz. Ein weißer Punkt hielt mich still. Das Bild war mehr im Bauch als ein visueller Eindruck. Die intensive Stille gab mir Kraft für den unausweichlichen Husten, der in meinen Rippen detonieren würde, mir aber das Einatmen ermöglichte, das ich auf sanftem Wege nicht zulassen konnte. Erste Überraschung: Warum bemühte ich mich so sehr, nicht aufzugeben? Zweite Überraschung: Warum hörte sich mein Zen-Meister, Freund und Fremder zugleich, diese persönlichen Probleme an und half mir bei der Klärung?

Seine Worte stellten einen Zusammenhang her. »Der weiße Punkt muss das Leben sein«, sagte er.

Ein neuer, besserer Atemzug des Verstehens. Parallel zu meiner Genesung in den nächsten acht, neun Wochen begann der weiße Punkt zu schmelzen und sich aufzulösen.

Hat er mein Leben gerettet? Nicht vor der Lungenentzündung, obwohl seine Worte und seine Fürsorge Medizin waren. Aber wie interessant! Zu was für einem neuen Koan das Leben wurde! Eine Gegenwart, in der echte Anfänge, Augenblicke der Einsicht direkt vor mir aufblitzten – kein Hindurchgraben durch Erinnerungsschichten mit Hilfe von Assoziationen.

Doch ein solcher Wechsel im Gewahrsein muss nicht durch Schmerz erlangt werden. Beispielsweise ein paar Jahre später: Der »Augenblick« des goldenen Tages – wie soll ich es sonst nennen? Aufwachen in der Morgendämmerung, alle Formen waren durchlässig, ungreifbar. Ein »voller Strahlenkreis« gab jegliche Form auf: Leichtes, heiteres Licht flutete durchs Bewusstsein von der Morgendämmerung den ganzen Arbeitstag hindurch bis zum abendlichen Zazen – eine Gegenwart so frisch wie der nächste Atemzug. Dazu habe ich immer Zugang, im Bruchteil einer Sekunde. Aber wenn ich versuche, diesen Augenblick auszudehnen oder ihn festzuhalten, das Gefühl, die Vision, die Stille zu untersuchen, versteinert er zu einem leblosen Fossil. Besser, immer von neuem leer zu sein, zu wissen, dass jede intensivierte Erfahrung dieser Art das gesamte Gewahrsein von nun an subtil verändert.

Von da an nahm Miros Leben eine neue Wendung. Es war nicht so, dass sie nun keine Probleme, Konflikte, Kämpfe und Zeiten der Einsamkeit mehr gehabt hätte, mit denen sie sich auseinander setzen musste, aber der »volle Strahlenkreis«, den sie entdeckt hatte, blieb immer bei ihr, leitete sie, half ihr weiter und gab ihr einen größeren Zusammenhang, in den sie ihre Erfahrungen einordnen konnte.

Praktisches Zen

Übung 1: Das Koan verstehen

Nehmen Sie ein Problem, mit dem Sie in Ihrem Leben konfrontiert sind und das Ihnen im Augenblick schwierig oder unlösbar erscheint, und machen Sie sich klar, dass es ein Koan ist. Hören Sie auf, es durch Nachdenken oder Tun lösen zu wollen. Gehen Sie anders heran. Nehmen Sie es mit in das Sitzen, widmen Sie sich ihm, freunden Sie sich mit all seinen Aspekten an. Finden Sie heraus, woher es kommt und wer es ist, der die Lösung braucht. Hören Sie auf, eine Lösung herbeizusehnen. Machen Sie sich klar, dass dieses Koan, so wie es jetzt ist, Ihren Lebenssaft selbst darstellt.

Joshu (778–897 n. Chr.) war einer der großen Zen-Meister im alten China der T'ang-Dynastie. Seine Bedeutung als Lehrer zeigt sich daran, dass viele seiner Aussprüche in den großen Koan-Anthologien vertreten sind. Fukushima Roshi, der heutige Abt des Tofukuji-Klosters, sagt: »Joshu ist eines der besten Beispiele für das authentische Patriarchen-Zen, wie man das Zen nennt, das von Bodhidharma (dem Begründer des Zen) von Indien nach China gebracht wurde.«

Das erste Koan, das Schüler gewöhnlich bekommen, ist Joshus MU. Dieses Koan ist überwältigend groß und beinhaltet alle anderen. Einige Schüler arbeiten jahrelang an keinem anderen Koan als diesem. Wenn sie es beantwortet haben, gibt ihnen ihr Meister vielleicht den Rat, sich ihm erneut zu widmen und noch einmal dreißig Jahre daran zu arbeiten.

Und was dann? Arbeiten Sie selbst daran, und finden Sie es heraus.

Die meisten Koans, mit denen Schüler arbeiten, stehen im *Mumonkan* (*Die torlose Schranke*) und im *Hekiganroku* (*Die Niederschrift von der smaragdenen Felswand*), die zu den Klassikern der Zen-Literatur gehören und aus denen ich hier zitiere. Entstanden im China der Sung-Dynastie (960–1279), sind es die Sammlungen der am häufigsten studierten Koans. Das *Mumonkan* wurde von dem Zen-Mönch Mumon Ekai zusammengestellt und ist eine Sammlung von 48 Koans, zu denen Mumon jeweils einen Kommentar und einen Vers hinzufügte.

Das *Hekiganroku* entstand etwa 100 Jahre früher. Es handelt sich um eine Sammlung von 100 Koans, die von Setcho (980–1052), einem herausragenden Zen-Meister und Dichter, zusammengestellt wurden. Etwa ein Jahrhundert später fügte ein anderer Zen-Meister, Engo (1063–1135), Kommentare zum Hauptthema hinzu.

Fall 1 aus dem Mumonkan: Was ist MU?[*]

Ein Mönch fragte Joshu: »Hat ein Hund Buddha-Natur?«
Joshu antwortete: »Mu.«

(Buddha-Natur ist die ursprüngliche Natur, und MU lässt sich als »nein« oder »nichts« übersetzen.)

---

[*] Dieses und die folgenden Koans aus dem Mumonkan sind frei zitiert in Anlehnung an Koun Yamada: *Mumonkan. Die torlose Schranke*, München, Kösel 1989.

Mumons Kommentar

In der Praxis des Zen muss die von den Patriarchen errichtete Schranke durchschritten werden. Um diese wunderbare Erleuchtung zu erlangen, muss man alle Tätigkeiten des gewöhnlichen Bewusstseins vollkommen auslöschen. Hat man die Schranke der Patriarchen aber noch nicht passiert und die Wege des alltäglichen Verstandes nicht ausgelöscht, gleicht man einem Gespenst, das in Sträuchern und Bäumen herumspukt. Doch sagt: Was ist die von den Patriarchen aufgestellte Schranke? Nichts als dieses MU. Wer immer diese Schranke durchschreitet, kann nicht nur Joshu von Angesicht zu Angesicht sehen, er wandert auch Hand in Hand mit der ganzen Generationslinie von Patriarchen von altersher. Er sieht mit dem gleichen Auge, mit dem sie sehen, hört mit dem gleichen Ohr, mit dem sie hören. Wäre das nicht eine wundervolle Freude? Ist hier jemand, der diese Schranke durchschreiten will?

Dann lass deinen ganzen Körper und Geist zu einem massiven Klumpen des Zweifels werden und versenke dich mit aller Kraft in dieses MU. Dahinein konzentriere dich ohne Unterlass bei Tag und Nacht. Doch verstehe es nicht als »nichts«, auch nicht als »seiend« oder »nicht-seiend«! Wie eine in Hast verschluckte, rotglühende Eisenkugel muss es sein, die du versuchst, wieder zu erbrechen – aber vergeblich. Alle illusorischen Gedanken und Gefühle, die du bislang gehätschelt hast, musst du austilgen. Nach geraumer Zeit solchen Übens werden Innen und Außen auf natürliche Weise eins sein. Du wirst dich fühlen wie ein Stummer, der einen Traum gehabt hat: Sprachlos kennst du ihn nur für dich selbst. Plötzlich wird MU dann aufbrechen, den Himmel in Erstaunen setzen und die Erde erschüttern.

Wie soll man sich nun auf MU konzentrieren? Übe mit äußerster Kraft bis zum letzten Funken deiner Energie! Und wenn du nicht nachlässt, wirst du erleuchtet werden wie eine Kerze auf dem Altar, die durch die Berührung einer Flamme sofort angezündet wird.

Mumons Vers

Der Hund – die Buddhanatur!
Die vollkommene Manifestation – das absolute Gebot!
Ein bisschen »hat« oder »hat nicht«:
der Leib ist verloren, das Leben dahin.

Ist Ihr Leben auch dahin oder sind Sie lebendig? Können Sie MU sehen?

4

Tag für Tag Zwiebeln schälen

Zen-Wunder 4

*Wir können eine Zwiebel
vollständig schälen.*

Dogen, der 1200 n. Chr. in Kioto geboren wurde und 1253 starb, ist der Begründer der Soto-Zen-Schule, die nicht mit Koans arbeitet, sondern sich auf einfaches Sitzen und Arbeiten konzentriert. Da Dogen zu einer Zeit lebte, in der Zen in Japan im Niedergang begriffen war, reiste er nach China und besuchte dort die wichtigsten Klöster. Nach zwei Jahren begegnete er schließlich seinem Lehrer Juching, vom dem er sich unterweisen ließ.

Als Dogen in China im Kloster ankam, traf er einen schwer arbeitenden alten Mönch im Garten an, der in der Hitze Pilze trocknete. Dogen, der mit dem alten Mönch Mitleid hatte, fragte ihn, ob er ihm helfen könne. Der alte Mönch lehnte ab.

»Das ist meine Arbeit«, sagte er zu Dogen. »Wer soll sie tun, wenn ich sie nicht tue?«

Dieser vortreffliche alte Mönch lehrte Dogen wahre Praxis. Er hatte den Wert erkannt, der darin liegt, seine Arbeit zu tun. Er wusste, dass niemand sonst sie für ihn oder so wie er tun konnte. Vor allem erkannte er, dass seine Arbeit ein Privileg war. Er hatte die bedeutsame Tatsache begriffen, dass der Alltag die Übung ist, die darin besteht, seine Arbeit voll und ganz zu tun, Tag für Tag.

Die meisten halten ihre Arbeit für ein Privileg, wenn sie eine höhere Position als andere erreichen, viel Geld verdienen oder öffentliche Anerkennung bekommen. Auf diese Weise bezieht man den Wert aus den Folgen der Arbeit, nicht aus der Arbeit selbst. Der alte Mönch, den Dogen traf, bezog sein Wertgefühl daraus, dass er einfach das Notwendige tat. Keine Arbeit war zu klein oder zu groß dafür.

Trag Sorge für die Welt, in der du lebst

Die Zen-Praxis konzentriert sich auf ganz gewöhnliche Aufgaben. Ein jeglicher kann sie tun, und ein jeder muss sie tun. Jede Aufgabe muss gründlich und gewissenhaft erledigt werden und ohne zur nächsten weiterzuhasten. Keine Aufgabe ist wichtiger als eine andere, so wie kein Mensch wichtiger als ein anderer ist. Wir tragen gleichermaßen für Vögel, Insekten und andere Tiere Sorge und achten sie. Alles Leben ist kostbar, und wir tragen Sorge für alles, was uns begegnet. Wir machen keinen Unterschied. Auch tun wir nichts in der Hoffnung auf eine Belohnung. Das würde heißen, etwas hinzutun; und wenn das Erhoffte nicht in Erfüllung geht, verursacht es Leiden.

Scott, ein fünfzigjähriger Arzt, lebte sein ganzes Leben in einem Wirbel von Arbeit. Er legte das beste Examen seines Jahrgangs ab, absolvierte eine harte praktische Ausbildung und eröffnete eine große Praxis, die seine ganze Zeit in Anspruch nahm. Als er plötzlich eine schweren Herzanfall erlitt, verlor er den Boden unter den Füßen. Mit jedem Atemzug um sein Leben ringend, sehnte er sich in diesen Augenblicken nur danach, noch einmal atmen zu können. Jeder Atemzug erschien ihm wie Honig. Seine bedeutenden Leistungen konnten ihm in diesem Augenblick nicht helfen – sie verblassten vor seinen Augen. Es war das Leben selbst, nach dem er sich sehnte. Er begriff in dieser intensiven Zeit, dass er das Leben vorher nie geschätzt hatte.

Der Alltag, der schlichte Atem, ist unser Übungsfeld. Das nennt man den *gewöhnlichen Geist*.

> Ein tiefes Verständnis für den Buddhismus zu haben ist nicht wichtig. Wir tun einfach, was wir tun sollen, so wie abends essen und zu Bett gehen. Das ist Buddhismus.
>
> *Suzuki Roshi*

Tägliche Pflichten

So wie sich der Alltag wiederholt, so wie wir morgens aufstehen und abends zu Bett gehen, so konzentriert sich auch die Zen-Praxis auf die Pflichten des Alltags, die sich ganz von selbst wiederholen: Atmen, Waschen, Sitzen, Stehen, Blätter harken und Zwiebeln für die Suppe schälen, sobald wir sie brauchen.

Die meisten halten diese Dinge für unbedeutend: etwas, was man tut und schnell hinter sich bringt. Es sind lästige Pflichten, die wir lieber anderen überlassen, während wir große Gedanken denken oder eine »wichtige Arbeit« tun, um die Welt zu retten. Eifrig übernehmen wir komplizierte Projekte, die uns ein Gefühl von Leistung vermitteln.

Aber ganz gleich, wie viel wir leisten oder nicht, unser Leiden und unsere Einsamkeit hören nicht auf.

Hier lernen wir nun, dass wir nicht außergewöhnlich schlau oder geschickt sein müssen. Wir müssen gar nichts sein. Wir müssen nur imstande sein, uns hinzusetzen. Können wir uns hinsetzen? Ausgezeichnet. Können wir atmen? Großartig – ein Superschüler. Können wir hinhören, wenn die Glocke erklingt? Können wir sie hören? Wunderbar. Können wir aufstehen, wenn es Zeit ist, aufzustehen? Das ist alles, was wir wissen müssen. Haben wir Durchhaltevermögen? Das ist tatsächlich das Einzige, dessen wir bedürfen.

Der Leistungsdruck

Viele Menschen kommen aus einem Umfeld, wo so ein starker Druck herrscht, Erfolg zu haben, sein Ziel zu erreichen und Eindruck zu schinden, dass die Praxis, zu sitzen, wenn sie sitzen, zu stehen, wenn sie stehen, und nicht ständig etwas erreichen zu wollen, für sie eine sehr willkommene Befreiung ist.

Wenn Menschen unter dem Druck stehen, ständig etwas leisten zu müssen, dann wird ihnen aus psychologischer Sicht die subtile Botschaft vermittelt, dass sie, so wie sie sind, nicht genügen und nicht liebenswert sind. Sie müssen sich die Liebe und Wertschätzung verdienen. Natürlich erleben sie das nie als echte Liebe oder Anerkennung. Ganz gleich, wie viel Lob oder Liebe solche Menschen bekommen, sie glauben tief drinnen, dass nur ihre Leistung zählt, nicht sie selbst.

Beim Üben gelangen wir hingegen zunehmend zu der

Einsicht, dass wir genügen, so wie wir sind. Wir sind mehr als genügend, wir sind vollkommen und ganz. Statt nach Ruhm zu streben, begreifen wir, dass das alltägliche Leben selbst, das Atmen und das Zwiebelschälen, *genügt*. Doch wir waren die meiste Zeit nicht bei diesen einfachen Dingen, sondern anderswo. Wenn wir uns wieder auf den Augenblick und die alltäglichen Fakten unseres Lebens besinnen, auf die Zwiebeln, die wir schälen, und die Wäsche, die wir waschen, kehren wir zur Essenz des Lebens selbst zurück. Warum wollen wir dies für einen vorgegaukelten Ruhm wegwerfen, von dem wir bloß träumen? Das alltägliche Leben ist in sich selbst vollständig; es verdient volle Aufmerksamkeit. Wenn wir sie ihm voll und ganz schenken, ist das Leiden vorüber. Wir sind vollständig und zufrieden genau an dem Platz, an dem wir stehen.

Der Zen-Garten

Ein berühmter Würdenträger kündigte seinen Besuch in einem Zen-Kloster an. Aufwändige Vorbereitungen wurden für den Gast getroffen. Der Zen-Meister wies die Mönche an, die Blätter, die in ihren wunderschönen Steingarten gefallen waren, sorgfältig wegzuharken. Die Mönche schenkten dieser Aufgabe ganz besondere Aufmerksamkeit, weil der Garten eine Quelle großer Bewunderung war. Etwa eine halbe Stunde vor der Ankunft des Gastes war die Aufgabe perfekt erledigt.

Der Zen-Meister trat auf eine Balustrade direkt über dem Garten, um die Arbeit der Mönche zu begutachten. Er nahm wahr, dass sie jedes Blatt aufgeharkt und alles Unkraut beseitigt hatten, und die Steine, die mit Wasser abgespritzt worden waren, glänzten in der Sonne. Einige der Mönche sahen von unten, wie er den Garten begutachtete. Sie hatten ihre Arbeit gerade rechtzeitig geschafft.

Nachdem der Meister mit ihrer Arbeit zufrieden war, ging er einen Augenblick fort und kehrte mit einem großen Sack alter Blätter zurück. Zum Entsetzen der Mönche und ohne jede Vorwarnung schüttete er ihn unverzüglich über dem ganzen Garten aus.

»Jetzt ist es ein perfekter Zen-Garten«, sagte er. »Vergesst das nicht.«

Der Meister lehrte die Mönche damit, dass die Arbeit selbst genügt und sie nicht an die Ergebnisse denken sollten. Was auch immer das Leben bringt, es ist vollkommen. Man kann es nicht verbessern.

Mach dich nicht von Ergebnissen abhängig

Aus psychologischer Sicht nahm der Zen-Meister den Mönchen die Befriedigung, die sie aus ihren Bemühungen hätten beziehen können. Einige würden das vielleicht als Nihilismus bezeichnen und sagen, das Bemühen zähle offenbar gar nicht. Das Bemühen der Mönche zählte durchaus, aber auf völlig andere Art. Was zählte, waren ihr Interesse und Engagement. Es zählte, dass sie in jedem Augenblick ihr Bestes gaben. Es zählte auch, dass sie alle Folgen akzeptieren konnten, die sich einstellten.

Aus einer übergeordneten Sicht ist eine Befriedigung, die sich als Folge von spezifischen Ergebnissen einstellt, flüchtig und abhängig von den Umständen. Der Meister lehrte die Mönche, ihre Erfüllung nicht von den Ergebnissen abhängig zu machen. Er lehrte sie, dass menschliche Bemühungen auf lange Sicht gesehen keine wirkliche Perfektion hervorbringen.

Je stärker wir mit Enttäuschung, Verwirrung und Einsamkeit konfrontiert werden, desto mehr suchen wir, psychologisch gesprochen, nach komplizierten Methoden, um dem abzuhelfen. Mit der Komplexität unserer Lösungen nehmen auch die Schichten zu, die sich über unser Leiden legen. Bald haben wir das ursprüngliche Problem vergessen und uns in einem Labyrinth von Problemen verfangen, die durch die Lösungen selber verursacht werden. Vielfach sind die Medikamente, die wir einnehmen, und die damit einhergehenden Nebenwirkungen gefährlicher als die ursprüngliche Krankheit.

Für diejenigen, die nach Erfüllung streben, scheint diese Praxis vielleicht nicht die richtige zu sein. Sie erkennen nicht, dass die Erfüllung bereits in jedem Augenblick des Lebens gegenwärtig ist. Offen zu sein für diese Art zu leben ist die Erfüllung selbst. Außergewöhnliche Anstrengungen zu unternehmen, um mehr als andere zu sein, geht völlig am Kern der Sache vorbei. Das Einzige, was wir tun müssen, ist beharrlich sein.

Sei beharrlich

»Wenn ihr den Sinn für Wiederholung verliert, wird eure Praxis recht schwierig«, sagt Suzuki Roshi. Der größte Teil der Schulung zielt darauf ab, uns Beharrlichkeit zu lehren, insbesondere die Sesshins, die intensiven Übungsphasen.

Sesshin – das intensive Üben

Ein *Sesshin* ist eine intensive Übungsphase, die drei Tage, sieben Tage, drei Monate oder manchmal noch länger dauern kann. Von morgens bis abends beschäftigen wir uns mit nichts anderem als damit, zu üben. Es ist eine große Schulung in Beharrlichkeit, durch die wir lernen, weiterzumachen und den Tagesablauf durchzustehen, ganz gleich, wie wir uns fühlen. Man kann das Leben selbst als Sesshin betrachten. Wir müssen weitermachen, ungeachtet dessen, was geschieht.

Gewöhnlich beginnt ein Sesshin-Tag gegen vier Uhr morgens und endet um neun oder zehn Uhr abends. Neben intensivem Zazen ist auch Zeit für die tägliche Arbeit da. Zu den Arbeiten, die die Schüler verrichten, gehört es, abzuwaschen, die Böden zu kehren, die Toiletten zu reinigen, die Kissen ordentlich hinzulegen und dafür zu sorgen, dass die Blumen frisches Wasser haben. Eine Aufgabe gilt nicht als wichtiger als eine andere. Niemand ist so wichtig, dass er nicht jede Art von Aufgabe übernehmen könnte. Ganz gleich, wie viel Schmerz, Ärger oder Langeweile sich einstellen, ganz gleich, wie viel Widerstand wir leisten, wir machen einfach immer weiter.

Bei einem meiner ersten Sesshins geschah es am Abend des dritten Tages. Wir hatten täglich 17 Stunden im Zazen gesessen. Inzwischen war der Schmerz beinahe unerträglich geworden. Ich war erschöpft und gelangweilt. Meine Beine und mein Rücken schmerzten, und ich wollte nach Hause. Dann kam die Zeit für das abendliche Sitzen, das eine gute Stunde dauerte. Ich glaubte nicht, dass ich es durchstehen würde.

Ich setzte mich auf mein Kissen, und die Glocke kündigte den Beginn an. Danach absolute Stille. Bald danach begann der Schmerz aufzusteigen. Ich konnte ihm nicht entrinnen. Je mehr ich kämpfte, desto schlimmer wurde er. Völlig außer mir, fing ich mitten in der Stille an laut zu schluchzen. Obwohl ich die anderen störte, konnte ich nicht aufhören. Je mehr ich weinte, desto schlechter fühlte ich mich. Ich konnte einfach nicht weiter sitzen.

Da brüllte mich zu meinem Entsetzen der oberste Mönch an: »Hör auf oder geh raus. Setz dich draußen allein an den See. Es gibt keinen Schmerz. Du bist der Schmerz. Werde stärker als der Schmerz.«

In diesem Augenblick hörte ich auf zu weinen. Der Schmerz verging. Ich verging. Stattdessen war unglaubliche Freude da.

Gewöhnliche Augenblicke

Ebenso wie wir glauben, wir müssten den perfekten Garten oder das perfekte Leben schaffen, glauben wir auch, dass es bei der Spiritualität um Augenblicke großer Offenbarung gehe, um Höhepunkte und persönliche Ekstase. Obwohl solche Augenblicke kostbar sind, wenn sie sich einstellen, können sie dennoch nichts weiter als eine Droge sein, die uns von dem entfernt, was wirklich notwendig ist: ein schmerzhaftes Sitzen durchzustehen, ruhig zu bleiben und andere nicht zu stören. Sorge für die zu tragen, die bedürftig sind, und sich um das zu kümmern, was direkt vor unseren Augen ist.

Suzuki Roshi, der 1971 verstorbene Zen-Meister und Abt des Zen-Zentrums von San Francisco, Autor des Buches

Zen-Geist, Anfänger-Geist, legt sehr viel Gewicht auf die Einfachheit der Praxis und darauf, ihr nichts hinzuzufügen. »Wenn eure Praxis gut ist, werdet ihr stolz darauf werden. Was ihr tut, ist gut, doch wird noch etwas mehr hinzugefügt. Dieser Stolz ist zusätzlich. Rechtes Bemühen ist es, etwas, das zusätzlich ist, loszuwerden.«

Das rechte Bemühen besteht also darin, den Stolz loszuwerden. Dem gewöhnlichen Leben und den einfachen Augenblicken volle Aufmerksamkeit zu schenken verkleinert unser Ego. Wir begreifen, dass das Leben bereits voller Wunder steckt, und wir kümmern uns darum, das zu tun, was wir tun, und nicht darum, unser falsches Selbst zu vergrößern. Indem wir nicht mehr versuchen, alles unter Kontrolle zu haben, geschieht etwas Seltsames: Wir werden Herr über die Umstände, statt dass sie weiter Macht über uns haben.

Der einfache Geist

Die zeitgenössische Zen-Meisterin Joko Charlotte Beck, Leiterin des Zen-Zentrums von San Diego und Autorin von *Zen im Alltag,* sagt: »Gewahrsein ist völlig einfach. Wir müssen ihm nichts hinzufügen, um es zu verändern. Es ist bescheiden und unprätentiös; es kann gar nicht anders sein. Gewahrsein ist kein Ding, das von diesem oder jenem beeinflusst wird. Wenn wir aus dem reinen Gewahrsein leben, werden wir nicht von unserer Vergangenheit, unserer Gegenwart oder unserer Zukunft beeinflusst. Weil das Gewahrsein nichts hat, was es vortäuschen kann, ist es demütig. Es ist bescheiden. Es ist einfach.«

Wenn wir einfaches Gewahrsein sowohl auf unsere Fragen als auch auf die vor uns liegenden Alltagsaufgaben anwenden, lernen wir, beim Üben auszuharren, an Langeweile und Wiederholung Geschmack zu entwickeln und nicht in die Fantasie zu flüchten. Die meisten von uns müssen etwas tausend Mal tun oder hören, bevor sie in der Lage sind, aus dem Nebel auszubrechen, in dem sie leben. Die Beharrlichkeit des Übens baut eine wachsende Energie auf. Sie macht es zu einem Teil unserer natürlichen, täglichen Routine.

Wenn wir unser einfaches Gewahrsein auf tägliche Aufgaben richten, hat das falsche Selbst keinen Platz, um sich einzunisten, und das Ich, das so viel Qual erzeugt, macht Platz für etwas anderes. Diese tägliche Praxis, das zu tun, was gerade ansteht – den Fußboden zu kehren, den Teller nach dem Essen abzuwaschen, mit jemandem an den Strand zu gehen, der Sie braucht –, ist nicht nur eine ausgezeichnete Medizin, sondern auch die Übung, für das Leben Sorge zu tragen. Da sind keine Fragen. Da ist kein Zögern. Der Nutzen für alle Wesen und auch für Sie selbst ist unendlich groß.

Praktisches Zen

Übung 1: Eine Zwiebel schälen

Schälen Sie eine Zwiebel. Schälen Sie sie wieder. Und wieder. Schälen Sie noch ein paar mehr. Schälen Sie weiter. Registrieren Sie alles, was vor sich geht, während Sie immer weiterschälen.

Langweilig? Lästig? Warum? Suchen Sie nach etwas? Wollen Sie zum innersten Kern vorstoßen? Vergessen Sie es. Schälen Sie einfach. Ihre Reaktionen sind unwichtig. Beobachten Sie, wie sie kommen und gehen. Gründen Sie Ihr Leben auf solche vorübergehenden Reaktionen? Was haben diese Arten von Reaktionen wirklich in Ihrem Leben angerichtet?

Schälen Sie die Zwiebel weiter. Wenn es nichts mehr zu schälen gibt, schälen Sie noch weiter.

Wer schält? Wo ist die Zwiebel? Worum geht es eigentlich?

Übung 2: Heben Sie Ihren Mantel vom Fußboden auf

Was liegt in Ihrer Wohnung oder in Ihrem Leben unerledigt herum? Heben Sie es auf der Stelle auf, und tun Sie es dorthin, wo es hingehört. Ist es ein Kleidungsstück, ein Stück Papier, eine Zahnbürste, eine Person, eine Beziehung? Ist es ein alter Traum, der dort seit langem hängt? Heben Sie es einfach auf, waschen Sie es oder stauben Sie es ab und tun Sie es dorthin, wo es hingehört.

Übung 3: Halten Sie durch

Genießen Sie es, bei einer Sache durchzuhalten. Wählen Sie eine Tätigkeit, die viel Durchhaltevermögen kostet, und führen Sie sie an jedem Tag in dieser Woche eine bestimmte Zeit lang aus. Tun Sie es, ganz gleich, ob Ihnen danach ist oder nicht. Wenn die Zeit vorüber ist, hören Sie damit auf. Dann nehmen Sie sie am nächsten Tag wieder auf. Beobachten Sie, wie sich das auf Sie und auf die Tätigkeit auswirkt.

Fall 19 aus dem Mumonkan:
Der alltägliche Geist ist der Weg

Joshu fragte Nansen: »Was ist der Weg?«

Nansen antwortete: »Der alltägliche Geist ist der Weg.«

Joshu fragte: »Soll ich mich selbst darauf ausrichten oder nicht?«

Nansen sagte: »Wenn du versuchst, dich ihm zuzuwenden, wendest du dich von ihm ab.«

Joshu fragte: »Wenn ich nicht versuche, mich ihm zuzuwenden, wie kann ich wissen, dass es der Weg ist?«

Nansen sagte: »Der Weg hat nichts zu tun mit Wissen oder Nichtwissen. Wissen ist Illusion. Nichtwissen ist ohne Bewusstsein. Wenn du den zweifelsfreien, wahren Weg wirklich erreicht hast, wirst du ihn erfahren als grenzenlos und leer wie den Weltraum. Wie kann man darüber sprechen auf einer Ebene von Richtig oder Falsch?«

Bei diesen Worten war Joshu plötzlich erleuchtet.

Mumons Kommentar

Nansen bekam von Joshu eine Frage gestellt. Da war sein Fundament zerschmettert und schmolz dahin. Er konnte sich nicht rechtfertigen. Wenn Joshu auch zur Erleuchtung kam, wird er sich noch für weitere dreißig Jahre dahinein vertiefen müssen, um es ganz zu erfassen.

Mumons Vers

Die Blumen im Frühling – der Mond im Herbst,
im Sommer die kühle Brise, im Winter der Schnee.
Wenn unnütze Sachen den Geist nicht vernebeln,
ist dies des Menschen glücklichste Jahreszeit.

5

Nichts tun

Zen-Wunder 5

*Der Frühling kommt und die Blumen
wachsen von selbst.*

In den Kindergarten zurückkehren

Das Gefährlichste in der Welt ist zu glauben,
man verstünde etwas.

Lao Tzu

Die meisten Menschen haben das Gefühl, sie müssten
schlau sein, immer mehr lernen, immer besser und schneller werden und sich mit ihren neuesten Leistungen selbst
überflügeln. Wir stehen in einem nicht endenden Wettlauf mit uns selbst, und ganz gleich, wie schnell wir laufen, wir kommen nie wirklich irgendwo an.

Wenn wir Zen üben, nehmen wir den umgekehrten Weg
und kehren in den Kindergarten zurück, um festzustellen,
dass wir, ganz gleich wie intelligent wir geworden sind,
nicht einmal ansatzweise wissen, wie man im täglichen
Leben zufrieden ist. Wir fangen auch an zu begreifen, dass
wir sehr wenig darüber wissen, wie wir einander helfen zu
wachsen.

Ted, der seit mehr als dreißig Jahren Zen-Schüler ist, erinnerte sich an das erste Mal, als er sich für Zen zu interessieren begann. Er besuchte einen Vortrag über Zen. Als er den Raum betrat, waren viele Schüler anwesend, die miteinander plauderten. Vorn im Raum stand ein Zen-Mönch, Taisani, und schwieg. Die Schüler schwatzten weiter, und der Mönch wartete. Schließlich erstarb das Gespräch, und im Raum wurde es still. Bevor er anfing zu sprechen, senkte der Mönch einen Moment lang den Blick und stellte fest, dass einer seiner Schnürsenkel offen war. Er beugte sich bedächtig herunter und schenkte nur dem Zubinden seines Schuhs Aufmerksamkeit, als sei es das Wichtigste von der Welt.

»Es war erstaunlich, ihm dabei zuzusehen«, sagte Ted. »In dieser Sekunde hing ich an der Angel. Ich fragte mich: ›Wer ist das?‹ Einfach dadurch, dass er seinen Schuh zuband, war er imstande, uns alle in seinen Bann zu schlagen.«

Meister über die Umstände sein

All unsere hektische Aktivität ist ein Versuch, die Umstände zu meistern, die Angst im Schach zu halten, das zu bekommen, was wir wollen, und uns das Gefühl zu vermitteln, dass wir die Kontrolle haben.

Wie meistern wir die Umstände? Aus psychologischer Sicht schmieden wir gewöhnlich Pläne und entwerfen Projekte, untersuchen alle Variablen, kontrollieren andere und zermartern uns den Kopf. Ein Großteil der Therapien beschäftigt sich damit, herauszufinden, was wir »wollen«, wie wir »es bekommen« und wie wir uns im Leben behaupten. Egostrukturen werden entwickelt, um mit anderen fertig zu werden, Abwehrmechanismen aufgebaut, Lebensentwürfe produziert. Wir entscheiden, wo wir in fünf, zehn oder dreißig Jahren stehen wollen, während das lebhafte, rastlose Kind in uns in ein Gefängnis ohne Gitterstäbe gesteckt wird. Wir können auch in der Täuschung leben, dass wir unser Leben »im Griff« haben, dass es nichts Größeres gibt, das eine Antwort verlangt.

Auch aus der Sicht des Zen ist es notwendig, die Umstände zu meistern, aber die Art, wie wir es tun, und das letztendliche Ergebnis sind in der Tat sehr unterschiedlich. Im *Rinzai Roku* heißt es: »Werdet zum Meister an jedem Ort, dann ist überall, wo ihr steht und was ihr tut, Wahrheit.«

Dieses Zitat von dem berühmten Zen-Meister Rinzai ist ein Koan. Es fragt uns unausgesprochen, wie man Meister an jedem Ort wird, und sagt uns, dass unser Leben und all unsere Handlungen zu einer Manifestation der Wahrheit selbst werden, wenn wir wahrhaft Meister an jedem Ort sind.

Doch statt unser Leben zu kontrollieren, zu planen und einzuteilen, werden wir beim Zen einfach dadurch zu Meistern an jedem Ort, dass wir Zazen machen, und, nachdem wir das Kissen verlassen haben, indem wir nichts Besonderes tun, sondern einfach nur das, was Augenblick für Augenblick ansteht. Statt die aktiven »Macher« zu sein, werden wir zu Zeugen für das Wunder, das von selbst in Erscheinung tritt.

> Im ruhigen Dasitzen und Nichtstun
> kommt der Frühling,
> und das Gras sprießt von selbst.
>
> *Paul Reps*

Wir bringen das Gras nicht zum Sprießen. Das wäre die Höhe der Anmaßung. Es sprießt von allein.

Nichts tun

Nichts tun erfordert vitale Energie. Es heißt nicht faul sein oder passiv werden. Es bedeutet, überhaupt nichts zu *tun*.

Leila, eine Zen-Schülerin, fuhr am Wochenende ans Meer. Nach einer hektischen Woche freute sie sich auf den Frieden, den Geruch des Ozeans und die Dünen. In der Pension, in der Leila wohnte, gab es eine Putzfrau. Diese Frau, Frieda, sang aus vollem Halse Liebeslieder auf Spanisch, während sie die Böden wischte. Überdies war sie laut und ungeschickt bei der Arbeit.

Wie gewöhnlich wachte Leila in den frühen Morgenstunden auf und wollte Zazen machen. Sie brachte ihr Zimmer in Ordnung und legte sich zum Sitzen ein Kissen auf den Fußboden. Genau in dem Augenblick, als sie sich setzte, polterte etwas gegen die Tür. Frieda wischte draußen und hatte mit dem Mopp gegen die Tür gestoßen, während sie lauthals sang: »Mir bricht das Herz, heut bricht mir das Herz.«

Leila saß auf dem Kissen und hörte der schrillen Stimme zu.

»Was soll ich ohne dich machen?«, sang und jammerte Frieda weiter.

Schließlich stand Leila auf, ging zur Tür und rief: »Frieda, könnten Sie ein bisschen leiser sein?«

Frieda, die nur ansatzweise Englisch verstand, sang unbeirrt weiter.

Leila begab sich wieder an die Meditation, doch der Gesang wurde noch lauter, und auch der Mopp begann wieder
unablässig gegen die Tür zu schlagen. Schließlich erhob
sie sich von ihrem Kissen und fragte sich, was mit dieser
Frau los war. Negative Gedanken fingen an, sich zusam-
menzubrauen, aber dank jahrelangem Zazen fing sie sich.
»Stopp«, sagte sie zu den finsteren Gedanken, die in ihr
aufkamen. Leila machte sich klar, dass sich Dinge, mit denen wir nichts zu tun haben wollen, an uns hängen und
dass sich die, denen wir nahe sein wollen, uns entziehen.

Sie öffnete die Tür und verließ das Zimmer. In dem Augenblick, als Frieda sie sah, kam sie herbeigestürzt und
baute sich vor ihr auf. Wie es schien, hatte sie an Leila einen Narren gefressen. Leila drehte sich um, um auf die
Straße zu gehen, und Frieda folgte ihr.

»Wohin gehen Sie?«, fragte sie.

»Zum Strand«, sagte Leila.

Frieda grinste. »Ich auch. Ich mitkommen.«

Auf dem Fußweg zum Meer summte Frieda unablässig.
Leila leistete Widerstand und versuchte, nicht hinzuhören. Sie fing an, sich auf andere Dinge zu konzentrieren.
Aus dem Summen wurde wieder ein lautes Singen. Leila
konzentrierte sich auf die köstliche salzhaltige Luft und
atmete tief ein. Der Gesang wurde noch lauter. Was Leila
auch tat, um wegzuhören, er wurde nur noch lauter. Dann
fielen ihr plötzlich Rinzais Worte ein: »Wenn wir zum
Meister an jedem Ort werden, ist das, was wir tun, die
Wahrheit.« »Wie soll ich das meistern?«, fragte sie sich.

Sie erreichten den Strand, während Frieda unablässig
sang. Leila breitete eine Decke im Sand aus und setzte
sich. Frieda ließ sich direkt neben ihr nieder. Als Leila zu-
sah, wie die Wellen an den Strand rollten, hörte sie plötz-

lich auf, Frieda zurückzustoßen, und verfiel in Zazen. Sie gab den Wunsch auf, die Dinge anders haben zu wollen und Ruhe am Strand zu finden. In dieser inneren Verfassung befand sie sich, während sie hörte, wie Frieda immer wieder sang: »Mir bricht das Herz, heut bricht mir das Herz.«

Plötzlich begriff Leila, dass jeder, der in unser Leben tritt, niemand anders als unser Selbst ist. »Das bin ich«, dachte sie. »Mir bricht wahrscheinlich das Herz, und Frieda macht mich darauf aufmerksam. Also gut.« Aufmerksam hörte sie dem Lied zu. Statt Frieda zu bekämpfen und zurückzustoßen, öffnete sie sich ihr und ihrem Lied.

Wenn wir *nichts tun*, wenn wir aufhören, Dinge regeln, verändern oder zurückstoßen zu wollen, ändern sie sich von selbst. Endlich begriff Leila, dass Frieda ihr Spiegel war. Alles, was in unser Leben tritt, ist unser Spiegel, besonders die Dinge, die wir wegstoßen wollen. »Frieda bin ich«, dachte sie. »Frieda, die Menschen auf die Nerven geht, die herumpoltert, die zu viel Nähe will und der das Herz bricht.« Jetzt fing auch Leila an zu summen.

Frieda schaukelte beim Singen hin und her. Auch Leila fing an zu schaukeln. Als sie beide dasaßen und schaukelten, wurde Friedas Stimme leiser. Leila wandte sich zur Seite und schaute Frieda an, der Tränen über das Gesicht liefen.

Frieda sagte. »Du meine Mama. Meine Mama weit weg.«

Leila begriff, dass Frieda sich nach ihrer Mutter sehnte, die weit weg war. Sie hatte Frieda wohl an ihre Mutter erinnert. Frieda weinte vor sich hin, und nur wenig später fing auch Leila an zu weinen. Auch ihr fehlte ihre Mutter, die ein Jahr zuvor gestorben war. So saßen beide auf der Decke und weinten gemeinsam, bis Leila sich zu Frieda wandte und sie umarmte. Bald danach hörte das Weinen auf, das Singen hörte auf, und sie saßen einfach nur da und lauschten dem Rauschen der Brandung. Die Umstände waren gemeistert, der Augenblick erfüllt.

Es gibt einen Ausspruch, der besagt, dass wir alle genug Liebe in unserem Herzen haben, um den gesamten Planeten zu heilen, aber wir geizen zu sehr mit ihr, wir haben zu viel Widerstand. Wir ziehen es vor, andere zu richten, zu hassen und zurückzustoßen. Vielleicht ist das der Grund dafür, dass so viele Menschen gegen die Türen poltern, jammern, weinen oder mit schriller Stimme lauthals singen müssen.

Jedem Augenblick erlauben, so zu sein, wie er ist

Diese Geschichte ist ein typisches Beispiel dafür, was es heißt, Umstände zu meistern oder nichts zu tun. Die Heilung und Meisterung der Situation begann, als Leila Frieda erlaubte, die zu sein, die sie war, und sie nicht zurückstieß. Leila hatte keine Ahnung, dass Frieda von so viel Traurigkeit und Heimweh erfüllt war. Ihr war ebenso wenig klar, wie dringend auch sie selber weinen musste. Wer ist die, die das schließlich wusste und die rechte Handlung zur rechten Zeit kannte?

Der Ort, an dem wir sind, wird uns zeigen, wie wir vorgehen sollen. Wir müssen nicht anderswo schauen, wenn wir einfach dem alltäglichen Leben folgen, wie es sich zeigt, und nichts hinzutun. Das sind einfache, klare Anweisungen, aber so schwer zu befolgen.

Wer ist der Meister der Umstände?

Wenn wir authentisch üben, wenn wir nichts tun, sind wir nicht nur mit dem wahren Meister zusammen, wir werden auch fähig, spontan auszudrücken, was er braucht und will. Wir weinen, wenn die Dinge traurig sind, lachen, wenn sie lustig sind, lieben, was der Liebe bedarf, und stoßen Fremde nicht länger zurück. Das nennt man auch »die Zwiebel schälen«. Es ist nicht theoretisch oder abstrakt, sondern gründet einfach auf dem, was zur gegebenen Zeit erforderlich ist.

Wenn wir den wahren Meister finden, erkennen wir, dass wir, auch wenn wir vielleicht nie verstehen werden, womit die Welt uns konfrontiert, dennoch imstande sind, für sie da zu sein, alle Aspekte zu umarmen und beharrlich dabeizubleiben.

> Nur ein kurzer Zwischenraum
> zwischen der glitschigen Straße hier
> und dem niemals glitschigen Weg dort.
> Wenn es regnet, lass es regnen.
> Wenn es stürmt, lass es stürmen.
>
> *Ikkyu*

Kein Problem

Das Leben kommt, wie es kommt. Nur unser Anspruch, dass es sich anders entwickeln soll, führt dazu, dass wir leiden und anderen Leiden bescheren. Wir stellen die Forderung, ewig zu leben, und sehen nie die Schönheit des Älterwerdens und der alten Menschen. Wir haben den Anspruch, von allen geliebt zu werden, keine Fehler zu machen, nur gute Kost zu essen, für immer schön zu bleiben und das zu bekommen, was uns unserer Meinung nach zusteht. Wir setzen alles daran, um diese Illusionen zu erlangen, und gehen so weit, unser wahres Leben dabei aufs Spiel zu setzen. Wir verstecken uns vor Krankheit, Unglück, Alter und Einsamkeit und lassen diejenigen im Stich, die sie erleben. Wir lehnen Kummer und Hässlichkeit ab und begreifen nicht, dass Hässlichkeit und Kummer in uns sind. Dann wundern wir uns, warum wir leiden, gefangen in einem Leben ohne jeden Ausweg.

Der Ausweg liegt in den gewöhnlichen Augenblicken; er liegt darin, dass wir beim Zazen beharrlich durchhalten und all unseren täglichen Pflichten Aufmerksamkeit schenken. Auf diese Weise nimmt unsere Fähigkeit, mit der Wirklichkeit eins zu werden, nach und nach zu, und unser Leiden klingt ab. Wir werden wertvoll für andere, da wir nichts vernachlässigt herumliegen lassen.

Ein alter Zen-Spruch lautet: »Zen ist, einfach deinen Mantel aufzuheben und ihn aufzuhängen.« Wir heben nicht nur unseren Mantel auf. Wir heben auch sonst alles auf, was dort liegt, darunter auch Menschen, die mit Achtung und Liebe angesehen werden wollen.

Praktisches Zen

Übung 1: Tu nichts

Nehmen Sie sich eine Situation, die Sie beunruhigt und die Sie versucht haben zu lösen. Denken Sie über sie nach und tun Sie nichts. Denken Sie noch einmal über sie nach und tun Sie wieder nichts. Stoppen Sie alle unnötige Aktivität, alle Gedanken und Grübeleien. Machen Sie einen Spaziergang am Meer (oder einem Ort, der Sie entspannt), genießen Sie den Augenblick – und dann denken Sie über die Situation nach. Tun Sie immer noch überhaupt nichts. Gehen Sie weiter spazieren, genießen Sie es weiter.

Wenn diese Situation tatsächlich in Ihrem Leben eintritt, fahren Sie fort, nichts zu tun. Nehmen Sie nach ungefähr einer Woche mit dieser Übung die Veränderungen zur Kenntnis, die stattgefunden haben, ohne dass Sie sich überhaupt eingemischt haben.

Übung 2: Finde den Meister

Halten Sie mitten in der Verwirrung, im Konflikt und in unerwünschten Umständen inne und fragen Sie sich: »Woher ist das alles gekommen? Wer ist der Meister dieser Umstände?« Halten Sie inne und finden Sie es jetzt heraus. Der große Zen-Meister Bassui sagte dazu: »Wenn wir den Meister finden, können wir ruhen und nichts tun. Der Meister tut alles.«

TEIL II

· · · · · · · · ·

Wünsche und Begierden

6

Den Affengeist zur Ruhe bringen

Zen-Wunder 6
Der Affengeist löst sich auf.

Der Affengeist

Der *Affengeist* ist der Teil von uns, der ständig rastlos ist, von einer Sache zur nächsten springt, endlos plappert, begehrt, fürchtet, unzufrieden ist und alles, was gerade da ist, ruiniert. Er urteilt, weist ab, schlägt um sich und ist immer voll und ganz davon überzeugt, dass er und niemand sonst Recht hat. Nach und nach sperrt er uns in einem Käfig ohne Gitter ein. Das Leben wird kleiner und enger. Wenn der Affengeist wirkliche Macht erlangt, können wir nicht mehr gut essen, schlafen, lieben, lachen und dem Leben Schönheit oder Sinn abgewinnen.

Lous Geschichte

Lou litt an Schlaflosigkeit. Er konnte nicht länger als eine Stunde am Stück schlafen. Nachts lag er sorgenvoll wach und grübelte ängstlich darüber, ob die Aktienkurse steigen oder fallen oder seine Freundin ihn am nächsten Tag verlassen würde. Wenn die Kurse stiegen, meinte er, etwas wert zu sein und sich ihre Liebe erhalten zu können. Sanken sie, hatte er das Gefühl, dass Schwierigkeiten im Anzug waren. Kalter Schweiß bedeckte seinen Körper, während er dalag und sich das Leben ohne die Liebe, das Geld und die Selbstachtung ausmalte, die er brauchte. Nachdem er sich schließlich eingeredet hatte, dass alles gut gehen würde, schlief er ein oder zwei Stunden lang wieder ein. Dann wachte er erneut in Panik auf und stellte sich das Schlimmste vor.

Als Lous alter Schulfreund Ron anrief, um zu fragen, ob er ihn besuchen könne, fühlte sich Lou noch unwohler. Obwohl sie seit der dritten Klasse Freunde waren und er sich aufrichtig für ihn interessierte, konnte Lou es nicht ertragen, ihn wiederzusehen. Die Art, wie Ron lebte, beunruhigte ihn. Ron war ein umherziehender Schriftsteller, der mal hier, mal dort wohnte und sich oft bei Freunden einquartierte, wenn ihm das Geld ausging. Unbekümmert um seine Finanzen, genoss Ron gewöhnlich das Leben, lachte laut über Witze und fühlte sich ungeheuer reich, wenn bei ihm ein Scheck über einen Betrag von beispielsweise 5000 Dollar eintraf. Er plante dann sofort eine Reise in ein Land der Dritten Welt, wo er billig leben, die schöne Landschaft genießen und so lange schreiben konnte, bis er kein Geld mehr hatte.

Als Ron diesmal anrief, fing Lou an zu zittern und griff ihn heftig an. Er beschuldigte Ron, krank zu sein. Sein Lebensstil sei der Beweis dafür, sagte er, und er wolle diese Krankheit nicht mehr in seiner Umgebung haben.

Aber worin besteht hier die wirkliche Krankheit? Was ist es, das in Lous Leben eine solche Verzweiflung, Ängstlichkeit und Enge erzeugt? Von dem Autor und Psychologen Louis Jourard stammt der Satz: »Wir werden krank, weil wir auf krankmachende Weise handeln.« Selbst wenn Lou Rons Verhalten als krankhaft ansah, ließ auch Lous Reaktion sehr zu wünschen übrig. Aus der Zen-Sicht war Lou, ohne es zu wissen, schlicht von seinem Affengeist beherrscht.

Wenn wir Zen üben, tritt ein neuer Teil in uns hervor und erstarkt, der Freiheit von diesem inneren Tyrannen bringt. Wir nennen diesen neuen Teil unsere *Buddha-Natur*. In Wirklichkeit ist die Buddha-Natur kein neuer Teil von uns, sondern etwas, was schon immer da war und bloß von der Unwissenheit und Rastlosigkeit verdeckt war, die der Affengeist erzeugt. Wenn die Buddha-Natur zum Vorschein kommt, werden wir nicht zu jemand anderem – wir nehmen nur wieder von dem Besitz, was immer schon da gewesen ist.

Die drei Gifte

Woher kommt der Affengeist? Laut Zen bekommt der Affengeist durch drei Gifte Nahrung: Gier, Zorn und Dummheit. Ohne dass wir es wissen, wird der größte Teil unseres Lebens von diesen drei Giften angetrieben, die wir für nützliche Eigenschaften halten. Gier betrachten wir als starke Motivation und begrüßen sie bereitwillig. Zorn wird oft als Selbstbehauptung, als Signal der Stärke, angesehen. Dummheit oder Unwissenheit sind die endlosen Täuschungen, die uns tagtäglich bestürmen. Wir halten sie gewöhnlich für die Wahrheit und handeln bereitwillig auf ihrer Grundlage. Wie eine Spinne weben diese Gifte ein Netz, das unser Leben schließlich erstickt.

Gier

Wenn wir von Gier beherrscht werden, suchen wir nach immer mehr, um uns zu befriedigen. »Je mehr, desto besser«, lautet unser Mantra. Irgendwie ist das, was wir haben, nie genug. Wir leben unser Leben, um zu sammeln, Schätze anzuhäufen und zu horten. In dieser Verfassung befriedigt uns das, was wir bekommen, nur für einen Augenblick, bevor wir zum Nächsten übergehen. Wir sind wie Gäste bei einem Bankett, die essen und essen, aber weder die Speisen schmecken noch sich jemals satt fühlen.

> Wir sind wie ein Mensch, der mitten im Wasser steht
> und flehentlich vor Durst nach Wasser schreit.
> Wir sind wie der Sohn des reichen Mannes,
> der sich verirrt zu den Armen.
>
> *Hakuin Zenji*

Wenn wir Zazen üben, werden wir fähig, unsere Nahrung und unser Leben zu schmecken, in uns aufzunehmen und zu verdauen. Wenn wir jeden Bissen voll und ganz schmecken und genießen, brauchen wir immer weniger. Ein Bissen wird zu etwas Köstlichem. Er ist mehr als genug.

> Es war der zweite Morgen des Wochenend-Sesshins. Den ganzen ersten Tag über hatte ich mich durch Unruhe, Schmerz und Langeweile hindurchgesessen und mich gefragt, was ich hier überhaupt machte. Was hielt

mich bei der Stange? Zu Beginn des zweiten Tages konnte ich mir nicht vorstellen, weiterzumachen.

Wir erhielten das Frühstück auf unserem Kissen. Als derjenige kam, der das Essen austeilte, hielt ich meine Schale hin. Er tat Haferbrei hinein. Nachdem jeder etwas bekommen hatte, aßen wir alle gemeinsam. Ich nahm einen Löffel Haferbrei und zitterte. Ich war total verblüfft. Er war so außerordentlich köstlich, dass ich anfing zu weinen. In diesem Augenblick begriff ich, dass ich den Haferbrei nie zuvor geschmeckt hatte, ganz gleich, wie viele Schalen ich davon auch schon gegessen haben mochte.

Zen-Schüler

Statt jeden Geschmack unseres Lebens zu genießen, werden wir gelehrt, in uns hineinzuschlingen, so viel wie möglich anzuhäufen, ganz gleich um welchen Preis und auf wessen Kosten, an unseren Besitztümern festzuhalten und letztlich zu glauben, sie seien das, was wir sind. Auf diese Weise verlieren wir den Kontakt zu unseren wahren Bedürfnissen und unserem grundlegenden Wesen. Je mehr wir den Kontakt verlieren, desto größer werden unser Hunger und unsere Verzweiflung, und desto mehr sind wir ständig auf der Suche. Das nennt man: ein *hungriger Geist* sein. Hungrige Geister glauben, dass sie ihre Wohnung und ihr Leben voll stopfen müssen, wenn diese wertvoll und schön sein sollen, so lange, bis kein leerer Fleck mehr bleibt.

Gib Dinge weg

Beim Zen praktizieren wir das Gegenteil. Wir haben eine tiefe Wertschätzung für leeren Raum. Wenn wir die Schönheit unserer Wohnung entdecken wollen, fangen wir an, sie leer zu machen. Wir sortieren Dinge aus und geben sie weg. Wir reinigen das Haus gründlich. Alles Unwesentliche wird entfernt; am Schluss haben wir viel leeren Platz. Jetzt können wir die ursprüngliche Schönheit der Wohnung leicht sehen. Wir brauchen nichts Zusätzliches darin, von Anbeginn an war ihr Wert schon da. Jetzt haben wir auch Platz, uns zu bewegen und zu atmen. Wenn wir einfach das ganze unnötige Zeug entfernen, entdecken wir das ursprüngliche Wesen unseres Zuhauses. Diese Schönheit wohnt ihm inne und kann ihm nicht genommen werden.

Denselben Prozess können wir auf unser Herz und unseren Geist übertragen. Wir müssen ständig und dauernd alles aussortieren, was unwesentlich ist: den überflüssigen Plunder, der unsere natürliche Schönheit und Weite blockiert. Durch Zazen lässt sich das erreichen.

Führen wir hingegen einfach nur ein Leben der Begierde und des Ansammelns, hat das vielerlei Konsequenzen. Auf das anfängliche Glück, das zu bekommen, was wir wollen, folgt die Angst, unseren Besitz zu verlieren. Wir machen uns Sorgen, dass andere neidisch werden, uns hassen oder vielleicht sogar unsere Schätze stehlen könnten. Da wir nicht wissen, wo unser wahrer Schatz liegt, ist unser Glück von Ängstlichkeit getrübt. Wenn uns unsere Besitztümer genommen oder gestohlen werden, wenn wir unser Geld, unseren Ehepartner und unsere Stelle verlieren, fühlen wir uns, als ob wir unseren Wert verloren hätten. Viele Menschen leben dann in Scham und Verzweiflung und entwickeln mitunter sogar Selbstmordtendenzen, weil sie glauben, sie hätten letztlich versagt und seien nichts wert.

Leute wie Lou, die ihr wahres Wesen und ihren wahren Wert noch nicht kennen, weisen bestimmte Menschen zurück, die ihnen begegnen, weil diese Menschen Seiten von ihnen repräsentieren, die sie sich fürchten anzuschauen. Wenn sie mit Menschen konfrontiert werden, die von Armut, Krankheit oder Versagen gezeichnet sind, wenden sie sich ab. Ein Akt echter Güte wird unmöglich. Ist es ein Wunder, dass Lou trotz seines Reichtums und seiner Investitionen nachts nicht schlafen kann und von Angst geplagt wird?

Der Zen-Meister und der Dieb

Zen-Meister Ryokan lebte auf einem Berg in einer kleinen Hütte, die einfach und kärglich mit dem Wenigen eingerichtet war, das er brauchte. Eines Nachts drang ein Dieb ein und nahm alles mit, was er fand, auch die Kleider, die Ryokan tagsüber trug.

Als der Dieb fort war, schaute Ryokan aus dem Fenster. Der Mond leuchtete hinein. Ryokan betrachtete den Mond und seufzte.

»Schade, dass ich ihm nicht auch diesen Mond geben kann«, sagte er zu sich.

Der Dieb konnte den Zen-Meister nicht bestehlen. Ryokan gab gerne alles, was er hatte. Darüber hinaus besaß er nichts, was man ihm hätte nehmen können. Sein Wunsch, festzuhalten und anzusammeln, war vergangen.

Das Wesen der Wünsche

Aus psychologischer Sicht sind Wünsche ein Bestandteil des menschlichen Lebens, und wir müssen angemessene Mittel lernen, um sie zu befriedigen. In der Tat entstehen viele psychologische Störungen aus der Unterdrückung und Zurückweisung von Wünschen, aus unannehmbaren Wünschen, die einen Menschen quälen, oder aus der Unfähigkeit, tiefe, anhaltende Sehnsüchte zu befriedigen. Unterschiedlichste Kompensationsmechanismen werden zur Bewältigung entwickelt. Einige davon sind nicht gesund, wie etwa Symptombildung, Fantasieersatz, übertriebene Frustration, unentwickelte Triebkontrolle und Ähnliches mehr. Viele Symptome werden als Ersatz für das gewünschte Objekt angesehen, das dem Menschen versagt bleibt. In der Therapie lernt der Patient seine unbewussten und bewussten Bedürfnisse zu erkennen, sie zu akzeptieren, konstruktiv zu kanalisieren (einige möglicherweise zu sublimieren) und eine Erfüllung zu erlangen, die gesund und positiv ist (im Gegensatz zur destruktiven Äußerung der Bedürfnisse).

Das alles kann nützlich und oft konstruktiv sein. Wünsche sind mächtige Kräfte, die man erkennen und mit denen man ehrlich umgehen muss. Eine Praxis, die Wünsche unterdrückt, ihre Existenz leugnet oder behauptet, das Individuum sei über menschliche Sehnsüchte erhaben, gründet auf einem trügerischen Fundament. Früher oder später kommen diese unbewussten, unterdrückten Energien zum Vorschein und richten oft großen Schaden an. Es ist von entscheidender Bedeutung, die Existenz von Wünschen zu erkennen und sie zu Bewusstsein zu bringen, aber von da an gehen Psychologie und Zen getrennte Wege.

Aus der Sicht des Zen entsteht wahre Erfüllung niemals aus der Befriedigung von Wünschen. Vielleicht ist eine vorübergehende Entlastung die Folge, aber nicht der tiefe Frieden und die tiefe Erfüllung, die wir suchen. Sobald ein Wunsch befriedigt ist, folgt der nächste. Die Befriedigung ist flüchtig und macht den Menschen oft noch hungriger, als er vorher war. Von Wunsch zu Wunsch leben erzeugt eine Art von Sucht. Wir werden Sklaven unserer Wünsche. Je mehr wir sie befriedigen, desto mehr wollen wir haben. Im besten Fall ist das eine Ersatzbefriedigung, ein unechtes Imitat des tiefen Friedens, nach dem wir uns in Wirklichkeit sehnen.

Der Zustand der Wunschlosigkeit, der in der buddhistischen Literatur beschrieben wird, ist oft missverstanden worden. Er bedeutet nicht, gefühllos zu werden oder die Verbindung zu den Dingen zu verlieren. Ganz im Gegenteil. Er bedeutet, imstande zu sein, natürliche und einfache Bedürfnisse, die entstehen, zu erkennen und zu befriedigen, ohne ihnen anzuhaften und mehr haben zu wollen. Er trennt Bedürfnis und Wunsch voneinander. Wir brauchen ein bestimmtes Maß an Nahrung, Sonne, Wasser, Freundschaft. Viele Wünsche haben nichts mit unseren Bedürfnissen zu tun. Sie trennen uns sogar von ihnen und erzeugen Begierden, die unwirklich sind.

Wieder trifft der Spruch von Rinzai zu:

> Wenn ich hungrig bin, esse ich. Wenn ich müde bin, schlafe ich. Die Narren lachen über mich, aber die Weisen verstehen es.

Iss, wenn du hungrig bist

Dieser simple Satz ist die Grundlage allen wahren Übens. Er stellt bei Menschen wieder ihr natürliches Gleichgewicht und das natürliche Gleichgewicht des Universums her.

Wie viele Menschen essen wirklich, wenn sie hungrig sind, oder schmecken und verdauen die Nahrung, die sie empfangen? Oft essen wir, wenn wir müde, deprimiert und nervös sind oder es uns an Liebe mangelt. Wir essen, weil es von uns gesellschaftlich erwartet wird oder weil es an der Zeit ist zu essen. Unsere Bedürfnisse und Zwänge sind so miteinander vermischt, dass es uns schwer fällt, überhaupt zu erkennen, wann wir wirklich Hunger haben. Wenn wir essen, weil wir müde oder nervös sind, können wir nie befriedigt sein und werden natürlich immer mehr haben wollen.

Wie viele Menschen schlafen wirklich, wenn sie müde sind? Wie viele schlafen, um eine schmerzhafte Welt auszublenden oder in Träume zu entfliehen? Wie viele können sich hinlegen, wenn sie müde sind, und fest schlafen, ohne sich in Träumen und Ängsten hin und her zu wälzen?

Je mehr wir Zazen üben, desto mehr sind wir nicht nur imstande zu erkennen, was wir wirklich brauchen, sondern das Bedürfnis direkt zu befriedigen, bevor es sich in einen Wunsch verwandelt und wir um immer mehr betteln.

In einer alten Zen-Geschichte wird erzählt, dass eine Frau zu Buddha kam und ihm erklärte, dass sie kurz vor dem Verhungern sei. Sie bettelte ihn um etwas zu essen an. Wie die meisten von uns war sie eine Bettlerin im Leben geworden und erkannte nicht, woher ihre wirkliche Nahrung kam. Sie war gewillt, alles Mögliche zu essen. Ganz gleich, was jemand ihr anbot, sie ergriff es. Flehend schaute sie Buddha an. Sie war ein Fisch, der im Wasser schwamm und vor Durst umkam.

Buddha hielt ihr etwas zu essen hin, doch gab er es ihr nicht. Erst musste sie »nein« zu ihm sagen. Sie musste begreifen, dass sie keine Bettlerin war. Sie musste der Gier ein Ende setzen.

Alles haben wollen

Als Bettler gehen wir durchs Leben, zu Liebhabern, Freunden und Therapeuten und flehen um ein Ende unseres Leidens. Bei Angst und Seelenqual bestehen die heutigen Behandlungsmethoden vielfach darin, Medikamente zu geben, die den Schmerz betäuben, oder Techniken einzusetzen, durch die der jeweilige Mensch das bekommen kann, was er sich wünscht – reich werden, *alles haben kann*. Das ist, als ob man der hungernden Frau Nahrung geben würde, die sie nicht satt macht, sondern nur noch hungriger.

Statt Gier als positiven Faktor zu betrachten und ihr zu erlauben, unsere Triebfeder zu sein, besteht der erste Schritt darin, sie als das zu sehen, was sie ist, und ihre Folgen zu begreifen. Ganz gleich, wie viel Geld Lou anhäuft, er wird sich niemals sicher oder zufrieden fühlen. Je mehr er in diese Begierde investiert, desto weniger wird er sich innerlich erfüllt fühlen, und desto größer wird seine Verzweiflung werden.

Heutzutage wird bei der psychologischen Behandlung das tiefere Wesen des Erfolgs oder der Identität selten in-

frage gestellt. Menschen werden ermutigt, Leistung zu bringen und Dinge anzusammeln, ganz gleich, welcher Man-
gel damit kompensiert werden soll. Die Frage, wer wir im
tiefsten Innern sind, bevor wir etwas leisten und anhäufen, wird nicht gestellt. Viele Menschen geraten in Verzweiflung, nachdem sie ihre Ziele verwirklicht und all das
»erreicht« haben, was sie wollten, und weiterhin eine
tiefe innere Leere empfinden. »War es das?«, fragen sie sich.
Das ist ein besonders vorherrschendes Thema für Menschen, die aus dem Berufsleben ausscheiden, denn bis dahin hatte sich ihr Identitäts- und Wertgefühl auf die Arbeit
oder das Einkommen gestützt.

Die Psychologie verstummt, wenn sie Seng-ts'ans Zen-
Weisung hört: »Gewinn und Verlust, hinfort mit ihnen ein
für alle Mal.«

Nichts zu gewinnen, nichts zu verlieren

Ein *Sutra* ist eine Lehre Buddhas. Im *Herz-Sutra*, einem
Grundlagentext des Zen, heißt es: »Es gibt weder Gewinn
noch Verlust. Dieses Sutra setzt allem Leiden ein Ende.
Das ist die Wahrheit und keine Lüge.«

Dieses Sutra ist eine elementare Lehre Buddhas über das
Wesen des Lebens selbst. Es handelt von der Erscheinungs-
welt (der Welt der Form), dem Absoluten (der Welt der
Leere) und dem Leiden (der Welt der Menschen). Das Sutra
lehrt, dass Form sich in Leere verwandelt und Leere in
Form. Es ist unsere Identifikation mit dem einen oder anderen, unsere Illusion, dass sie dauerhaft sind, die Leiden
erzeugt. Es ist die Illusion, dass es etwas zu gewinnen gibt
und dass wir es nicht verlieren dürfen, die unser Herz in

Angst versetzt. Dieses Sutra fordert uns auf, darüber hinauszuschauen zu dem hin, wo wir nichts verlieren können.

Wenn wir das verstehen und aufhören, uns anzuklammern, fängt der Affengeist an sich aufzulösen, und das Leiden hat ein Ende.

Das Wesen des Leidens

Um dem Leiden ein Ende zu setzen, ist es notwendig zu verstehen, wodurch es verursacht wird. Wir müssen die Entstehung der drei Gifte anschauen und lernen, nicht ihre Gefangenen zu werden. Dann müssen wir zur *Tat schreiten*. Verstehen allein reicht nicht aus.

Das Rad des Karmas

Laut Zen wird das menschliche Leben in seiner konditionierten (oder unerwachten) Form vom *Karma* regiert, einer endlosen Kette von Ursache und Wirkung, die sich durch die Zeit hindurchzieht und sich aus unseren Gedanken, Worten und Taten zusammensetzt. Diese Vorstellung gibt es auch im westlichen Denken: »Wie du säst, so wirst du ernten.« Was wir denken, sagen oder tun, hat Folgen in der Zeit. Wenn wir auf bestimmte Umstände treffen, reifen diese Folgen, und in unserem Leben entwickeln sich die Wirkungen. Früher oder später trägt jede Saat, die wir gesät haben, Früchte: bittere Saat, bittere Früchte; süße Saat, süße Früchte. Es ist ein fortlaufender Prozess.

Die Gier beispielsweise zwingt uns, zu nehmen und zu

nehmen. Aber was geben wir unsererseits? Wie ausgegli-
chen sind die Waagschalen? Früher oder später müssen
wir in unserem Leben genau das empfangen, was wir gegeben haben. Alle Schulden müssen bezahlt werden. Wir
müssen zurückgeben, was uns gegeben worden ist. Wenn
man diesen Vorgang zutiefst versteht, kann man das eigene Leben neu lenken.

Die endlose Kette von Umständen, in denen wir uns
verfangen, unsere hartnäckigen Träume, Sehnsüchte, Mü-
hen und Ängste sind alle eine Spiegelung dessen. In der
Freudschen Psychologie nennt man das den Wiederholungszwang: Unbewusst und zwanghaft wiederholen wir
in unserem Leben dieselbe Situation immer wieder aufs
Neue. Gewöhnlich handelt es sich um eine traumatische
Situation, die wir meistern wollen, damit sie einen anderen Ausgang nimmt (was selten der Fall ist). Das Rad des
Karmas dreht sich weiter.

Statt zu versuchen, einer Situation einen anderen Ausgang zu geben, »meistern« wir sie in der Zen-Praxis dadurch, dass wir erkennen, was sie wirklich ist – ein hart-
näckiger Traum oder eine Täuschung. Wir heben die Macht
auf, die sie über uns hat, indem wir ihr wahres Wesen erkennen, und nicht, indem wir reagieren. Dieses Nichtreagieren oder Sich-nicht-Bewegen ist eine Weise, das Karma
zu beenden und die Energie, die wir der Situation gegeben
haben, zurückzunehmen, sodass sie immer mehr an Wirklichkeit verliert. Wenn wir uns weigern, unser Leben auf
der Grundlage der drei Gifte zu leben, wird der Brennstoff
oder das Feuer, die das Rad in Bewegung halten, langsam
gelöscht.

Nichtreagieren oder Sich-nicht-Bewegen bedeutet, dass
wir nicht auf die endlose Kette von Gedanken, Wünschen,

Versuchungen und Sehnsüchten eingehen, die uns tagtäglich von innen und außen bestürmen. Auf diese Weise setzen wir dem Karma der ständigen automatischen Reaktionen ein Ende und bewegen uns einen Schritt vom Karussell des Lebens weg auf festen Boden hin.

> Ich frage dieses bedürftige Geschöpf in meinem Innern:
> Welches ist der Fluss, den du überqueren willst?
>
> *Kabir*

Alle Teile von uns selbst annehmen

In der Zen-Praxis nennen wir eine Erfahrung nicht »gut« oder »schlecht«. Das verfestigt sie nur. Wir akzeptieren niemals den einen Teil und werfen den anderen weg. In der Zen-Praxis geht es darum, ganz zu werden. Sowohl Lou als auch Ron sind Teil des Stoffes, aus dem wir gemacht sind. Einer ist nicht besser als der andere. Wir müssen beiden Teilen von uns selbst begegnen und sie kennen lernen.

Laut Zen haben oder sind wir alle die Buddha-Natur. Das bedeutet, dass in uns allen ursprünglich Freude, Liebe und Klarheit herrschen. Trotz des Karmas, mit dem wir leben, ist an uns nichts fundamental falsch. Wir brauchen keine Medizin. Wie also sind wir zu Bettlern geworden, die im Wasser schwimmen und gleichzeitig vor Durst umkommen? Was ist mit unserer Buddha-Natur geschehen? Wo ist sie hingekommen?

Nirgendwohin. Sie ist tagein, tagaus vollständig da. Nur die Gifte und Sorgen, die wir mit uns herumschleppen, decken sie wie Gewitterwolken zu. Das Üben fegt die

Wolken beiseite. Unsere Angst und Besorgnis, unsere Be-
fürchtungen und unsere Gier sind nur auf der Oberfläche
unseres Lebens wirksam. Wenn wir tief in ruhigere Ge-
wässer vorstoßen, kommt unsere wahre Natur bald zum
Vorschein.

Dazu müssen wir aufhören zu reagieren und anfangen
zu verstehen, mit welcher Art von Begierde oder Sehnsucht wir es zu tun haben: ob sie konstruktiv ist und uns
jemals das geben kann, was wir wirklich wollen. Das Innehalten ist entscheidend. Es bringt dem aufgewühlten
Geist und Herzen Ruhe.

Wenn Chaos entsteht

Wenn Gier aufkommt, werden wir gewahr, dass Gier auf-
gekommen ist. Statt ihr zu erlauben, sich auszutoben, halten wir inne und lassen das Gefühl zu, mehr und mehr
haben zu wollen, den Schmerz, nicht zufrieden sein zu
können. Statt von den Wogen der Frustration hin und her
geworfen zu werden und ihr zu erlauben, uns chaotische
Handlungen zu diktieren, lassen wir unsere Frustration
einfach zu und erfahren sie tief im Innern. Wenn wir das
tun, erkennen wir das wahre Wesen unseres gesamten Lebens.

Nichtstun ist eines der größten Gegengifte bei Chaos,
denn der Affengeist liebt aufgrund seiner ureigensten Natur den Kampf und das Bestehen von Herausforderungen.
Nichtstun ist der größte Schrecken des Affengeistes. Er legt
lieber zunehmende Geschäftigkeit an den Tag und verstrickt sich in alle möglichen Komplikationen. Je geschäf-
tiger, desto besser, lautet sein Ratschlag. Je mehr du tust,

desto lebendiger wirst du. Diese Lüge führt zu allen möglichen Arten von Verrücktheit und Leiden. Der tibetanische Meditationslehrer Chögyam Trungpa hat dazu gesagt: »Wir können nicht dem Krach draußen Einhalt gebieten, aber wir können uns selbst Einhalt gebieten.«

Wahres Handeln, das aus dem Nichttun geboren wird, geschieht, wenn der Affengeist zur Ruhe gekommen ist. Wahres Handeln ist die Fähigkeit, präsent zu sein: die Welt zu sehen und zu hören, wie sie wirklich ist, und auf sie zu reagieren. Wahres Handeln ermöglicht uns, bewusst statt blind zu reagieren. Es lässt einen langen Atemzug lang und einen kurzen Atemzug kurz sein. Es erlaubt den Ereignissen, zu uns zu sprechen, statt ihnen unseren Willen und unsere Deutung aufzuzwingen. Nichthandeln ist vital und mächtig. Es macht unsere umherwandernden Energien nutzbar und ermöglicht uns, stark zu werden. Es erfordert Geduld und Vertrauen.

> Hast du die Geduld zu warten,
> bis dein Geist sich setzt
> und das Wasser klar ist?
> Kannst du in Unbeweglichkeit verharren,
> bis die richtige Handlung von selbst kommt?
> Buddha: *Dhammapada*

Wenn der Affengeist aufgehoben ist, treten alle möglichen anderen Reichtümer zutage. Das veranschaulicht die Geschichte von Cara, einer Zen-Schülerin auf Long Island, die ein altes Haus aus der Kolonialzeit verkaufen wollte, das sie mit ihrer großen Familie jahrelang bewohnt hatte.

Die reichste Frau in der Stadt

Da in Caras Haus viele Kinder lebten und häufig Freunde zu Besuch kamen, richtete sie es innen einfach und beinahe karg ein. Überall auf dem Boden waren Sitzkissen verstreut; dazu gab es Bambusmöbel, Pflanzen und Bilder. Am auffälligsten war, dass der größte Teil der Außenwände verglast war, sodass Licht hereinströmte und man die Bäume und das Gras draußen bequem von drinnen sehen konnte. Es gab Dachfenster in beinahe jedem Raum, und Cara war mit ihrem Haus und den vielen Gästen glücklich, die sich dort ebenfalls wohl fühlten.

Als das Haus zum Verkauf stand, kamen viele Käufer, um es zu besichtigen. Sie schauten sich erstaunt um, weil sie nicht das fanden, was sie sich vorgestellt hatten. Es gab keine Kronleuchter; die geräumige Küche, in der ein runder Holztisch stand und Kräuter in Töpfen wuchsen, war seit Jahren nicht renoviert worden. Die bezaubernden Bäder waren in ihrem ursprünglichen Zustand belassen worden, ohne je modernisiert worden zu sein. Die meisten Menschen fanden Gefallen an der Besichtigung, aber sie gingen, ohne wiederzukommen. Monatelang fand sich kein ernsthafter Interessent.

Schließlich rief eine Maklerin an und teilte Cara mit, dass sie einen aussichtsreichen Kandidaten an der Hand hätte. Der Mann wollte so schnell wie möglich umziehen. Er hatte viel Geld, und die Lage gefiel ihm. Cara sollte das Haus so gut wie möglich herrichten. Die Dinge sahen Erfolg versprechend aus.

Ein Mann in einem dunklen Seidenanzug und mit einem großen Diamantring am kleinen Finger fuhr in einem

Cadillac vor. Er ging auf die Eingangstür zu, so als wenn ihm das Haus bereits gehörte. Cara begrüßte ihn, aber er nahm sich nicht einmal einen Augenblick Zeit, sondern schritt selbstsicher die Räume ab. Sie trat zurück und wartete. Bald begann er, nur noch von einem Zimmer ins andere zu stapfen, um dann verwirrt zurückzukommen und sich vor ihr aufzupflanzen.

»Das nennen Sie ein Zuhause?«, fragte er ungläubig.

»Natürlich«, sagte Cara.

»Für Sie vielleicht«, erwiderte er, während er das Gesicht verzog. »Aber schauen Sie mich an. Ich bin reich. Ich habe wichtige Freunde. Ich gebe viele Gesellschaften. Wissen Sie, wie viel Arbeit man in dieses Haus stecken muss?«

»Überhaupt keine«, sagte Cara.

Er kam einen Schritt auf sie zu. Tödliche Stille. Dann sagte er: »Haben Sie nicht gehört? Ich bin ein reicher Mann.«

»Nicht so reich wie ich. Hat man Ihnen das nicht gesagt?«, erwiderte sie, bedächtig lächelnd. »Ich bin die reichste Frau in der Stadt.«

Er starrte sie verdutzt an.

»Wenn es regnet, kann ich den Regen auf die Fenster prasseln hören«, sagte sie. »Und wenn die Sonne scheint, kann ich die Sonne spüren. Die Bäume und der Himmel draußen sind immer bei mir.«

Der Mann drehte sich um und verschwand, so schnell er konnte.

Praktisches Zen

Übung 1: Den hungrigen Geist begrüßen

Fragen Sie sich, woran es Ihnen wirklich mangelt und wovon Sie denken, dass vorübergehende Anschaffungen es Ihnen geben können. Wer ist der hungrige Geist in Ihrem Innern? Wo sitzt er? Weisen Sie ihn nicht zurück. Machen Sie sich mit diesem Teil Ihrer selbst vertraut.

Übung 2: »Das genügt«

Wenn Sie Frustration und Rastlosigkeit empfinden, fragen Sie: »Woran mangelt es mir jetzt? Was ist verkehrt an dem, was ich habe?« Seien Sie voll und ganz da, wo Sie in diesem Augenblick sind, und bei dem, was Sie im Augenblick haben. Wir erleben selten das, was jetzt da ist, weil wir immer gleich mehr oder etwas Besseres haben wollen, etwas, was unser Leben scheinbar lebenswert macht.

Ein wunderbares Mittel gegen hartnäckige Rastlosigkeit ist der Ausspruch: »Das genügt.« Es stammt aus einer tibetischen Unterweisung, die Tulku Thondup gegeben hat. Schauen Sie das an, was Ihnen gegeben wird, und sagen Sie: »Das genügt.« Das ist eine Übung darin, all das willkommen zu heißen, was das Leben anbietet. Es ist eine Weise, das heißhungrige Wesen in unserem Innern ruhig zu stellen, das sich weigert, das, was uns gegeben wird, anzunehmen und damit zufrieden zu sein. Eine andere Formulierung lautet: »Dein Wille geschehe« oder »Danke«.

Übung 3: Unseren Begierden von Angesicht zu Angesicht begegnen

Nehmen Sie sich einen Augenblick Zeit, und denken Sie darüber nach, worin die Wünsche und Begierden in Ihrem Leben bestehen. Ohne was können Sie Ihrer Meinung nach nicht leben? Welche Art von Preis zahlen Sie dafür? Welche Art von Befriedigung liefert Ihnen diese Begierde? Schauen Sie sich diese Fragen einfach nur an. Sinnen Sie sanft darüber nach. Leben Sie mit ihnen tagein, tagaus. Vielleicht ändern sich Ihre Reaktionen von einem Augenblick zum nächsten. Lassen Sie das zu.

Lassen Sie eine Veränderung zu. Sie wird ohnehin eintreten.

Eine Haltung der Dankbarkeit entwickeln

Eine Haltung der Dankbarkeit zu entwickeln ist ein wunderbares Gegenmittel bei unstillbarem Hunger. Wir bemerken selten das, was uns ständig, Augenblick für Augenblick, geschenkt wird, oder erkennen es an. Statt das Augenmerk auf das zu richten, was sie erhalten, verbringen die meisten Menschen ihre Zeit damit, ihr Augenmerk auf das zu richten, was sie nicht haben, oder wie sie die Gaben umtauschen können, die sie bekommen. Diese Haltung selbst ist es, die uns zu Bettlern macht.

Es gibt eine wunderbare Übung namens *Naikan*, die in Japan entwickelt wurde, um an diesem Problem zu arbeiten. Bei dieser Übung wird unser Augenmerk von dem abgezogen, woran es uns mangelt, und die Aufmerksamkeit stattdessen auf das gerichtet, was wir empfangen. Diese Übung ist wahrhaft lebendiges Zen im Alltag.

Übung 4: Naikan (Teil I)

Nehmen Sie sich für diese Übung 30 bis 40 Minuten Zeit. (Es gibt auch Naikan-Seminare, in denen man sie den ganzen Tag übt.)

Stellen Sie sorgfältig eine detaillierte Liste dessen auf, was Sie heute empfangen haben. Achten Sie darauf, auch nicht geringste Kleinigkeit auszulassen. Alles ist von Belang.

Machen Sie eine weitere Liste all dessen, was Sie gegeben haben. (Gewöhnlich glauben wir, wir würden den ganzen Tag lang geben und sehr wenig empfangen. Diese Liste wird Sie überraschen. Lassen Sie auch hier nichts aus.)

Machen Sie jetzt eine dritte Liste und führen Sie alle Schwierigkeiten und Schmerzen auf, die Sie jemandem bereitet haben. Einige Menschen glauben, diese Liste erzeuge Schuldgefühle. Das kann, muss aber nicht so sein. Der Zweck der Liste besteht einfach darin, unser übliches Denken umzukehren, wonach wir glauben, die meiste Zeit von anderen verletzt und enttäuscht zu werden, und uns nicht die Schwierigkeiten und Schmerzen anschauen, die wir anderen vielleicht verursacht haben.

Für den Fortgang der Übung wollen wir uns nun auf die erste Liste konzentrieren. Alle drei sind allerdings ganz natürlich miteinander verflochten und wirken wunderbar zusammen. (Man kann auch Naikan auf eine Person oder eine Beziehung anwenden. Davon soll später die Rede sein.)

Zen ist die Übung der Aufrichtigkeit. Aus vollem Herzen und mit voller Überzeugung danke zu sagen ist die Erleuchtung selbst.

Unser unersättlicher Affengeist kann erst verschwinden, wenn wir lernen, zu empfangen. Wenn wir schweigend auf dem Kissen sitzen, geschieht das. Wir empfangen unseren Atem. Wer hat ihn gegeben? Wo wären wir ohne ihn? Woher kommt er? Wohin geht er? Was müssen wir tun, um ihn zu verdienen? Nichts. Dieser Atem wird einfach so gegeben und einfach so benutzt.

Haben Sie heute ein Frühstück bekommen? Ein Mittagessen? Hat jemand Sie angerufen, um hallo zu sagen? Haben Sie die Sonnenstrahlen empfangen, als die Sonne schien, oder das Lächeln eines Menschen, der Ihnen auf der Straße begegnet ist? Waren Sie zur Stelle, um es zu empfangen? Waren Sie dazu bereit? Haben Sie sich einen Augenblick Zeit genommen, um stehen zu bleiben und mit ihm zu sprechen? Was haben Sie Ihrerseits noch gegeben? Wem?

Viele von uns müssen lernen, was es bedeutet zu empfangen. Wir blockieren die Gaben, die uns gegeben werden, und bedanken uns nicht für sie. Wir denken vielleicht, dass sie uns zustehen oder nicht gut genug sind, dass wir mehr und Besseres verdienen. Statt dankbar zu sein, schäumen wir innerlich vielleicht vor Wut.

Wenn wir auf dem Kissen sitzen und üben, können wir nicht umhin, all das zu erkennen, was wir empfangen, und es mit offenen Armen willkommen zu heißen.

Fall 27 aus dem Hekiganroku:
Unmons goldener Wind*

Unmon war ein großer Zen-Meister in der späten T'ang-Dynastie und starb im Jahre 949. Wie Rinzai benutzte er eine kraftvolle Sprache und Schockstrategien, um seinen Schülern zu helfen, aufzuwachen.

Ein Mönch fragte Unmon: »Was für eine Zeit ist das, wenn die Bäume sich verfärben und die Blätter fallen?«

Unmon erwiderte: »Dann legt der goldene Wind sein ganzes Wesen bloß.«

Setchos Vers

Frage schon hat Vollgewicht.
Antwort bleibt dahinter nicht.
Müsst der Sätze drei drin finden!
Ein Pfeil weit im Raume fliegt.
Über dem großen Gefild
frostiger Stürme heulende Wut!
Weit am Himmel entlang
sprühender Güsse düstere Sicht!

Kommentar

Wenn der Affengeist verschwindet, weht der goldene Wind ohne Unterlass.

* Zitiert in Anlehnung an Wilhelm Gundert (Übers.): *Bi-Yän-Lu, Meister Yüan-wus Niederschrift von der smaragdenen Felswand*, Hanser Verlag, München 1964.

7

Einsamkeit und Trennung

Zen-Wunder 7

Endlich begegnen wir dem wahren Freund.

> Denk daran, dass es nur
> einen Grund gibt, irgendetwas zu tun.
> Eine Begegnung mit dem wahren Freund
> ist der einzig wirkliche Lohn.
>
> *Kabir*

Der größte Schmerz, unter dem wir alle leiden, ist der Schmerz der Trennung und Einsamkeit: uns in einem unpersönlichen Universum unerwünscht und vergessen zu fühlen. Ein Großteil unseres Lebens dreht sich um den endlosen Versuch, das nicht zu erleben. Wir reden uns ein, dass wir etwas zählen, dass Liebe da ist und Freunde und Liebespartner im Überfluss draußen auf uns warten. Wir gehen auf Partys, verlieben uns, heiraten, bekommen Kinder, haben Kollegen und Geschäftspartner, und das alles in dem Versuch, uns geliebt und unterstützt zu fühlen.

Wenn eine Beziehung auseinander geht oder jemand Schwierigkeiten hat, einen Liebespartner zu finden oder festzuhalten, kommen nagende Zweifel und Ängste hoch. Fragen tauchen auf wie: »Bin ich es nicht wert, geliebt zu werden? Stimmt etwas mit mir nicht? Was kann ich tun, um auf das andere Geschlecht attraktiver und liebenswerter zu wirken?« Es gibt wenig, was Menschen nicht unternehmen würden, um sich selbst und anderen zu beweisen, dass sie jemand sind, der Bedeutung hat, Liebe verdient, Interesse und Bewunderung wachruft – dass sie also bei dieser wichtigsten Suche im Leben, der Suche danach, geliebt zu werden, nicht gescheitert sind.

Die Gier nach Liebe

Die meisten Beziehungen gründen auf der Begierde, geliebt zu werden. Nicht zu lieben, sondern geliebt zu werden – sich das eigene Ego und das Gefühl der eigenen Wichtigkeit bestätigen zu lassen. Es ist die Suche nach Bestätigung und Wertschätzung vonseiten anderer, und ganz gleich, wie viel wir bekommen, es ist gewöhnlich nie genug. Je mehr wir bekommen, desto stärker wird die Begierde.

Viele Menschen halten die Erfahrungen des Brauchens, der Abhängigkeit, des Besitzergreifens, der Unvollständigkeit oder der Kontrolle für Liebe. Die Sehnsucht oder Begierde nach einem anderen Menschen und die intensiven Gefühle, die dadurch wachgerufen werden können, bilden die Grundlage vieler Beziehungen. Man kann leicht sehen, dass diese Gefühle nicht auf Liebe gründen, da die Menschen, die in diesen Netzen gefangen sind, schließlich nur noch um Macht, Kontrolle oder ständige Bestätigung kämpfen, während die Liebe sich in Hass und anschließend in Zurückweisung verwandelt.

Aus der Zen-Sicht ist diese Art von Liebe eine Falle. Selbst wenn wir meinen, sie zu haben, ist das hungrige

Herz immer noch nicht satt. Ein wichtiger Kern der Zen-Praxis besteht darin, in uns die Sucht nach unechten Formen der Liebe zu vertreiben.

Die meisten Menschen haben das Gefühl, in ihrem Leben etwas Kostbares verloren zu haben. Sie wissen nicht, wo es geblieben ist oder wie sie es zurückbekommen können. Viele glauben, sie würden es finden, wenn sie diesen einen besonderen Menschen oder die Beziehung finden, die ihre Einsamkeit vertreibt und ihr hungriges Herz füllt. Aber eine vorübergehende Unterbrechung der Einsamkeit kann ihnen nicht das geben, wonach sie sich wirklich sehnen. Selbst wenn die Beziehung viele Jahre hält, werden sie früher oder später auf sich selbst zurückgeworfen. Je mehr sie nach Liebe außerhalb von sich selbst suchen und je mehr sie meinen, sie gefunden zu haben, desto stärker kann die essenzielle Einsamkeit werden.

Auf der Suche nach dem Seelenpartner

Theodor suchte unablässig nach seiner Seelenpartnerin. Nachdem er mit einer Frau in Europa lange Zeit Briefe gewechselt hatte, glaubte er fest daran, dass sie seine Seelenpartnerin sein müsse, und buchte eine Reise, um sich mit ihr zu treffen.

»Bald wird sie vor mir stehen«, sagte er zu seiner Therapeutin, bevor er fuhr.

Nach seiner Rückkehr suchte er erneut seine Therapeutin auf.

»Ich hatte Recht«, erklärte er ihr. »Sie war meine Seelengefährtin. Beim zweiten Treffen machte ich ihr einen Heiratsantrag. Ich hatte nur wenig Zeit und wollte sie

wissen lassen, was ich für sie empfand. Sie hat mich abge-
wiesen.«

Die Therapeutin fragte ihn: »Was hätten Sie gemacht,
wenn sie ja gesagt hätte?«

Er antwortete: »Ich hätte eine Menge zu regeln gehabt.
Aber eins weiß ich: Wenn ich erst einmal meine Seelenpartnerin gefunden habe, wird alles ganz wunderbar, ganz
gleich, wie viel es zu tun gibt.«

Das ist ein gutes Beispiel für Liebe als Fata Morgana
oder Placebo. Nachdem Theodor bei vielen verschiedenen
Therapeuten gewesen war, fing er schließlich mit Zen an.
Seine Therapeuten hatten ihn als neurotisch eingestuft.
Sein Zen-Meister riet ihm, er solle einfach »sitzen«. Vom
Standpunkt des Zen würde man ihn nicht als neurotisch
einstufen, denn das wäre ein Urteil, das ihn in seinen
Möglichkeiten einschränkt. Es impft ihm eine Identität
ein, der schwer zu entrinnen sein kann. Wenn er seinem
Zen-Meister sagt, er suche unablässig nach seiner Seelenpartnerin, lächelt dieser. »Sitz weiter, und du wirst sie finden.« Natürlich unterscheidet sich das, was Theodor nach
der Erwartung des Zen-Meisters finden wird, von dem,
was er erwartet.

> Der Moschus ist im Innern des Hirschen.
> Doch der Hirsch sucht nicht nach ihm.
> Er wandert umher auf der Suche nach Gras.
>
> *Kabir*

Aus der Zen-Sicht ist ein Seelenpartner nicht jemand
außerhalb von uns. Er ist kein Objekt, das wir finden und
das uns auf magische Weise ganz macht. Die Sehnsucht
nach einem Seelenpartner gilt letztlich nicht einem Men-

schen, sondern ist das Verlangen, das Leiden und die Trennung zu beenden, die ein Mensch verspürt. In der Zen-Praxis lernen wir, das Leiden zu beenden. Wenn das geschieht, stellen wir fest, dass jeder unser Seelenpartner sein kann – oder dass wir mit unserem Seelenpartner schon zusammen sind. Wir sehen sogar den Sonnenschein, der durch das Fenster fällt, oder die spielenden Kinder auf der Straße als unseren Seelenpartner an.

Das ist keine Zurückweisung menschlicher Beziehungen; doch eine Liebe, die für Sicherheit sorgen oder das Leiden beenden soll, wird als unecht betrachtet. Wenn wir glauben, wir könnten mit irgendeinem Menschen das vollkommene Glück haben, werden wir zwangsläufig enttäuscht und verletzt. Im Leben und in Beziehungen geht es nur um eins: Veränderung, Veränderung, Veränderung.

Da viele Menschen ein einsames Leben auf der Suche nach Liebe führen oder sich verzweifelt bemühen, an dem festzuhalten, was sie gefunden haben, verlieren sie die Hoffnung, je Erfüllung zu finden. Ganz gleich, wie viele Menschen sie kennen oder in wie vielen Beziehungen sie waren: Wenn die Zeit vergeht und die Veränderung kommt, fühlen sie sich zutiefst allein.

Irgendetwas fehlt immer

»Irgendetwas fehlt immer«, sagte Karla. »Am Anfang der Beziehung merke ich es nie oder ahne auch nur, dass es sich wieder so entwickeln wird. Er scheint endlich der Richtige zu sein. Wir sind glücklich, aufgeregt, total verliebt, und dann – setzt die Wirklichkeit ein. Kleine Züge an ihm fangen an, mich zu stören. Er vergisst sein Versprechen, mich anzurufen. Ich beginne mich zu fragen, wer er wirklich ist. Auch er beginnt, mich kritisch zu betrachten. Unsere gemeinsame Zeit wird zur Durchschnittsware, und das Entzücken, ihn zu sehen, verschwindet. Ich kann immer genau sagen, wann es vorbei ist. Ich schaue ihn an und frage mich, was ich geliebt habe. Plötzlich ist er ein Fremder, und ich bin mir selber auch fremd. Ich fühle mich nicht mehr schön. Das Licht in meinen Augen glänzt nicht mehr.«

Natürlich kann das Licht Karla nie verlassen, aber ihre Erfahrung zeigt, dass etwas Wesentliches verschwunden ist. Sie hat in den Klauen unechter Liebe gesteckt, war in einer Fata Morgana von Liebe befangen und hat auf eine Illusion reagiert. Karla hielt ihren Freund anfangs für perfekt. Höchstwahrscheinlich wusste sie sehr wenig über ihn. War sie je imstande, ihn wirklich zu sehen, zu schmecken oder zu fühlen? Hat sie den Teil von ihm gesehen, der ungeachtet alles anderen vollkommen ist? Hat sie seine Buddha-Natur erkannt?

Sich in die eigenen Fantasien verlieben

Was Karla liebte, waren ihre Fantasien über ihren Freund, es war nicht er selber. Alle Fantasien verblassen. Sie müssen verblassen – das ist das Wesen der Träume. Anfangs fühlte sich die Fantasie jedoch wunderbar an, und ihre Schönheit strahlte auf sie zurück. Karla glaubte, auch sie müsse vollkommen sein, wenn jemand wie er sie liebte. Dann setzte die Realität ein.

Für Karla konnte immer nur die Fantasie, nie aber die Realität vollkommen sein. Die Wirklichkeit war ihr Feind.

Der Alltag ist ein Gegner der Fantasie. Er zwingt uns immer, die zu sein, die wir sind, und das zu sehen, was uns begegnet, ganz gleich, ob es uns gefällt oder nicht. Karla gefiel die Realität nicht, und sie gab dafür ihrem Freund die Schuld und nicht ihrer mangelnden Bereitwilligkeit, das Leben so zu sehen, wie es ist. Stattdessen meinte sie, dass er Mängel hatte und sie anderswo einen vollkommeneren Menschen finden würde.

In ähnlicher Weise war eine junge Zen-Schülerin außerordentlich schockiert und entsetzt, als sie Dinge über einen älteren Schüler erfuhr, die sie bis dahin nicht gewusst hatte. Beklommen wandte sie sich an eine andere Schülerin.

»Ich habe ihn so geliebt«, sagte sie. »Ich hielt ihn für so wunderbar, perfekt und mustergültig. Jetzt sind meine Träume zerplatzt.«

Die Freundin schaute sie bedächtig an. »Du hast ihn überhaupt nicht geliebt«, sagte sie. »Du hast deine Fantasien über ihn geliebt. Wenn du die ganze Wahrheit kennen und ihn trotzdem lieben kannst, dann ist es wahre Liebe.«

Genauso wenig war auch Karla in der Lage, die Wahrheit des Lebens zu lieben und die wirkliche Schönheit zu sehen, die sie umgab. Solange wir nicht wissen, was Liebe ist und wie man einen anderen Menschen annimmt, kann das hungrige Herz nie gestillt werden.

> Wirf einfach alle Gedanken weg
> über eingebildete Dinge
> und stehe fest in dem, was du bist.
> *Kabir*

Gedanken über eingebildete Dinge wegwerfen

Wir haben keine Ahnung, wie man eingebildete Gedanken und falsche Erwartungen wegwirft. Wenn wir anderen etwas geben, erwarten wir, dass sie unsere Geschenke erwidern oder sich auf bestimmte Art verhalten. Erfüllen sie diese Erwartungen nicht, nimmt die Beziehung sofort eine andere Wendung. Geschieht dies häufiger, verwandelt sich unsere so genannte Liebe in Hass, Groll oder den bitteren Geschmack des Gefühls, zum Narren gehalten worden zu sein. Wenn wir auf diese Art leben, wird es sicher schwierig sein, den wahren Freund zu treffen (eine wirkliche Begegnung mit der Liebe zu haben).

Wenn sich dieses Muster zu oft wiederholt, werden manche Menschen beziehungsunfähig und verschanzen sich stattdessen hinter einer Mauer, um sich gegen Versagen und Schmerz zu schützen.

Einige beharren darauf, dass Beziehungen einfach zu schmerzhaft sind. Sie haben genug davon und meinen, dass Beziehungen nur noch mehr Einsamkeit als vorher schaffen. Diese Menschen sind sich des tieferen Problems mitunter nicht bewusst: dass sie überhaupt nicht in einer Beziehung sind, sondern in den Klauen unechter Liebe stecken. Wie die meisten Täuschungen ergreift die unechte Liebe ihre nichtsahnenden Opfer und lässt sie leerer zurück, als sie vorher waren. Die Zen-Praxis will das heilen, indem sie uns zeigt, wie man alle Täuschungen auflöst.

Aus psychologischer Sicht sind gesunde Abwehrmechanismen eine Notwendigkeit. Es ist wichtig zu wissen, wen man lieben und wen man zurückweisen sollte. Aus dieser Sicht ist es wichtig, zwischen Menschen zu unterscheiden, einige abzulehnen und andere zuzulassen. Während uns dies ein Gefühl von größerer Kontrolle über uns und unsere Welt verleiht, zahlen wir dafür jedoch auch einen Preis. Den Preis, nicht all das zu sein, was wir in Wirklichkeit sind.

Aus der Sicht des Zen ist Unterscheidungsvermögen zwar wichtig, doch brauchen wir, wenn wir unser wahres Selbst gefunden haben und wirkliche Liebe (statt Anhaftung und Trugbilder) erleben, nie mehr jemanden zurückweisen, auch nicht uns selbst.

> Wohin wir auch gehen, wir erschaffen unsere Schalen neu, wie ein Insekt, das sein Haus mit sich auf dem Körper herumträgt. Wir haben das Gefühl, dass unsere Schale uns Sicherheit gibt, aber sie zermalmt uns und andere und hält das Licht und die Sonne fern.
>
> *Zen-Meister Taisen Deshimaru*

Unechte Liebe

Wir wollen einen Augenblick innehalten und uns genauer mit der unechten Liebe befassen, die die wahre Quelle des Schmerzes in den Beziehungen bildet. Unechte Liebe beinhaltet die Vorstellung, dass Liebe ein Gefühl ist und nicht eine Art zu leben. Sie ist eine Verwechslung von Erregung, Abhängigkeit, Anhaftung und Besitz mit der Erfahrung der Liebe. In der wirklichen Liebe gibt es weder Zurückweisung noch ein Gefühl der Trennung von einem anderen oder uns selbst. Bevor wir imstande sind, so mit einem anderen umzugehen, müssen wir imstande sein, auf diese Weise mit uns selbst umzugehen.

Bei unechter Liebe erklären wir, dass wir verliebt sind, sobald wir starke Gefühle gegenüber jemandem empfinden. Da alle Gefühle sich verändern und sich in etwas Neues verwandeln, sind die meisten Menschen davon überzeugt, dass Liebe nicht andauern kann. Wenn ihre liebevollen Gefühle sich in eine unerfreuliche Richtung wandeln, geben sie dem anderen Menschen die Schuld und finden alles Mögliche an ihm verkehrt. Am Ende wird die Person verworfen.

Wahre Liebe rangiert niemals jemanden aus; sie kennt und akzeptiert die Vergänglichkeit und versucht niemals, den anderen festzuhalten.

Aus psychologischer Sicht werden wir geschult, dafür zu sorgen, dass wir von anderen mit Rücksicht und Respekt behandelt werden. Ist das nicht der Fall, meinen wir, dies sei schlecht für unser Selbstwertgefühl, und die Psychologen raten uns, solche Menschen hinter uns zu lassen und jemand Neues zu finden. Bei diesem Modell wird unser Wohlergehen an das Verhalten anderer geknüpft. Unsere Wegwerfgesellschaft wirft auch Menschen weg, sogar solche, die wir einmal sehr geliebt haben.

»Wenn sie nicht meine Bedürfnisse erfüllt, mache ich nach dem dritten Treffen Schluss«, sagte Tim stolz. »Und ich meine nicht nur meine Bedürfnisse im Bett, sondern überall und immer.« Tim ist ein vitaler junger Mann in den Dreißigern, der in seinem Leben nach Liebe sucht. »Ich bin ein toller Fang«, sagt er laut. »Wer mich kriegt, kann sich glücklich schätzen. Ich weiß, was ich will, und wenn ich es bekomme, gebe ich viel zurück.«

Tim kann nicht begreifen, warum er so einsam und unfähig ist, die richtige Partnerin für sich zu finden. Natürlich wird nie jemand die Richtige für ihn sein, solange er nicht selbst richtig wird.

Tim und seinesgleichen erkennen nicht, dass sie mit ihrer Art Menschen zu Objekten machen, die ihre persönlichen Bedürfnisse erfüllen sollen. Das zentrale Wort bei Tim lautet: *wenn*. *Wenn* er kriegt, was er will, gibt er es auch. Er streichelt das Ego des anderen Menschen, *wenn* der andere seins streichelt. Das ist kein echtes Geben, sondern ein Tauschhandel wie auf dem Markt. Die Beziehung wird zur Ware. Der andere spielt die ihm zugewiesene Rolle, und Tim spielt seine. Tim will eine Frau, mit der er sich zeigen kann und bewundert wird. Er stellt nie die Frage: »Bewundert wofür? Von wem?«

Wenn wir einen anderen Menschen zum Objekt machen, erkennen wir nie, wer unser Gegenüber eigentlich ist. Wir verpassen die ungeheure Chance der Gemeinschaft und Verbindung, nach der wir uns so verzweifelt sehnen. Wir töten die innere Natur des anderen, und im gleichen Atemzug töten wir auch uns selbst.

> Wenn du mich wirklich suchst,
> wirst du mich augenblicklich
> sehen.
>
> *Kabir*

Praktisches Zen

Übung 1: Erwartungen aufgeben

Stellen Sie eine Liste dessen auf, was Sie in Beziehungen erwarten und wovon Sie meinen, dass Sie ohne es nicht auskommen können.

Nun stellen Sie eine weitere Liste mit Beziehungen auf, die Sie hatten und die gut waren, ohne dass Sie Erwartungen gehegt haben. Geben Sie in Ihrer augenblicklichen Beziehung bewusst eine Erwartung pro Tag auf. Lassen Sie die Beziehung einfach sein, wie sie ist. Schauen Sie, wie Sie und Ihr Partner sich dabei fühlen.

Übung 2: Die Gier nach Liebe

Schreiben Sie die Namen der Menschen auf, von denen Sie geliebt werden wollen, und was Sie getan haben, um das zu erreichen. Schreiben Sie das Ergebnis auf.

Haben Sie mehr Liebe bekommen? Was haben Sie sonst noch probiert? Jetzt drehen Sie es um. Geben Sie diesen Menschen jeden Tag genau das, was Sie von ihnen bekommen wollen. Tun Sie es achtsam, ohne Grenzen zu überschreiten. Wie fühlen Sie sich jetzt? Was geschieht mit der Beziehung?

Übung 3: Unechte Liebe demaskieren

Beschreiben Sie, was Liebe für Sie bedeutet. Beschreiben Sie einige Situationen, in denen Sie glaubten, es sei Liebe, nur um dann schrecklich enttäuscht zu werden. Wo haben Sie sich geirrt? Was haben Sie für Liebe gehalten, das vielleicht nur Verliebtheit, Bedürftigkeit, Abhängigkeit, Anhaftung, Angst etc. war? Schauen Sie es sich sorgfältig an. Beginnen Sie zu sehen, was Liebe stattdessen ist. Führen Sie ein Tagebuch darüber. Sie werden erstaunt sein.

Fall 12 aus dem Mumonkan: Zuigan ruft sich selbst »Meister« zu

Meister Zuigan pflegte jeden Tag sich selbst zuzurufen: »Meister!« und zu antworten: »Ja!« Dann rief er: »Sei ganz wach!« Und antwortete: »Ja! Ja!« – »Lass dich nicht von anderen täuschen, an keinem Tag, zu keiner Zeit!« – »Nein! Nein!«

Mumons Kommentar

Zugleich Käufer und Verkäufer ist der alte Zuigan. Er hat viele Götter- und Teufelspuppen, mit denen er Theater spielt. Wozu? Einer ruft. Einer antwortet. Einer bleibt wach. Der andere sagt, er werde sich nicht täuschen lassen. Bleibt ihr aber dort stecken, werdet ihr versagen. Wenn ihr Zuigan nachahmt, spielt ihr den Fuchs.

Mumons Vers

Wenn sie an dem Irrweg des Bewusstseins festhalten,
begreifen Schüler des Weges die Wahrheit nicht.
Die Saat der Geburt und des Todes durch endlose Zeit-
alter:
Dummköpfe nennen dies das wahre Selbst.

Dieses wunderbare Koan enthält viele Elemente. Wir wollen uns an dieser Stelle nur eines davon anschauen. Wer
ruft? Wer antwortet? Wer ist es, der sich von anderen täuschen lässt? Es sieht so aus, als spräche eine Person zu sich
selbst. Kann das sein?

Schauen Sie sorgfältig hin und beobachten Sie, zu wem
Sie sprechen; beobachten Sie, wer sich von anderen täuschen lässt. Dann werden Sie nie wieder getäuscht werden.

8

Das hungrige Herz nähren

Zen-Wunder 8:

Wir hören auf, uns und andere zurückzuweisen.

Zurückweisung ist eine der schmerzhaftesten Erfahrungen in Beziehungen, nicht nur die Zurückweisung vonseiten anderer, sondern auch unsere eigene Zurückweisung unserer selbst. Viele unserer Abwehrmechanismen und zwischenmenschlichen Manipulationen zielen darauf ab, diesen Schlag für unser Wertgefühl zu vermeiden. In der Psychologie verwendet man viel Zeit darauf, sich damit auseinander zu setzen. Man deckt auf, wie wir als Kinder negative Botschaften über uns übernommen und sie zu dem gemacht haben, was wir jetzt sind. Man untersucht auch, auf welche Weise wir unsere Zurückweisung unserer Eltern (oder die ihre uns gegenüber) auf unsere gesamte Welt projizieren. Um sich nicht der Erfahrung der Zurückweisung auszusetzen, lehnen viele Menschen andere vorher schon ab. Damit stellen sie sicher, dass sie eine Machtposition innehaben und nicht diejenigen sind, die klein gemacht und zurückgelassen werden.

In der Zen-Praxis gibt es einen anderen Weg. Wenn wir üben, sehen wir, dass unser ganzes Leben auf der Aktivität des Zurückweisens aufbaut. Vom Augenblick des Aufwachens bis hin zum Schlafengehen sind wir damit beschäf-

tigt, das zurückzuweisen, was das Leben anzubieten hat.
Wir akzeptieren ständig einige Erfahrungen und werfen
viele andere weg. Zurückweisung könnte man in der Tat
als »die Krankheit des Geistes« ansehen.

> Das, was wir mögen, von dem zu trennen, was wir
> nicht mögen, ist die Krankheit unseres Geistes.
>
> *Seng-ts'an*

Nicht auswählen und verurteilen

Das berühmte Zitat aus Seng-ts'ans *Shinjinmei* legt nahe,
dass der Schmerz und Verlust, den wir in Beziehungen erleben, nichts mit dem anderen Menschen zu tun hat. Es
ist eine Krankheit, die in unserem eigenen Geist entsteht.
Wir verursachen dieses Leiden, indem wir das, was wir
mögen, von dem trennen, was wir nicht mögen, indem
wir andere ständig be- und verurteilen und einem Menschen unsere Liebe verweigern, wenn er nicht erfolgreich
ist.

Das, was wir mögen, von dem zu trennen, was wir nicht
mögen, tötet alle Beziehungen, sowohl zu anderen als
auch zu uns selbst. Diese elementare Zen-Lehre ist eine
tiefgründige Unterweisung, die sowohl für die Meditation
als auch für Beziehungen im Alltag gilt.

Wir lieben den einen und hassen den anderen, wir wählen *ihn* aus und lehnen *sie* ab. Wir bewundern die Reichen
und gehen über die Obdachlosen hinweg. Wir schauen zu
den Meistern auf und auf die Anfänger hinab. Wir sitzen
über das ganze Leben zu Gericht und halten nie inne, um
uns selbst zu fragen, mit welchem Recht wir irgendje-

manden beurteilen. Wer hat uns den Auftrag gegeben, zu urteilen und zu Gericht zu sitzen? Können wir wirklich so arrogant sein, zu urteilen und diese unermesslich große Welt zurückzuweisen, die uns gegeben wurde, um sie zu lieben? Ist sie uns gegeben worden, damit wir hart mit ihr umgehen oder damit wir sie pflegen? Um unsere Herzen zu nähren, die immer so hungrig sind, müssen wir diese Verhaltensweisen um 180 Grad umkehren. Das ist ein Alltags-Koan, über das wir jeden Tag nachdenken sollten.

Wenn wir jemanden treffen, der laut, rücksichtslos oder unangenehm ist, ist das eine wunderbare Gelegenheit. Statt den Menschen beiseite zu stoßen, haben wir die perfekte Gelegenheit, zu üben: »Trenne nicht das, was du magst, von dem, was du nicht magst.« Akzeptieren Sie diesen Menschen und seien Sie ganz für ihn da, so wie er ist. Seien Sie sich dessen bewusst, wenn Sie urteilen, und falls das geschieht, stoppen Sie es. Weisen Sie Ihre eigenen negativen Gedanken zurück, weisen Sie nicht andere zurück.

Schau nicht auf die Fehler anderer

> Schau nicht auf die Fehler anderer.
> Schau deine eigenen Taten an,
> die du getan und nicht getan hast.
> Buddha: *Dhammapada*

Wenn wir das Gefühl haben, dass an allen, denen wir begegnen, etwas auszusetzen ist, dass wir sie zu ihrem eigenen Vorteil beeinflussen, verändern oder belehren müssen, ist es klug, genauer hinzuhören, was Buddha über Beziehungen lehrt.

> Bevor du andere geradebiegst, musst du zuerst etwas
> viel Schwierigeres vollbringen – dich selbst geradebiegen.

Das ist eine völlig andere Sehweise als die, die wir gewöhnlich haben. Hier wird deutlich, dass Einsamkeit uns nicht innewohnt, sondern eine Folge von Selbstsucht ist und davon, unsere Fehler auf andere zu projizieren oder zu versuchen, sie zu kontrollieren und zu verändern. Shantideva geht sogar noch einen Schritt weiter. Statt uns Methoden zu überlegen, wie wir anderen etwas heimzahlen können, oder uns als Opfer zu fühlen, empfiehlt er Folgendes, wenn jemand uns sehr verletzt oder enttäuscht hat:

> Wenn jemand, dem ich geholfen habe
> oder auf den ich große Hoffnung gesetzt habe,
> mir mit großer Ungerechtigkeit schadet,
> möge ich ihn als einen heiligen Freund sehen.
> *Shantideva*

Dieser Mensch ist deshalb ein heiliger Freund, weil er in unser Leben getreten ist, um uns Geduld, Ausdauer und Mitgefühl zu lehren, sodass wir uns von negativem Karma oder Giften reinigen können, die wir über einen langen Zeitraum hinweg angesammelt haben. Unserer früheren Erörterung von Ursache und Wirkung zufolge würde uns dieses schmerzhafte Ereignis heute nicht widerfahren, wenn wir nicht zu irgendeiner Zeit bestimmte Ursachen geschaffen hätten. Nichts ist zufällig oder zwecklos.

Mit diesem Verständnis stehen wir erhobenen Hauptes da, akzeptieren, was geschieht, und übernehmen die Verantwortung für unseren Anteil daran, wie wir andere wahrnehmen, auf sie reagieren und mit ihnen in Beziehung treten. Wenn das geschieht, wird leicht ersichtlich, dass unsere Isolation und Einsamkeit von unserer endlosen Zurückweisung, unserem Urteilen und unserem Hass auf andere (und dementsprechend auch auf uns selbst) herrührt. Natürlich werden wir uns einsam und isoliert fühlen, wenn wir auf diese Weise leben. Vielleicht verdienen wir es. Wenn wir unser Herz und unsere Arme für die ganze Welt öffnen und bereit sind, ihr so zu begegnen, wie sie ist, öffnet auch sie uns ihre Arme. Und was noch wichtiger ist: Wir sehen, dass es nichts zurückzuweisen gibt, dass wir alle eins sind. »Öffne deine Hände, wenn du gehalten werden willst«, sagt Rumi.

Mit allem, was ist, Bekanntschaft machen

Die Erfahrung von Akzeptanz und Einssein ist eine grundlegende Frucht der Zen-Praxis. Wenn wir sitzen, ohne uns zu bewegen und ohne wegzulaufen, sind wir gezwungen, Bekanntschaft mit allem zu machen, was in uns ist. Ob es uns passt oder nicht, wir können das, was wir nicht mögen, nicht von dem trennen, was wir mögen. Wir müssen alle Gedanken, Erinnerungen und Gefühle, die uns zu Bewusstsein kommen, sehen, fühlen und schmecken. Auf dem Kissen können wir uns selbst nicht entrinnen. Bei tieferer Meditation begreifen wir, dass der Schmerz, den wir beim Zazen erleben, vom Zurückweisen und Bekämpfen unerwünschter Teile in uns herrührt. Wenn wir mit dem Auswählen und Ablehnen aufhören, geschieht etwas Erstaunliches: Was dann auch immer kommen mag, wir empfinden Freude, weil wir begreifen, dass wir alle eins sind.

Nur ein Leben

Diese Erfahrung des Nichtwiderstehens löst die Mauern der Entfremdung in uns auf und erinnert uns daran, dass wir als Mitreisende auf dieser großen Erde alle grundlegend miteinander verbunden sind. Diejenigen, die uns begegnen, stellen einfach nur ein anderes Gesicht von uns selbst dar, eine andere Möglichkeit. Warum haben wir uns ihnen widersetzt? Im Zen heißt es, alle seien irgendwann einmal unsere Mütter und Väter gewesen. Sie alle haben ihr Bestes versucht. Zurückweisung ist nicht notwendig. Neugier ist eine bessere Antwort.

Ganz gleich, ob wir dazu bereit sind oder nicht: Das Leben selbst wird uns helfen. Das Leben ist eine wunderbare Übung, damit diese Erfahrung uns in Fleisch und Blut übergeht. Wir müssen nur aufhören, nach dem zu suchen, was an anderen verkehrt ist und an uns stimmt. Wir müssen aufhören, jeden mit uns selbst zu vergleichen, und stattdessen jeden als Teil von uns selbst erkennen.

Wenn dies geschieht, entwickeln wir ganz von selbst den großen Geist oder den »Elterngeist« – einen Geist, der akzeptiert und nicht klammert, der nährt, heilt und das Leben in seiner Gesamtheit unterstützt. Dogen, ein großer Zen-Meister, gibt uns eine wunderbare Beschreibung von jemandem, der diesen Zustand erreicht hat:

Wer vollständig erleuchtet ist, kann durch den Schlamm gehen und mit schmutzigem Wasser bespritzt werden, ohne dass es ihn kümmert. Er nimmt Schlamm einfach als Schlamm und schmutziges Wasser als schmutziges Wasser hin. Er ist ein freier Mann, nicht gebunden an Vorlieben oder Abneigungen. Solche Macht entsteht aus Nichtanhaftung.

Der Elterngeist

Um den Elterngeist zu entwickeln, müssen wir die endgültige Verantwortung für alles übernehmen, was sich in unserem Leben zuträgt. Wir wählen nicht das eine aus und weisen das andere zurück – der Obdachlose auf der Straße ist ebenso kostbar wie unser eigenes Kind. Obwohl diese Einstellung anfangs unmöglich erscheinen mag, nimmt sie mit der Zeit, mit Geduld und stetiger Übung ganz von selbst zu.

Psychologen arbeiten häufig an der Primärbeziehung des Klienten zu seiner Mutter. Das ist kompliziert, weil viele Menschen eine so genannte Hassliebe zu ihren Müttern haben.

Es gibt die böse Mutter, die wir nicht mögen, und die gute Mutter, nach der wir uns immer sehnen. Als Heranwachsende weisen wir bestimmten Menschen in unserem Leben (weiblichen und männlichen) die Rolle der bösen Mutter und anderen die der guten Mutter zu und sorgen damit für Auswahl und Trennung. Wir entwickeln eine genaue Vorstellung davon, wie sich die gute Mutter verhalten soll. Sobald jemand davon abweicht, erklären wir sie oder ihn zur bösen Mutter, die unsere Wut verdient.

Wir finden unzählige Methoden, um solche Menschen für unsere Enttäuschung zu bestrafen.

Als Erwachsene hegen wir diese Wünsche und Fantasien immer noch. Wir wollen nicht nur, dass die gute Mutter sich auf eine bestimmte Weise verhält, sie soll uns auch immer bedingungslose Liebe entgegenbringen. Als Baby mussten wir uns keine Liebe verdienen, und auch wenn wir nun schon älter sind, verlangen viele von uns immer noch diese Bedingungslosigkeit, egal wie wir uns verhalten. Natürlich bekommen wir sie nicht, wenn wir älter werden. Vielleicht haben wir sie nicht einmal von unseren Müttern bekommen, als wir klein waren. Das kann dann, wie bereits erwähnt, als Rechtfertigung für unseren Ärger, unsere Enttäuschung und für die Zurückweisung in Beziehungen dienen.

Doch menschliche Liebe und Beziehungen sind natürlichen Schwankungen unterworfen. Sie sind glücklich und traurig, eng und distanziert, vertrauenswürdig und voller Spiele. Manchmal lieben wir jemanden sehr, und wenn dieser Mensch dann etwas macht, was uns missfällt, ist die Liebe plötzlich verschwunden, die Abneigung und die Besorgnis wachsen, und über kurz oder lang betrachten wir ihn vielleicht als Feind. Unsere Aufgabe beim Üben besteht jedoch darin, das wahre Wesen der Freundschaft, der Güte und des bedingungslosen Akzeptierens zu entwickeln.

Mütterchen, sei nett zu mir

Eine ältere Zen-Lehrerin hielt einmal ein Seminar über Zen-Meditation in einem Schulungszentrum am Times Square ab. Wenn wir zum Zazen gehen, erwarten wir gewöhnlich einen schönen Ort, der sauber und ruhig ist. Dieses Seminar fand aber in der unmittelbaren Nähe eines Bahnhofs in einem lauten, schmutzigen Raum statt. Die Zen-Lehrerin kam mit einer Glocke und einer Packung Weihrauch. Ein Haufen dicker, ungelenker Menschen strömte in den Raum, Menschen, die keine Ahnung davon zu haben schienen, was Zen ist. Sie wies sie an, sich auf den Boden zu setzen, die Beine zu kreuzen und den Rücken gerade zu halten. Es war nicht viel Zeit für das Seminar vorgesehen, und so wollte sie bald zur Sache kommen. Die Menschen setzten sich also auf den Boden, hielten den Rücken gerade und begannen lebendiger und schöner auszusehen.

Sie erklärte, wie man Zazen praktiziert, schlug die Glocke an, und alle fingen an.

Es dauerte nicht lange, bis jemand rief: »Mütterchen, seien Sie nett zu mir. Lassen Sie zu, dass ich mich bewege.«

Sie schaute auf die Uhr. Sie hatten erst fünf Minuten gesessen. »Nicht bewegen«, antwortete sie.

Zwei Minuten später rief der Mann wieder: »Schmerzen! Ich habe Schmerzen!«

Sie antwortete nicht und bewegte sich nicht.

»Mütterchen«, rief er noch lauter, »haben Sie nicht gehört? Ich habe Schmerzen.«

Wenn wir Schmerzen haben, rufen wir nach unserer Mama. Er bettelte im Grunde: »Sei nett, Mama. Lass zu, dass ich mich bewege.«

Oberflächlich betrachtet, sah es so aus, als sei sie grausam, indem sie ihm keine Erleichterung gestattete und wollte, dass er seinen Schmerz spürte.

Er rief weiter: »Mama mia. Seien Sie doch nett.«

Aus unserer menschlichen Sicht beinhaltet nett sein den Schmerz wegnehmen, ein Stück Schokolade geben, trösten. Wir verwechseln Liebe mit Trost. Wir wollen Unmengen an Trost. Wenn jemand, den wir lieben, uns Schmerz zu bereiten scheint, ist er oder sie nicht mehr die »gute Mutter«.

Beim Zen gibt es eine andere Form von Trost. Wenn wir mehr und mehr sitzen, empfangen wir tiefen Trost. Doch er rührt nicht daher, dass wir die Erlaubnis haben, uns zu bewegen oder unserem Schmerz zu entrinnen, oder daher, dass wir weglaufen. Was auch immer uns auf dem Kissen widerfährt – große Freude, große Beunruhigung, Schmerz oder Entzücken –, unser Trost ist die Folge davon, dass wir alles akzeptieren. Freundlich sein heißt lernen, alle unsere Erfahrungen anzunehmen und ihnen zu erlauben, dass sie sich verwandeln, denn sie verwandeln sich nicht, wenn wir davonlaufen.

Beim Üben haben wir zwei Helfer im Zendo: den *Jiki-jitsu*, der die Rolle des strengen Vaters spielt und schreit: »Sitz. Beweg dich nicht. Hör auf zu jammern. Halt deinen Rücken gerade.« Daneben gibt es die *Jisha*, die die Mutterrolle spielt, Tee bringt und sich um uns kümmert. Beide sind notwendig. Im Zendo ist die Mutter kostbar, aber sie ist nicht immer sanft. Überdies müssen wir lernen, wo und wer die Mutter wirklich ist und wie wir unsere eigene Mutter werden.

Aber wie werden wir unsere eigene Mutter? Ist das möglich? Unbedingt – es ist nicht nur möglich, sondern notwendig. In der Welt der Menschen und der psychologischen Interaktion wimmelt es immer von »gute Mutter/böse Mutter«, »ich liebe dich/ich liebe dich nicht«, »ich will dich/ich hasse dich« oder »komm näher/geh weg«.

Mit der einen Hand ziehen wir, mit der anderen Hand stoßen wir weg. Selbst in unserem Innern erfinden wir die gute und die böse Mutter. Doch um unsere eigene Mutter zu werden, müssen wir uns durch all das »hindurchsitzen«.

Wenn die große Liebe wächst

Wenn die große Liebe wächst, werden wir zur Mutter, nicht nur für uns selbst, sondern auch für alle anderen. Der Geist, der keine Unterscheidung trifft, ist die Mutter. Er ist die große Liebe. Der Geist in unserem Innern, der keine Schuld zuweist, nicht auswählt und nicht hasst, ist die Mutter in uns.

Die große Liebe ist wirkliche Liebe. Große Liebe wird nicht durch äußere Umstände beeinflusst. Wir können sie auch das große Mitgefühl, das Einssein mit allen Wesen oder unsere eigene wahre Natur nennen. Sie kann nur wachsen, wenn wir wirklich wissen, wer wir sind, und die wirkliche Quelle des Bemutterns finden. Wenn die große Liebe in uns wächst, können wir sie allen Menschen schenken, ohne den Gedanken zu haben: »Dieser da ist gut, jener ist schlecht. Ich liebe dich, ich hasse dich.« Tatsächlich müssen sich die Menschen niemals unsere Liebe verdienen. Sie verdienen sie einfach, weil sie da sind.

Suchst du nach mir? Ich sitze auf dem Platz neben dir.
Meine Schulter berührt die deine.
Du wirst mich weder in Stupas finden
noch in indischen Schreinen,
weder in Synagogen noch in Kathedralen,

weder in Menschenmengen noch in religiösen Liedern,
weder darin, deine Beine um den Hals zu schlingen,
noch darin, nur Gemüse zu essen.   *Kabir*

Der Zen-Meister und sein Neffe

Es gibt eine wunderbare Geschichte über einen großen
Zen-Meister, der von seinem Bruder gebeten wurde, zu
ihm nach Hause zu kommen und ihm bei der Erziehung
seines Sohnes Beistand zu leisten. Der Junge war zum Re-
bell geworden, der abends lange ausblieb, rauchte, trank
und Schwierigkeiten machte. Ganz gleich, wie sehr die
anderen versuchten, ihn zu verändern oder ihm zu helfen,
er hörte auf niemanden. Sein Verhalten wurde von Tag zu
Tag schlimmer, und die Familie war in Angst.

Der Zen-Meister erklärte sich einverstanden, eine Woche lang zu Besuch zu kommen. Er kam im Haus seines
Bruders an und schloss sich einfach dem üblichen Tages-
rhythmus an, sprach mit seinem Neffen freundlich über
dieses und jenes und erwähnte niemals sein Verhalten.
Der Neffe wartete darauf, dass sein Onkel ihn tadeln
würde. Stattdessen begleitete der Meister ihn auf seinen
Ausflügen. Sie verbrachten viel Zeit miteinander, und immer noch sagte der Meister nichts.

Schließlich war die Woche vorüber und die Zeit für die
Abreise gekommen. Der Neffe stand da und wartete auf
die Schelte. Doch als der Zen-Meister sich herabbeugte,
um seine Schuhe zuzubinden, begann er stattdessen, laut-
los zu weinen. Der Neffe sah, wie die Tränen über die
Wangen des Meisters liefen, und war tief erschüttert. Er
konnte sich weder rühren noch ein Wort sagen. Von da an

änderte sich sein Verhalten. Er war nicht mehr imstande, auf die alte Weise zu handeln, selbst wenn er es gewollt hätte.

Der Meister lebte im »Elterngeist«, in dem alle Wesen akzeptiert werden. Er lebte nicht in einer Welt des Vorwurfs. Er brauchte seinen Neffen nicht zu beurteilen, zurückzuweisen oder zu schelten. Als er sich so akzeptiert und geliebt fühlte, konnte der Neffe nicht anders, als sich einer anderen Lebensweise zu öffnen.

Praktisches Zen

Übung 1: Gib niemals jemanden auf. Gib niemals dich selbst auf.

Das ist eine Unterweisung für den alltäglichen Gebrauch und ein Heilmittel für unseren vergifteten Umgang in Beziehungen. Sie stammt aus den *Lojong*-Unterweisungen des tibetanischen Buddhismus, in denen Spruchweisheiten verwendet werden, um den Geist anzuleiten, anders zu reagieren. Diese Praxis wird von der buddhistischen Nonne Pema Chödrön wunderbar beschrieben (siehe Literaturhinweise am Ende des Buches).

Eine hervorragende Unterweisung, mit der man in schwierigen Beziehungen arbeiten kann, lautet: *Gib niemals jemanden auf.* Das Pendant dazu lautet: *Gib niemals dich selbst auf.*

Wie leicht ist es, andere (und uns selbst) aufzugeben, wenn unsere Erwartungen nicht erfüllt werden! Sobald das geschieht, sollten Sie sich an diese Unterweisung erinnern und einmal tief durchatmen. Dann wenden Sie sich der Beziehung wieder zu – mit Geduld, Mitgefühl und Achtsamkeit.

Eine Hilfe hierbei ist das Üben von Zazen. Wenn wir durch alle Arten von Bedingungen hindurch still sitzen bleiben, lernen wir, angesichts von allem standhaft zu bleiben. Wir geben nichts und niemanden auf, sondern sind offen, zugänglich und in der Lage, die Menschen bei dem zu begleiten, was sie durchmachen, statt sie verändern oder kontrollieren zu müssen.

Wenn wir uns in dieser Art von »offenem Herzen« üben, wird bald offensichtlich, dass die Weise, wie wir einen anderen behandeln, auch die Weise ist, wie wir uns selbst behandeln. Was wir in einem anderen hässlich und abstoßend finden, ist bloß ein Spiegel dessen, was wir hässlich und abstoßend in uns selbst finden.

Übung 2: Naikan (Teil II)

In der Arbeit mit Beziehungen ist es sehr hilfreich, sich auf den zweiten Teil von Naikan zu konzentrieren (siehe Kapitel 6). Stellen Sie täglich eine Liste dessen auf, was Sie an diesem Tag gegeben haben. Gewöhnlich denken wir, wir würden den ganzen Tag lang geben. Es kann sehr überraschend sein, konkret ins Detail zu gehen und zu sehen, was wir tatsächlich wem gegeben haben. Vielleicht ist es weniger, als wir dachten. Vielleicht mehr.

Diese Übung macht uns sehr bewusst, was wir anderen tatsächlich zurückgeben. Wenn es nicht genug ist, werden wir uns dazu veranlasst fühlen, mehr zu geben, und glücklich sein, wenn sich die Gelegenheit dazu bietet, statt Groll zu hegen. Wenn wir viel geben und uns das bewusst wird, bringt dies Befriedigung mit sich.

Wir können diese Übung auch mit einer ganz bestimmten Beziehung durchführen. Was habe ich diesem Menschen gegeben, tagein, tagaus, jahrein, jahraus? Wir können mit dem Zeitpunkt des Kennenlernens beginnen und dann jedes Mal drei Jahre durchgehen. Das hält uns wach und bewusst.

Übung 3: Sich mit dem Abstoßenden anfreunden

1. Werden Sie sich der Eigenschaften bewusst, die Sie in anderen hässlich oder abstoßend finden. (Schreiben Sie sie auf, wenn Sie möchten.)
2. Begreifen Sie, dass diese Eigenschaften auch in Ihnen sind.
3. Schließen Sie Frieden mit diesen Eigenschaften, sowohl innen wie außen.

Je mehr wir uns vor bestimmten Seiten von uns selbst verstecken, sie ignorieren oder verdrängen und auf andere projizieren, desto mehr Macht haben diese Eigenschaften über uns, und mit desto größerer Wahrscheinlichkeit werden sie in unserem Leben als negative Symptome, schlechte Träume oder sich wiederholende Situationen auftreten, über die wir scheinbar keine Kontrolle haben. Robert Bly nennt dies den »Schattenaspekt des menschlichen Lebens«. Er sagt, dass wir alle unannehmbaren Teile von uns selbst in unser Unbewusstes befördern, uns vor ihnen verstecken und sie dort schwelen lassen. Dann sehen wir diese Eigenschaften in Menschen und Situationen, die uns umgeben.

Übung 4: Den Schatten aufessen

Um uns davon zu befreien, ist es notwendig, »unseren Schatten aufzuessen«. Das heißt, dass wir diese verborgenen Eigenschaften wieder in Besitz nehmen müssen, erkennen, dass sie zu uns gehören, und sie in unserem Leben willkommen heißen. Der Akt selbst, bestimmte Eigenschaften oder Menschen willkommen zu heißen, entzieht ihnen die Kraft. Wir können diese Energie dann in uns aufnehmen und sie in etwas Konstruktives verwandeln.

Zen üben heißt, dies zu üben: den Schatten aufzuessen, zu sitzen und zu wissen, dass in uns die gesamte Welt enthalten ist.

Fall 21 aus Mumonkan: Unmons Toilettenpapier

Ein Mönch fragte Unmon: »Was ist Buddha?«
Unmon antwortete: »Toilettenpapier!«

Mumons Kommentar

Unmon war zu arm, um auch nur das einfachste Mahl zuzubereiten, und zu beschäftigt, um auch nur eine Rede zu schreiben. Er griff in der Eile zu Toilettenpapier, um den Weg zu stützen.

Mumons Vers

Ein flammender Blitzstrahl,
ein Funkensprühen.
Ein Zucken der Wimper,
und schon ist alles vorbei.

Trennen Sie das Heilige vom Profanen? Suchen Sie nach einem großen erleuchteten Wesen, um es zu lieben, nicht nach einem Stück Toilettenpapier?

9

Den gewalttätigen Geist bändigen

Zen-Wunder 9
Unsere Sucht zu hassen schwindet.

Wenn du wissen willst, ob es reines Gold ist,
musst du es durchs Feuer schicken.

Alter Zen-Spruch

Das Feuer von Ehrgeiz, Ärger und Zorn brennt tief drinnen. Mit Ehrgeiz ist das starke Verlangen, Macht über andere zu haben, gemeint, so wie ein Süchtiger nach seiner Droge verlangt. Diese Begierde gibt uns das Gefühl, wir müssten die Welt erobern und unsere Feinde, Liebespartner und die Teile von uns selbst besiegen, die wir ablehnen. In anderen Traditionen wird dieses Feuer als die Hölle beschrieben, in der wir schmoren, wenn unser Leben nicht »gut« gewesen ist.

Zorn und Ärger ausdrücken?

Aus psychologischer Sicht wird Zorn in unserer Kultur oft ermutigt und wertgeschätzt. Klienten werden ermuntert, ihren Ärger und Zorn auszudrücken, sich gegen andere zu

»behaupten« und für ihre Rechte einzutreten. Wenn ein Mensch das schließlich kann, betrachtet man ihn als jemanden, der gesund ist und sich nicht missbrauchen lässt. Diejenigen, die sich nicht für ihre Rechte einsetzen oder selbst behaupten können, gelten als Menschen mit einer schwachen Egostruktur und unklaren Grenzen. Manche werden als *Masochisten* beschrieben: Menschen, die es genießen, bestraft zu werden, um sich unbewusster Schuldgefühle zu entledigen. Innerhalb eines solchen Bezugssystems werden Ärger und Zorn als Ausdruck von Stärke angesehen, als eine Art und Weise, ein verletzliches Selbst zu schützen.

Zorn ist ein großes Übel

Aus der Zen-Sicht ist Zorn eines der drei Gifte und ein großes Übel. Die Energie, die wir aus dem Zorn beziehen, ist unecht und ein Ersatz für wirkliche Stärke. Und das verletzliche Selbst, das er schützen soll, existiert nicht einmal wirklich; es ist pure Einbildung. Andere und wir selbst können nur durch negative Ausbrüche verletzt werden.

Ärger und Zorn werden oft durch die Behauptung gerechtfertigt, dass einige Menschen »böse« seien und die ihnen auferlegte Strafe verdienten. Die Strafe soll sie auf die rechte Bahn bringen, ihnen das zukommen lassen, was ihnen gebührt, oder den Bösen eine irgendwie geartete Lektion erteilen.

Beim Zen wird die Hypothese, dass Menschen entweder gut oder böse sind, verworfen. Das menschliche Leben ist im Fluss. Zen verweist auf den Umstand, dass wir in einem Augenblick Heilige und im nächsten Teufel sein können. Gutes verkehrt sich in Böses und umgekehrt – unser Leben kann als Prozess beschrieben werden, in dem alle Verwandlungen enthalten sind. Beim Üben lernen wir, die Hölle nicht zu hassen, sondern sie als das zu begreifen, was sie ist, und die ihr innewohnenden Gefahren und Schmerzen zu erkennen.

Wenn in uns Ärger, Zorn und Hass entstehen, wenn Dominanzwünsche, Grausamkeit und Ehrgeiz zutage treten, behalten wir das Gleichgewicht und erleben sie einfach als das, was sie sind. Wir verdrängen und verleugnen die Energie nicht, sondern erleben sie voll und ganz und lassen sie dann los. Beim Empfinden von Ärger und Zorn ruhig und zentriert zu bleiben und nicht ausfällig zu werden ist das Kennzeichen eines gereiften Menschen.

Das Potenzial von Himmel oder Hölle

In jeder Begegnung mit einem anderen Menschen steckt das Potenzial von Himmel oder Hölle. Wenn wir wachsen, werden wir fähig, unser Ziel zu wählen, zu erkennen, dass Ehrgeiz, Ärger und Zorn Übel und keine Schätze sind, aber dass man sie in pures Gold verwandeln kann.

Seit einiger Zeit war Frank nicht mehr imstande, sich auf seine Arbeit zu konzentrieren. Wenn er zu lange an seinem Schreibtisch ausharren musste, wurde er unruhig, geistesabwesend und nervös. Er pflegte aufzustehen, die Flure entlang zu schlendern, lange Kaffeepausen zu machen und zu viel Zeit beim Mittagessen zu verbringen. Wenn man ihn darauf ansprach, dass seine Leistung unbefriedigend war, errötete er vor Zorn und tat so, als würde er mehr arbeiten, doch dann machte er noch mehr Fehler. Wurde er von seinen Vorgesetzten kritisiert, lächelte er merkwürdig und schaute zu Boden, ohne etwas zu sagen.

Eines Morgens brach Franks unterdrückter Groll schließlich hervor. Als sein Chef wieder mit strenger Miene auf ihn zukam, versetzte ihm Frank einen Fausthieb ins Gesicht, sodass er zu Boden ging.

»Das hat er verdient«, behauptete Frank wieder und wieder. »Dieser Kerl hat mich schikaniert. Er hat niemals ein gutes Wort für mich, egal, was ich mache. Je mehr ich arbeite, desto mehr Fehler findet er. Ich bin ein Opfer von Mobbing. Wenn er mich nicht in Ruhe lässt, werde ich ihn verklagen.«

Bei der Anhörung lautete eine der Rechtfertigungen für Franks Verhalten, dass er seinem Zorn endlich Luft gemacht hatte und sich nicht mehr als Fußabtreter behandeln ließ. Frank behauptete, dass seine Reaktion gesund sei, wenn er sie auch auf zu extreme Weise geäußert haben mochte.

Frank empfand sich als Opfer einer hartherzigen und grausamen Welt. Seine eigene Rolle und Beteiligung daran sah er nicht. Er merkte nicht, wie er andere zu negativen Reaktionen herausforderte. Er suchte nur nach Rechtfertigungen für sein Verhalten. Einige Mitarbeiter im Büro meinten sogar, dass das Niederschlagen des Chefs ein Durchbruch für ihn gewesen sei und er in Zukunft einfach lernen sollte, seinen Zorn angemessener auszudrücken. Sie sahen nicht den Unterschied zwischen konstruktiver Kommunikation und dem Nähren einer Energie, die uns direkt in die Hölle führt.

Wenn wir unseren Ärger und Zorn entschuldigen und ihm freien Lauf lassen, wird der Umstand, dass wir andere verletzen können, heruntergespielt oder übersehen. Entweder blenden wir die Gefühle anderer aus oder sind der Meinung, dass sie das bekommen, was sie verdienen. Diese gesamte Konfiguration beruht auf dem dualistischen Modell, andere in Opposition zu uns selbst zu sehen. Völlig eingesponnen in unsere egozentrischen Interessen, betrachten wir uns als Opfer, dem Unrecht geschehen ist. Wir geben dann anderen die Schuld für unseren Schmerz und wollen, dass sie genauso leiden wie wir. Das, was wir für andere wollen, kommt unweigerlich zu uns zurück. Wenn wir unsere Welt mit Gegnern und Feinden bevölkern, werden wir auf Schritt und Tritt niedergemacht. Süchtig nach Rache, begeben wir uns direkt in die Mitte der Hölle.

Nach der Anhörung wurde an Franks Arbeitsplatz noch eine Weile die Frage diskutiert, wer das Opfer und wer der Täter sei. Aus der Zen-Sicht verfehlt diese Frage den Kern der Sache. Das Opfer und der Täter sind eins – und der Schuldige ist der gewalttätige Geist.

In der Hitze des Gefechts ist Schweigen das Beste.
Lojong-Unterweisung

Das Wesen der Egozentrik

Aufgrund ihres ureigensten Wesens ist die Egozentrik gewalttätig, getrieben von dem heftigen Wunsch, nur für uns selbst und nicht für die anderen Gutes zu wollen, unsere Gruppe – sei sie nationaler, religiöser oder sozialer Natur – zu schützen, während wir andere verurteilen, unsere Wirklichkeit auszublenden und das, was uns begeg-

net, mit Fantasien zu überlagern. Das ist ein Angriff auf
das Leben selbst. Der egozentrische Geist steckt voller
persönlicher Forderungen und gewalttätiger Reaktionen,
wenn diese Forderungen nicht erfüllt werden. Es ist, als
wenn wir mit einem rasenden, wilden Tiger in unserem
Innern lebten.

Nahrung für den gewalttätigen Geist

Es gibt verschiedene Arten von Nahrung, die der gewalttätige Geist braucht. Ohne diese Nahrung erlischt er.
Doch da wir nicht erkennen, womit wir es zu tun haben,
fachen wir das Feuer unwissentlich ständig an und fragen
uns dann, warum wir innerlich brennen.

1. Fantasien und Tagträume

Psychologen behaupten, dass Fantasien, Träume und Tagträume ein Ersatz für Befriedigungen sind, die uns im nor-
malen Leben verwehrt bleiben. Sie meinen, sie seien gesund und hätten einen Sinn, denn sie gäben uns Auf-
schluss über unsere tieferen Bedürfnisse und Sehnsüchte
und zeigten eine Richtung für unser Leben an. In der Psy-
chotherapie werden viele Stunden darauf verwendet, diese
Träume und Wünsche zu analysieren und herauszufinden,
wie man sie befriedigen kann.

Zen sagt, dass Fantasien und Tagträume dem gewalttätigen Geist Brennstoff liefern. Wenn man ihnen freien
Lauf lässt, wie es oft geschieht, ist es so, als würden wir
ohne jede Sicherheitskontrolle mit einer geladenen Waffe
herumlaufen. Überdies haben die meisten der so genann-

ten Bedürfnisse und Wünsche, die aus diesen Fantasien entstehen, nichts mit dem zu tun, was für uns wahr oder gesund ist. Da sie unwirklich sind, kann man künstliche Bedürfnisse nie befriedigen, stattdessen piesacken und plagen sie uns unablässig. Wenn wir unsere Lebensenergie darauf verwenden, uns diese Luftschlösser zu erfüllen, sind wir am Schluss voller Verzweiflung. Das veranlasst uns dazu, uns in weitere Fantasien zu verstricken, welche die wahre Befriedigung ersetzen sollen, die wir nicht finden können. Dieser Teufelskreis versorgt den hinterhältigen und gewalttätigen Geist mit endlosen Mengen an Energie und Brennstoff.

Wenn wir die falschen Bedürfnisse und Wünsche auflösen, können wir sehen, worin unsere wahren Bedürfnisse bestehen und wie sie mühelos zu erfüllen sind. Es ist das Wesen des Lebens, für wahre Bedürfnisse Sorge zu tragen. Wenn dies geschieht, bleibt kein Platz mehr für den gewalttätigen Geist.

2. Das Rad des Karmas

Wenn wir unser Leben angetrieben von Ärger und Zorn leben, müssen wir zwangsläufig ständig dieselben Fehler wiederholen. So viele Menschen beenden Beziehungen und schwören sich, nie mehr dasselbe Muster zu wiederholen. Nach einer Art Ruhepause unternehmen sie einen neuen Anlauf mit einem Partner, der völlig anders zu sein scheint, nur um festzustellen, dass die alten Probleme wieder auftauchen. Der gewalttätige Geist hat dasselbe Problem in einer anderen Verkleidung angezogen. Er kann Erfolg oder Erfüllung nicht erlauben. Er kann nicht erlauben, dass etwas gedeiht.

Dieses Muster nennt man *Wiederholungszwang*. Es ist der Zwang, dieselben Fehler und schmerzhaften Situationen zu wiederholen in dem Bestreben, sie zu bewältigen und dafür zu sorgen, dass sie diesmal einen guten Ausgang nehmen. Im Zen wird dies das *Rad des Karmas* genannt. Wir führen dieselben schmerzhaften Szenarien immer wieder auf, manchmal mehrere Leben lang. Wie kommen wir von diesem Rad frei, an das wir gebunden sind?

Zunächst müssen wir begreifen, dass der gewalttätige Geist in unserem Innern sich dem Scheitern und der Zerstörung verschrieben hat. Je eher wir uns dem stellen und es begreifen, desto stärker werden wir sein. Es ist für viele Menschen schwierig, der Tatsache ins Auge zu blicken, dass der Feind in ihrem Leben in ihnen selbst steckt.

Beim Üben lösen wir die Energie auf, die das Rad in Gang hält, und geben die Energie unserem wahren Selbst zurück. Das Üben beseitigt all das in unserem Innern, was dieses Rad in Schwung hält.

Ich bringe dich um

Eines Abends bekam Kara Besuch von einem Freund, der plötzlich beschloss, sie umzubringen. Anfangs kam er nur, um sie zu besuchen. Die beiden hatten sich immer nahe gestanden, und zuerst schien alles so wie immer. Es war ein wunderbarer Abend. Sie hieß ihn willkommen, und sie setzten sich zum Essen hin, das sie gekocht hatte.

Dann entstand plötzlich ein winziges Missverständnis. Karas Freund wurde dunkelrot. Die Wut kochte in ihm, während seine Hände anfingen zu zittern. Kara lehnte sich nach vorn, um ihre Worte zu korrigieren, aber er bekam es nicht mehr mit. Stattdessen fing er an zu schreien: »Ich bringe dich um.«

Kara war bestürzt.

»Jetzt auf der Stelle«, fuhr er fort. »Ich will, dass du stirbst.«

Kara begann zu zittern. Sie liebte diesen Menschen und wusste, dass er sie auch liebte.

»Setz dich hin«, flehte sie.

Er hörte sie nicht, sondern fing an, auf den Tisch zu trommeln.

Ihr erster Gedanke war, zum Telefon zu laufen und Hilfe herbeizuholen.

»Versuch nicht, die Polizei anzurufen«, schrie er.

Kara bewegte sich nicht vom Fleck und verspürte eine echte Gefahr. Sie begriff nicht, wie er den Wunsch haben konnte, sie umzubringen, wo er sie doch so sehr liebte.

Wir lieben uns gegenseitig, und dennoch schlagen Flammen hoch, wenn der gewalttätige Geist nicht erloschen ist. Kara war seit einiger Zeit Zen-Schülerin und arbeitete an dem Koan, was sie tun würde, wenn sie plötzlich mit ihrem Tod konfrontiert würde. Die Frage ihres Lehrers hallte jetzt in ihren Ohren wider.

»Was würdest du tun, wenn dein Leben in einem schrecklichen Augenblick auf dem Spiel stünde? Du müsstest sofort handeln. Was würdest du tun?«

Kara hatte lange mit diesem Koan gesessen. Als sie daran arbeitete, dachte sie: »Das wird mir nie passieren. Es kann gar nicht sein.« Jetzt inmitten des Sturms fiel es ihr ein.

In der Zen-Praxis geht es um Leben und Tod, um schreckliche Augenblicke, um Wut, die aufsteigt, und die Forderung nach einer sofortigen Reaktion. Wie sie nun völlig auf ihr Koan konzentriert war, schwand Karas Angst plötzlich. Sie wurde ruhig und sammelte sich. Dann schaute sie ihren Freund an und sagte: »Okay.«

In dem Augenblick, als sie das sagte, hörte er auf. Es war vorbei. Sein Gesicht fiel in sich zusammen.

Kara hatte sich in einen Zustand begeben, in dem es weder Hoffnung noch Angst gab. Sie war in diesem Augenblick bereit, ihrem Tod zu begegnen.

Der Freund sagte weinend: »Ich weiß nicht, was über mich gekommen ist.«

Kara fing auch an zu weinen. Sie setzten sich hin und weinten eine Weile gemeinsam. Danach gingen sie in die Küche und aßen einen Teller Suppe.

Was ist hier wirklich?

Was ist hier wirklich? Ist die Wut wirklich oder die Liebe dahinter? Einen Augenblick wie diesen erleben wir alle auf die eine oder andere Art. Häufig werden wir mit Menschen konfrontiert, von denen wir denken, sie wollten uns schaden. Wir müssen Ressourcen in uns anzapfen, von denen wir nicht einmal wissen, dass sie da sind. Wie reagieren wir? Rufen wir die Polizei? Steigern wir die Gewalt? Geben wir dem Hass nach?

Das mögen natürliche Reaktionen sein, aber wenn es uns in Augenblicken der Gefahr gelingt, völlig präsent zu sein, eins mit uns selbst und dem anderen, ist vielleicht eine andere Reaktion möglich.

Diese innere Verfassung selbst kann vieles glätten und ändern. Sie entwickelt sich während vieler Jahre des Übens. Wer weiß, was geschehen wäre, wenn es Kara nicht gelungen wäre, in dem besagten Augenblick in dieser Verfassung zu sein? Es hätte vielleicht kein Zurück mehr gegeben. Ein einziger Mensch in einer klaren Geistesverfassung kann einer potenziell gefährlichen Kette von Ereignissen ein Ende setzen.

Karas Fähigkeit war das Ergebnis jahrelanger Übung. Dieser Geisteszustand kann jederzeit bei jedem beliebigen Menschen eintreten, aber wenn wir üben, wird uns dieser Teil unserer selbst zugänglicher.

Wie gehen wir also damit um, wenn Gefahr droht? Es muss sich nicht um einen kritischen Augenblick handeln, die Gefahr kann auch darin bestehen, dass wir uns mit dem Verlust von Liebe, Gesundheit oder Geld auseinander zu setzen haben. Es gibt viele Augenblicke, in denen uns das, was uns am Herzen liegt, plötzlich weggenommen wird. Ein Mensch in einer klaren Geistesverfassung kann viele gefährliche Möglichkeiten auflösen.

Einer der Aspekte der Zen-Praxis besteht darin zu lernen, wie man nicht blind, sondern bewusst reagiert. Wenn wir üben, werden wir sehr reaktionsfähig, aber unsere Reaktionen haben nichts Automatisches an sich. Wir sind verantwortlich in dem Sinne, dass wir die Fähigkeit zu antworten haben. Wir sind wach und zugänglich. Wir üben uns auch in Unerschütterlichkeit, sodass wir bei allem, was geschieht, zentriert bleiben können.

Das ist eine lebenslange Übung mit vielen Facetten. Schauen wir uns an, was noch notwendig ist, um die ungestüme Energie des gewalttätigen Geistes zu bändigen.

> Wenn du nicht in die Höhle des Tigers gehst,
> wie willst du dann ein Tigerjunges bekommen?
> *Alter Zen-Spruch*

In die Höhle des Tigers gehen

Im Grunde müssen wir uns in die Höhle des Tigers begeben. Wir müssen unser Inneres betreten und der wütenden Kräfte gewahr werden, die unser Leben und das Leben derer lenken, mit denen wir zu tun haben. Wir müssen bereit sein, uns unserer Gewalttätigkeit zu stellen, sie zu sehen, zu riechen, zu fühlen und zu umarmen. Wir müssen den großen Mut aufbringen, sie nicht nach außen zu projizieren und eine aus Feinden bestehende Welt wahrzunehmen, die wir zunehmend hassen, beurteilen, verletzen und zurückweisen. Wenn wir einem solchen Denken in die Klauen fallen (wie es zwangsläufig bei uns allen geschieht), müssen wir dessen sofort gewahr werden und ihm auf der Stelle ein Ende setzen. Gewöhnlich nehmen wir nicht die Wahrheit wahr, sondern die Verzerrungen unseres eigenen gewalttätigen Geistes.

Das nimmt Zeit in Anspruch. Aber wenn wir konsequent üben, schwächt sich eines Tages die Macht, die der gewalttätige Geist benutzt, um uns im Griff zu halten, immer mehr ab. Es gibt sogar Zeiten, zu denen er vollständig verschwindet. In genau so einem Augenblick tritt der Himmel in Erscheinung. Dann wird der gewalttätige Geist zu dem, was er immer gewesen ist: nichts weiter als der Traum eines Verrückten. Wir sehen dann, dass wir ihm die ganze Macht, die er besessen hat, gegeben haben – durch unseren Glauben und unsere Aufmerksamkeit und dadurch, dass wir das Wirkliche nicht angeschaut haben.

Aufmerksamkeit! Aufmerksamkeit! Aufmerksamkeit!

Ein Mönch fragte den Meister: »Was ist das Wesen der Zen-Praxis?«

Der Meister schrieb ein Wort auf ein Stück Papier. Es lautete: Aufmerksamkeit!

»Ist das alles?«, fragte der Mönch ungläubig.

Wieder schrieb der Meister auf das Papier: Aufmerksamkeit! Aufmerksamkeit!

Immer noch hoffte der Mönch auf mehr. »Weiter nichts? Das ist alles?«

In seiner unendlichen Güte schrieb der Meister ein letztes Mal:

Aufmerksamkeit! Aufmerksamkeit! Aufmerksamkeit! Weiter nichts.

Halte deinen Sitz

Eine andere Art, das auszudrücken, ist die wunderbare *Lojong*-Unterweisung: »Halte deinen Sitz.«

Das bedeutet, sitzen zu bleiben, zentriert zu bleiben, sich nicht zu bewegen, nicht zu reagieren. Wenn etwas auf Sie zukommt, erlauben Sie ihm zu kommen, und erlauben Sie ihm zu gehen. *Halte deinen Sitz* bedeutet auch, dass Sie, wenn Sie hinfallen oder einen Fehler begehen, weitermachen und auf Ihr Kissen zurückkehren. Mit der Zeit holen Sie auf diese Weise die Macht zurück, die Sie der vergänglichen Welt gegeben haben, die uns wie ein Blatt im Winde treiben kann. Diese *Lojong*-Unterweisung bedeutet: Werde unerschütterlich inmitten aller Stürme. Werde zu einem Gefäß, das alles umschließt. Diese Lehrsätze oder Spruchweisheiten sind auf alle Lebenssituationen anwendbar – auf Ihren Chef, Ihre Freunde, Ihre Kinder. Durch das Üben sehen Sie, dass ein zorniger Mensch Sie nicht unbedingt hasst oder töten will. Es sind nur Erscheinungen, die kommen und gehen und die wir real und wichtig machen. Wir geben ihnen Realität durch die Geschichte, die wir uns und anderen immer wieder darüber erzählen.

Eine verwandte *Lojong*-Unterweisung heißt: »Sei kein Kind der Illusion.«

Werden Sie heiter. Zu glauben, nichts werde sich je verändern, ist Illusion. Es wird immer etwas Neues kommen, um anschließend wieder zu vergehen. Wenn Sie Ihren Sitz halten und es als Illusion sehen können, werden Sie nicht seekrank werden. Sie werden nicht so stark umhergeworfen und müssen sich nicht über der Reling erbrechen. Vielmehr werden Sie aufmerksam sein und die Fahrt genießen können. Kara rettete sich und ihren Freund, weil sie in der Lage war, ihren Sitz zu halten.

Der Baum-Roshi

Es war einmal ein Zen-Meister, der ein sehr schlichtes Leben auf einem Baum führte. Er machte Zazen in den Zweigen, aß Beeren und Nüsse und war zufrieden. Nach und nach verbreitete sich sein Ruf, und die Menschen suchten seinen Rat. Der Baum-Roshi sprach zu niemandem ein Wort, er setzte sein Leben und die Zazen-Praxis einfach fort. Schließlich willigte er ein, den Baum einen Tag lang zu verlassen und eine Frage zu beantworten. Die Menge hatte viele Fragen, die sich jedoch alle auf eine einfache Frage reduzieren ließen: »Worin besteht dieser Übungsweg? Worum geht es dabei?«

Der Baum-Roshi sagte: »Tut nur Gutes. Fügt niemandem Schaden zu.«

Die Menschen waren enttäuscht. »Weiter nichts? Das wissen wir bereits. Das weiß selbst ein Säugling.«

»Selbst ein Säugling weiß es«, sagte der Baum-Roshi, »aber nicht einmal einem 80-Jährigen gelingt es.«

Worte sind schnell gesagt; aber keiner Form des Lebens, auch uns selbst nicht, Schaden zuzufügen ist eine andere Sache. Es bedarf lebenslanger Übung. Wie unternehmen wir die große Übung des Baum-Roshis?

Ärger und Zorn auflösen

Parallel dazu, dass wir uns durch unseren Ärger und Zorn tapfer hindurchsitzen und sie zulassen, arbeiten wir sorgfältig mit ihnen, wenn sie im Alltag hochkommen.

Viele Jahre lang saß ein Mönch auf einem Berg im Zazen. Er erreichte den Zustand des *Samadhi* (Einsseins) und verspürte tiefen Frieden und Gleichmut. Nach einer Zeit verließ er den Berg und ging in die Stadt zurück, wo sein Üben auf den wahren Prüfstand kam. Sobald jemand unhöflich mit ihm redete, flackerten Ärger und Zorn in ihm auf. »Wie kann man es wagen, jemanden wie mich so zu behandeln?«, rief er aus.

Heißt das, dass seine Zeit auf dem Berg nutzlos gewesen war? Nein. Es heißt bloß, dass die Wurzeln von Ärger und Zorn tief reichen können. Was auch immer auf dem Berg geschmolzen war, war geschmolzen. Was er in seinem Innern antraf, als er wieder in der Stadt lebte, war noch da und musste noch ausgelöscht werden. Ärger an und für sich ist nichts Schlechtes. Von Bedeutung ist, wie wir mit ihm umgehen. Wenn wir ihm gestatten, uns zu beherrschen, sich auszutoben und Schaden anzurichten, erzeugt das Gefahr. Wenn wir jedoch dem Ärger oder Zorn überlegen werden und ihn einfach als das erleben, was er ist, wird er schließlich schmelzen. Glücklicherweise konnte der Mönch nach vielen Jahren des Übens über sich selber lachen und weitergehen.

Ärger kann unser bester Freund werden, wenn er uns zwingt, achtsam zu sein. Wenn wir keine Probleme und Störungen hätten, gäbe es keine Notwendigkeit, das wahre Wesen des Mitgefühls zu verstehen, uns darin zu üben und zu lernen, wie man es anderen schenkt.

Eines von dem, was wir beim Üben lernen, ist, von allen Aspekten unseres Ärgers Notiz zu nehmen und zu beobachten, wie er sich bei uns und anderen auswirkt. Wenn wir ihm einfach nur Aufmerksamkeit schenken und von ihm Notiz nehmen, löst dieses Verfahren selbst den Ärger auf.

Die Tricks des gewalttätigen Geistes

Ein weiterer starker Brennstoff für den gewalttätigen Geist sind die Tricks, deren er sich gern bedient. Diese Tricks sorgen dafür, dass wir verwirrt bleiben, weil wir nicht merken, was sich hinter ihnen verbirgt oder was wirklich geschieht.

Selbst-Sabotage

Der gewalttätige Geist greift nicht nur andere an, er genießt auch die Selbst-Sabotage. Wir beginnen eine Arbeit und hören dann mittendrin auf oder verderben die Anstrengungen, die wir unternommen haben. Wir beurteilen unsere Bemühungen falsch und beschließen, dass das, was wir getan haben, wertlos war und wir es besser lassen. Wir beschließen, dass wir für diesen Menschen oder diese Tätigkeit zu gut sind. Ohne jeden ersichtlichen Grund blasen wir uns auf.

Stolz

Unser falsches Wertgefühl, der Stolz, ist ein weiterer mächtiger Brennstoff für den gewalttätigen Geist. Dieses falsche Ich entsteht, weil wir nicht im Geringsten ahnen, wie groß unsere Schönheit und unser Wert eigentlich sind. Da wir uns wertlos fühlen, erschaffen wir ein großartiges Bild von uns, das ständig Schmeichelei und Applaus braucht. Dieses Selbstbild (oder Ego) fordert Aufmerksamkeit und Lob ohne Ende, ganz gleich, ob verdient oder unverdient. Es hat den Anspruch, geliebt, anerkannt, gebraucht und geschätzt zu werden. Die Forderung wird so massiv gestellt, weil es tief im Innern weiß, dass es falsch ist und leicht umgestoßen werden kann. Tief im Innern lebt es mit der Angst davor, dass andere herausfinden könnten, dass es nur auf purer Einbildung beruht. Diese Angst, nichts zu sein, ist die intensivste aller Ängste. Es ist das Gefühl, unwirklich zu sein.

Wir entziehen diesem Aspekt des gewalttätigen Geistes die Nahrung, wenn wir unseren wahren Wert erkennen und uns keinen Erfindungen mehr hingeben. Wodurch lernen wir unseren wahren Wert kennen? Durch unsere Leistungen, Gefühle, Handlungen oder durch die liebevollen Augen anderer? Das heißt, mithilfe des Äußeren das Innere erkennen wollen. Es heißt auch, Bestätigung, Zustimmung und Anerkennung von der Außenwelt zu wollen. So zu leben bedeutet, unser Leben damit zuzubringen, uns im Blick der anderen zu spiegeln. Wenn das, was wir sehen, uns nicht gefällt, flammt heftiger Ärger auf.

Ein wunderbares Gegengift für falschen Stolz sind die Worte des großen Meisters Dogen Zenji: »Das Leben ist ein einziger fortlaufender Fehler.«

Ein einziger fortlaufender Fehler

Wenn es uns wirklich gelingt, uns diese Aussage zu Eigen zu machen, wird es viel leichter, echt zu werden. »Ein einziger fortlaufender Fehler« befreit uns von falschen Gefühlen der Scham, der Schuld und des Selbsthasses, wenn wir umherirren und fehlgehen. Es bringt uns kühn und klar zu Bewusstsein, dass das Wesen des Lebens selbst uns dazu zwingt, hinzufallen, Fehler zu begehen, uns zum Narren zu machen und anschließend wieder aufzustehen. Es ist dieser Lebensprozess selber, der den törichten Stolz verringert, von dem wir so erfüllt sind.

In meinem Leben und meiner Zen-Praxis trete ich regelmäßig in jedes Loch, das sich auf der Straße befindet. Ich habe jeden nur erdenklichen Fehler begangen. Nicht nur einmal, sondern immer wieder. Statt mich davor zu fürchten, das Haus zu verlassen, habe ich gelernt, mit Genuss in die Löcher zu treten und mir Zeit zu nehmen, mich umzuschauen. Statt mich oder die Löcher zu hassen, sage ich einfach: »Ach, wieder mal blind.«

Wenn ich ein bestimmtes Loch voll und ganz erlebt habe, sooft ich hineingetreten bin, wird es leichter, es wieder zu verlassen. Inzwischen bin ich ganz gut darin geworden, in Löcher zu treten und sie wieder zu verlassen. Als Folge davon bin ich mit dem Terrain der Löcher inzwischen ziemlich vertraut und finde eine eigentümliche Schönheit darin. Da ich viele Male hineingetreten bin, haben sie weniger Anziehungskraft für mich. Jetzt dauert es nur Augenblicke, bis ich hineintrete und wieder herauskomme. Kein Schaden, keine Scham.

Wenn wir Schuld, Scham und den unnötigen Stolz loslassen, die damit einhergehen, Recht haben und keine Fehler begehen zu wollen, sind wir frei, hineinzufallen oder herauszuklettern, beides zu genießen und daraus zu lernen. Wir sind auch frei, unseren Stolz aufzugeben, uns tief zu entspannen und eine Tasse grünen Tee zu trinken.

Eine Tasse grüner Tee

> Eine Tasse grünen Tee trinkend,
> beendete ich den Krieg.
>
> *Paul Reps*

Worin besteht dieser grüne Tee? Wie können wir lernen, ihn zu trinken? Um wirklich eine Tasse grünen Tee zu trinken, um den Krieg innen und außen zu beenden, müssen wir zunächst empfänglich werden. Wir müssen die Tasse, in der er serviert wird, und die Bemühungen derjenigen, die ihn uns bringen, zutiefst würdigen. Unser Mund muss leer genug sein, um diese Tasse grünen Tee zu schmecken. Natürlich können wir ihn nicht einfach nur in einem Zug austrinken. Wir empfangen ihn Schluck für Schluck. Wir ehren den grünen Tee, und er ehrt uns. Nur auf diese Art kann der Tee den Krieg beenden, der in uns wütet.

Sobald wir einfach und achtsam werden, wird der gewalttätige Geist als die Lüge enthüllt, die er ist, und es zeigt sich, welchen Schaden er anrichtet. Dann ist es nicht so schwierig, ihn einfach fallen zu lassen. Wir lassen die falsche Vorstellung fallen, dass die Außenwelt und die Menschen darin Feinde sind, die man besiegen, erniedrigen oder anderswie verletzen muss. Wir lassen von dem Gedanken ab, dass andere uns geben sollen, was uns gut tut, oder von dem Gefühl, dass sie uns im Weg stehen können.

Es ist ein erschütternder Augenblick, wenn wir begreifen, dass wir in Wahrheit alle eins sind, dass wir den gleichen Sehnsüchten und Nöten unterworfen sind, Brüder und Schwestern, die kurz auf dieser Erde leben.

Ein Gedicht von Thich Nhat Hanh, dem großen Zen-Meister, der einen sozial engagierten Buddhismus vertritt, bringt dies wunderbar zum Ausdruck.

> Gelobe es mir,
> gelobe es mir an diesem Tag,
> während die Sonne über uns steht:
> Selbst wenn sie dich niederschlagen
> mit einem Berg von Hass und Gewalt,
> denk daran, Bruder,
> der Mensch ist nicht unser Feind.
> Und eines Tages, wenn du dich der Bestie

allein von Angesicht zu Angesicht stellst
mit ungebrochenem Mut und gütigen Augen,
wird aus deinem Lächeln
eine Blume erblühen.

Praktisches Zen

Übung 1: Sich gegenseitig anschauen und lächeln

Hier ist eine wunderbare Übung, die von Thich Nhat Hanh stammt. Wenn in der *Sangha* (Gemeinschaft) oder unter den Mönchen Disharmonie herrscht, geht er auf folgende Weise vor, um sie aufzulösen. Diese Übung kann natürlich auf jede Gruppe von Menschen angewandt werden.

A. *Lächeln:* Alle sitzen sich ruhig gegenüber und lächeln. Dieses Lächeln stellt ihre Bereitwilligkeit dar, freundlich zueinander zu sein. Bevor irgendetwas geschehen kann, muss die gegenseitige Bereitwilligkeit da sein, zu helfen, statt zu kämpfen. Die Grundabsicht ist die Hauptsache.

B. *Den Frieden wollen:* Die Menschen, die den Konflikt miteinander haben, wissen, dass alle von ihnen erwarten, dass sie Frieden schließen. Niemand hört sich Geschichten an, die von anderen verbreitet werden, oder verbreitet selbst Neuigkeiten über die streitenden Mönche.

C. *Erinnerung:* Jeder der Mönche erinnert sich an die gesamte Geschichte des Konflikts, an jedes Detail. Alle

sitzen geduldig da und hören jedem zu, wenn er an der
Reihe ist. Auf diese Weise werden *alle* Gedanken und
Gefühle von beiden Konfliktparteien mit einbezogen.

D. *Nicht-Beharren:* Alle erwarten Frieden und tun ihr Bestes, um eine entsprechende Atmosphäre zu schaffen.
Die Atmosphäre, die in der Versammlung herrscht, ist
entscheidend.

E. *Den Schmutz mit Stroh bedecken:* Jeder Konfliktpartei
wird jeweils ein älterer Mönch zugewiesen, der zu der
Versammlung spricht, um den Konflikt zu entschärfen.
Was auch immer er sagt, wird respektiert. Er spricht,
um die anderen zu veranlassen, seinen Mönch besser
zu verstehen. So werden verhärtete Gefühle aufgelöst.
Der Schmutz ist der Konflikt, das Stroh ist die liebevolle Güte.

F. *Freiwillige Beichte:* Jeder der beiden Mönche offenbart
seine eigenen Unzulänglichkeiten und entschuldigt
sich.

G. *Opfern*: Alle werden daran erinnert, dass das Wohler-
gehen der Gemeinschaft Vorrang hat. Jeder der beiden
Mönche muss ein Opfer bringen und bereit sein, den
Richtspruch zu akzeptieren.

H. *Den Richtspruch akzeptieren*: Es wird eine Entscheidung getroffen, und jeder der beiden Mönche muss verschiedene Dinge tun, um das Geschehene wieder in
Ordnung zu bringen. Die Gemeinschaft muss es annehmen. Die Harmonie ist auf diese Weise wiederher-
gestellt.

Dieser wunderbare Prozess ist eine gute Beschreibung von
praktischem Zen. Er beinhaltet große Achtung für alle Beteiligten, keine Schuldzuweisung und weder Hass noch

ein hartes Urteil, sondern ein gerechtes und aufrichtiges Anhören aller Aspekte der Situation. Der Schwerpunkt liegt nicht darauf, wer Recht oder Unrecht hat. Stattdessen ist die Betonung darauf gerichtet, wie man die Harmonie wiederherstellen kann. Die Erwartung und der Wunsch aller ist auf Harmonie und nicht auf Vergeltung gerichtet. Jede Konfliktpartei trägt die Verantwortung für ihren eigenen Anteil am Konflikt, gibt öffentlich ihre Verfehlungen zu und entschuldigt sich. Auf diese Weise muss sich niemand schämen, beide übernehmen gemeinsam die Verantwortung, und Vergebung und Mitgefühl bestimmen den Tageslauf. Der Konflikt wird zu einem großen Lernfeld, das die Chance eröffnet, zu lernen, zu wachsen, mit anderen zu teilen und falsche Rechthaberei und Stolz aufzugeben.

Ein Herz nach dem anderen verändern

Wenn wir alle auf diese Weise lebten, würde es zweifellos niemals ein Bedürfnis nach sinnlosem Töten oder Krieg geben. Unsere inneren und äußeren Ressourcen könnten auf natürliche Weise dazu dienen, aus dieser Welt einen Ort zu machen, an dem alle gemeinsam gedeihen könnten. Zen arbeitet mit einem Menschen nach dem anderen. Wenn ein Herz sich ändert, beeinflusst es das nächste. Alte, fixierte und eingerostete Einstellungen, die wir einander entgegenbringen, genährt von Täuschung und Angst, schmelzen ganz von allein dahin. Nach dem Zen-Verständnis ist jeder Mensch, der Ihnen begegnet, nur ein anderer Teil von Ihnen selbst. Sie haben diesen Menschen nur deshalb angezogen, damit Sie sich selbst ein wenig besser sehen können. Und vor allem: Was Sie in einem anderen ablehnen, das verstecken Sie vor sich selbst und lehnen es in Ihrem Innern ab.

Übung 2: Das Umkehrverfahren

Eine weitere einfache und hervorragende Übung verhilft Menschen und Paaren im Konflikt rasch und simpel zu gegenseitigem Verständnis. Die Beteiligten sollen eine kleine Szene aufschreiben, die den Kern des Problems ausdrückt, das sie miteinander haben. Jetzt soll jeder die Rolle des Gegners übernehmen und die Szene vorspielen. Die Konfliktpartner sollen nicht ihre eigene Rolle spielen, sondern die Situation aus den Augen ihres Gegners sehen und spielen. Es wird nicht lange dauern, bevor sich ihr Verständnis erweitert. Ihre fixierte Sicht und Position wird durchbrochen. Sie können nicht umhin, aufrichtig zu verstehen, was der andere durchmacht. Bei dieser Übung entstehen rasch neue Lösungen. Sie macht Spaß und wird Sie überraschen.

Übung 3: Naikan (Teil III)

Im Umgang mit Ärger und Zorn ist die dritte Frage beim Naikan (siehe Kapitel 6) sehr hilfreich. Jeden Tag stellen wir uns die Frage: »Welche Schwierigkeiten oder Schmerzen habe ich einem anderen verursacht?« Auch wenn wir über eine Beziehung nachdenken, richten wir die Aufmerksamkeit auf diese Frage.

Normalerweise konzentrieren wir uns auf die Verfehlungen anderer uns gegenüber: wie sie uns missbraucht und verleumdet haben. Wenn wir die Blickrichtung unseres Geist kontrollieren und uns klar wird, wie wir vielleicht andere unabsichtlich verletzt oder in Schwierigkeiten gebracht haben, deren wir uns nicht bewusst waren, lösen sich unser Ärger und unsere Selbstgerechtigkeit auf. Stattdessen sind wir eifrig bemüht, unsere Fehler zu korrigieren und unser Verhalten wieder gutzumachen. Der Zweck dieser Übung besteht nicht darin, Schuld zu erzeugen, sondern unsere Aufmerksamkeit von unserem gewöhnlichen Standpunkt abzuziehen und neu auszurichten.

Alles ist Teil der Schöpfung und enthält in sich alle Aspekte. In jeder Schöpfung existiert die Buddha-Natur – die Fähigkeit, zu wachsen und erleuchtet zu werden. Warum sollten wir irgendetwas zurückweisen? Je mehr wir die Welt durch unser dualistisches Denken trennen und einschränken, je mehr wir etikettieren, aufspalten und einsortieren, desto eingeschränkter wird unsere Erfahrung vom Leben. Wir werden zu Gefangenen in selbst errichteten Gefängnissen und sperren andere ebenfalls ein. Zazen ist der Schlüssel, um die Gefängnistür zu öffnen und das dualistische Denken abklingen zu lassen.

Es folgt ein berühmtes Koan, das von dem Geist handelt, der zerschneidet und trennt.

Fall 14 aus dem Mumonkan:
Nansen tötet eine Katze

Nansen sah, wie Mönche einer Katze wegen stritten. Er hielt die Katze hoch und sagte: »Wenn ihr eine Antwort geben könnt, will ich die Katze schonen. Wenn nicht, werde ich sie töten.« Niemand konnte antworten, und Nansen schnitt die Katze in zwei Hälften.

Als Joshu am Abend heimkam, erzählte ihm Nansen, was geschehen war. Daraufhin nahm Joshu seine Sandalen, legte sie auf den Kopf und ging davon. Nansen sagte: »Wenn du hier gewesen wärst, hättest du die Katze gerettet.«

Mumons Kommentar

Welchen Sinn hat es, dass Joshu sich die Sandalen auf den Kopf legt? Könnt ihr ein Kehrwort zu dieser Sache sagen, werdet ihr sehen, dass Nansens Aufforderung nicht bedeutungslos war. Könnt ihr es nicht, passt auf! Gefahr!

Mumons Vers

Wäre Joshu da gewesen,
hätte er das Kommando übernommen.
Mit Nansens Schwert in seiner Hand
muss sogar dieser um sein Leben fürchten.

Was schneiden wir durch unser streitendes und dualistisches Denken in zwei Hälften? Wie kann es zur Wende kommen? Dieses Koan zeigt uns das ureigenste Wesen des verwirrten Geistes.

TEIL III

· · · · · · · · ·

Loslassen

10

Ergreifen und Festhalten

Zen-Wunder 10

Wir können unsere Tasse ausleeren.

Ein Schüler wollte einen großen Zen-Meister aufsuchen, um die Geheimnisse des Universums und den eigentlichen Sinn seines Lebens zu ergründen. Er reiste weit umher und machte schließlich einen Meister ausfindig, der ein einfaches Leben in einer Hütte auf dem Gipfel eines Berges führte. Der Schüler begab sich zu der Hütte, in der der Meister ihn willkommen hieß. Die Hütte war spärlich eingerichtet und makellos sauber. Der Meister bat ihn, auf einer Matte auf dem Fußboden Platz zu nehmen, und setzte Teewasser auf. Der Schüler musste warten, bis der Tee fertig war.

Das Wasser kochte nur langsam. Der Schüler wurde unruhig, denn er war darauf erpicht, die Begrüßungszeremonie hinter sich zu bringen und Antwort auf seine Frage nach dem wahren Sinn des Universums zu bekommen. Ihm stand nicht der Sinn nach Tee, sondern nach einer Antwort. Er dachte, er könne sie ohne weiteres bekommen; jemand könne ihm die Antwort geben.

Je unruhiger er wurde, desto langsamer kochte das Wasser. Es war deutlich, dass der Schüler keine Geduld entwickelt hatte. Beim Warten zeigte sich überdies, dass er nicht in sich ruhte. Er glaubte, irgendeine Antwort, die ihm der Lehrer gab, würde ihm Ruhe schenken.

Schließlich war der Tee fertig. Der Meister reichte dem Schüler eine Teetasse, während der Schüler vor Aufregung zitterte. Sein Geist und sein Körper waren nicht gefestigt. Es fielen ihm noch weitere Fragen ein, die er dem Meister stellen wollte, wenn er die erste beantwortet hatte.

Der Meister begann, den Tee einzugießen, bis die Tasse randvoll war. Obwohl nichts mehr in die Tasse hineinpasste, goss der Meister weiter, sodass der heiße Tee über den Rand und auf die zitternden Hände des Schülers schwappte.

»Was tut Ihr da?«, rief der Schüler aus.

»Was tust du da?«, antwortete der Meister. »So wie diese Teetasse bist du voll von dir selbst, voll von Meinungen, Begierden, Fragen und Fantasien. Wie könntest du etwas von mir empfangen, wenn deine Tasse so voll ist? Wenn du irgendeine Lehre empfangen willst, musst du zuerst deine Tasse leeren.«

Um die Wahrheit des Zen zu empfangen, müssen wir bereit sein, unsere Tasse zu leeren, uns von unseren sinnlosen Fantasien zu verabschieden und fähig werden, eine einfache Tasse Tee zu schmecken und zu würdigen. Wir sitzen nicht zitternd vor dem Meister in dem Glauben, er habe irgendeine Art von Antwort, die unser Leben in Ordnung bringt. Nach und nach fangen wir an zu begreifen, dass in dieser Tasse Tee alles enthalten ist.

An allem festhalten

Wir kommen mit leeren Händen ins Leben und wollen dann alles ergreifen und festhalten. Wir stellen sofort Besitzansprüche: »Das ist meine Mutter. Sie darf nicht weggehen.« Ein unbändiger Hunger beginnt sich zu entwickeln. Wonach genau hungern wir? Zunächst fordern wir nur Nahrung und Liebe. Anfangs mag es leicht sein, Befriedigung zu finden, aber bald wird die Begierde subtiler. Unsere so genannten Bedürfnisse werden komplexer.

Wir wollen alles. Wir wollen bekommen, festhalten und besitzen. Wir wollen alles haben, und zwar für immer. Ein kleines Kind in einem Laden weiß nicht, wonach es als Erstes greifen soll. Es nimmt alles, was es sieht. Es denkt, seine Spielsachen gehörten nur ihm. Auch seine Freunde sind sein Besitz. Das Kind beharrt darauf, dass sie nicht weggehen dürfen. Eine solche Haltung lässt sich schwer überwinden.

Wenn eine Veränderung eintritt, erleben wir sie als Bösewicht, der uns unsere Bonbons nimmt. Aber was besitzen wir denn? Was gehört uns in Wahrheit wirklich? Selbst unser Körper führt ein Eigenleben. Früher oder später müssen wir ihn dem Universum zurückgeben.

Es gibt viele Arten von Nahrung, die wir brauchen, bis wir reif geworden sind: emotionale, intellektuelle, soziale und spirituelle Nahrung. Man könnte unsere Lebensreise als den Akt bezeichnen, die verschiedenen Arten von Nahrung zu entdecken, die wir zur Ernährung brauchen: wie wir sie bekommen, verdauen und uns aneignen. Und anschließend müssen wir loslassen und zurückgeben. Ohne auszuscheiden, könnten wir nicht sehr lange leben.

Die wenigsten befassen sich gern mit dem Ausscheidungsprozess, aber er ist sehr wichtig, wenn wir über Anhaften und Loslassen sprechen. Niemand kann leben, wenn er dauernd nur isst und konsumiert. Wir müssen lernen, zufrieden zu sein und loszulassen. Wir müssen lernen, das, was wir aufnehmen, zu verdauen, herauszufinden, was uns nährt, und den Abfall auszuscheiden. Das ist der Lebensprozess schlechthin.

Wir müssen innehalten und uns anschauen, was wir dem Universum zurückgeben wollen. Gewiss nicht diejenigen, die wir lieben, gewiss nicht unser eigenes kostbares Leben. Wir begreifen nicht, dass ein Großteil des Schmerzes im Leben daher rührt, dass wir nehmen und nicht gewillt sind, zurückzugeben.

Das Leben vieler Menschen dreht sich um Anhäufen, Nehmen und Festhalten. Aber bald sind wir gesättigt und fließen über. Wir sind so satt, dass wir uns kaum bewegen können. Es ist nicht so leicht, innezuhalten und loszulassen, unsere Wohnung und unser Leben zu leeren.

Nach mehreren unsteten Liebesaffären kam Lester in die Therapie und sagte: »Ich wünsche mir nichts weiter als eine stabile Beziehung. Helfen Sie mir dabei.«

Die Therapeutin sagte: »Wenn ich welche zu verteilen hätte, würde ich jedem eine geben.«

Sicher sein wollen

Aus psychologischer Sicht wollen wir Situationen, die bequem und sicher sind. Wir wollen wissen, was wir vom anderen erwarten können, und möchten nicht den Schmerz des Wandels und der Veränderung erleiden.

Aber was ist wirklich stabil? In der Welt der Erscheinungen herrscht das Gesetz der Veränderung, und dennoch fordern wir von ihr Stabilität. Wenn ein Therapeut dem Klienten zustimmt, dass er eine »stabile« Beziehung finden oder herstellen muss, wird der Therapeut Teil der Krankheit, denn es ist Wahnsinn, sich nach etwas zu sehnen, was der Natur des Lebens selbst widerspricht. Die eigentliche Frage lautet, was uns wirklich Stabilität gibt und uns in die Lage versetzt, den unvermeidlichen Zeiten des Verlustes und der Veränderung zu trotzen.

Im Zen heißt es: »Bleiben wie der Wandel selbst bringt Frieden.« Das bedeutet schlicht, das Leben nicht kontrollieren zu wollen, sondern zu wissen, dass jeder Augenblick neu ist. Wenn wir im Rahmen der Psychologie bleiben, schaffen wir zwei Abteilungen. Ein Teil von uns weiß dann, dass es nichts als Veränderung gibt, und dennoch wollen wir, dass alles beim Alten bleibt. Wenn wir lange genug meditieren, bemerken wir, dass unser Körper sich verändert, unsere Gedanken sich verändern und der Winter in den Frühling übergeht. Wenn wir bleiben wie der Wandel selbst, entwickeln wir die Fähigkeit, Veränderung und Verlust jeder Art zu akzeptieren und damit umzugehen.

Die meisten kämpfen gegen die Tatsache der Vergänglichkeit an. Im Extremfall führt das zu Beschränkung, Anklammern, Zwanghaftigkeit, Sucht. Die meisten Menschen setzen die Erfahrung der Veränderung psychologisch mit einer Verlusterfahrung gleich. Es gibt eine normale Trauerphase, die wir gewöhnlich durchlaufen, wenn uns etwas Kostbares genommen wird. Während dieser Trauerphase erlauben sich viele Menschen nicht zu begreifen, dass immer etwas Neues im Entstehen ist.

Die Veränderung muss kommen

Aus der Sicht des Zen ist Veränderung befreiend. Sie ist unausweichlich. Wir sind Veränderung, und Veränderung ist kein Versagen. Wenn sich im Leben von Menschen eine Änderung einstellt, die sie nicht in die Wege geleitet haben, glauben sie manchmal, sie hätten versagt oder etwas stimme nicht mit ihnen. Wenn Menschen älter werden, verhärten sie mitunter und bezeichnen die Veränderungen, die sie erlebt haben, als Enttäuschungen. Ihr Leben wird kleiner und enger. Sie begegnen weniger Menschen, machen weniger Wege zu Fuß und fahren jedes Jahr mit denselben Freunden an denselben Urlaubsort. Sie wollen keine Veränderung mehr. Die Lebenskraft solcher Menschen nimmt ab. Wenn man ein erstarrtes Leben führt, ruft das sowohl physische als auch seelische Krankheiten hervor. In diesen Fällen ist es die Psyche, die Schwierigkeiten macht, indem sie vom Leben fordert, dass alles beim Alten bleibt, und sich weigert, das Wesen des Lebens, so wie es ist, genauer zu betrachten. Heilung heißt, uns der Kraft und auch der Schönheit der Veränderung zu öffnen und unsere Angst davor loszulassen.

Was gehört uns?

Nachdem ihm sein bester Freund die Verlobte ausgespannt hatte, entdeckte Randy, dass sie schon mehrere Monate lang eine heimliche Beziehung gehabt hatten. Niedergeschlagen und zutiefst erschüttert, entschloss sich Randy zu einer Therapie. Er war voller Argwohn und saß verzweifelt in der Praxis in der Überzeugung, er könne nie mehr jemandem vertrauen. Die Ereignisse waren für ihn der Beweis dafür, dass die ganze Welt gegen ihn war und andere es insgeheim darauf abgesehen hatten, ihm wehzutun, über ihn zu lachen und sich an seinem Elend zu weiden. Er sagte, er könne es an ihrem Blick sehen.

Das scheint eine extreme Reaktion zu sein, doch die Entwicklung eines Verfolgungswahns ist verbreiteter, als man denkt. Viele Menschen in unserer Gesellschaft leben so. Viele halten es für klug, anderen gegenüber argwöhnisch zu sein, ihre Motive zu hinterfragen, nach einer schlechten Erfahrung niemandem mehr zu trauen und damit zu rechnen, dass das Schlimmste eintritt. Auf Katastrophen gefasst zu sein ist weit verbreitet. Menschen mit dieser Einstellung gelten als kluge und lebenserfahrene Leute, die sehr wahrscheinlich vorwärts kommen. Man fragt nicht: Vorwärts in welcher Hinsicht und zu welchem Preis?

Viele psychische Krankheiten resultieren aus einer Verlusterfahrung: dem Verlust von Liebe, des Arbeitsplatzes, von Menschen, Geld, Jugend, Position und Ruf. Dieses Bedürfnis, den eigenen Besitz und Stolz zu wahren, bildet die Triebfeder hinter dem Leben der meisten Menschen. Argwohn gegenüber anderen entsteht, die Angst, dass sie uns unser Hab und Gut wegnehmen wollen. Es entwickelt sich eine Engherzigkeit, die jeden Aspekt des Lebens einschränkt. Manche Menschen leben mit der Qual ständigen Misstrauens und vermuten hinter jedem schlechte Absichten. Aus psychologischer Sicht ist das die Projektion des eigenen Hasses in diesen Menschen, die Folge davon, im Misstrauen zu leben.

Verfolgungswahn ist der Inbegriff des dualistischen Den-

kens, die extreme Aufspaltung der Welt in Schwarz und
Weiß, Gut und Böse, Subjekt und Objekt. Andere werden
als Feinde betrachtet. *Ich muss sie bekämpfen, um das zu
bekommen, was ich brauche, und mein kleines Rasen-
stückchen zu verteidigen, und ich muss wachsam gegen
das Unheil sein, das überall lauert.* Menschen, die in einem solchen Geisteszustand befangen sind, leben in einer
von Gegnern bevölkerten Welt und sind ständig auf der
Hut. Ihr Leben wird zu einer Verteidigung dagegen, verletzt, beraubt oder zum Narren gehalten zu werden. Sie
sind sich weder ihrer eigenen Negativität bewusst noch
ihrer Projektionen und erkennen nicht, dass ihr eigener
Geisteszustand diese Hölle schafft. Für diese Menschen
ist *Vergebung* (eine Form des Loslassens) oft unmöglich.
Ihr gesamtes Leben gründet darauf, an dem ihnen zugefüg-
ten Unrecht festzuhalten, Rache zu nehmen oder sich ab-
zusondern und zu verstecken. Diese Entscheidung, an negativen Erfahrungen festzuhalten, bei ihnen zu verharren
und darauf aufzubauen, ist die Grundlage des Verfolgungswahns.

Zur Wurzel zurückkehren

Wenn wir zur Wurzel zurückkehren, erlangen wir das Prinzip.
Wenn wir äußere Objekte verfolgen, verlieren wir den Sinn.
Die Wandlungen, die sich in einer Welt der Leere vollziehen,
erscheinen nur aufgrund von Unwissenheit wirklich.

Seng-ts'an

Wir wissen, dass wir alle Blätter an einem Baum sind, aber
wir kennen nicht die Wurzel, die uns erhält. Ein Blatt

sucht bei einem anderen nach Trost, ohne zu erkennen, dass das andere Blatt auch nur im Winde schwankt. Wenn ein Blatt versucht, Nahrung von einem anderen Blatt zu beziehen, verliert es seine Stabilität. Sobald ein Blatt seine Verbindung zur Wurzel erkennt, wird es sich sicher fühlen, ganz gleich, aus welcher Richtung der Wind weht oder wohin die anderen Blätter wehen. Sobald das Blatt erkennt, dass es Teil des Baumes ist, wird es seines natürlichen Kreislaufs gewahr, in dem es eine Zeit zu sprießen gibt und eine Zeit, sich zu entfalten, eine Zeit, die Farbe zu wechseln, und eine Zeit, um im Winde fortgeweht zu werden. Kein Problem. Dieser Prozess liegt nicht in der Macht des Blattes. Ein Blatt ist bloß ein Blatt, obwohl es eng mit den tiefen Wurzeln des Baums verbunden ist, auf dem es wächst. Jetzt kann es sein Leben als Blatt genießen, ganz gleich, in welchem Stadium es sich befindet. Es kann auch die anderen Blätter genießen und den goldenen Wind, der durch die Zweige streicht und die Blätter dahintreiben lässt, wenn der Herbst sich dem Ende zuneigt.

Alle zusammengesetzten Dinge müssen zerfallen

Eine der Hauptlehren Buddhas im *Diamant-Sutra* lautet: »Alle zusammengesetzten Dinge müssen zerfallen und verschwinden.« Was zusammenkommt, muss sich früher oder später wieder trennen. Man braucht gar nicht von Frustration zu sprechen, es ist einfach das Wesen der Welt der Erscheinungen. Das Problem liegt nicht im Leben selbst, sondern in dem Wunsch, unsere Sicherheit und unser Selbstwertgefühl auf das Vergängliche zu gründen, und in der Weigerung, Tautropfen als Tautropfen zu sehen, an die man sich nicht klammern kann. Können wir, wenn wir auf einem solchen Leben bestehen, etwas anderes als Enttäuschung und Schmerz erleben?

Wenn wir unser ganzes Leben damit zubringen, ständig alles zusammenzuhalten, wird in uns ein Gefühl der Hoffnungslosigkeit entstehen. Ganz gleich, wie viel Mühe wir uns geben, alles fällt ständig auseinander. Das muss so sein, es ist sein ureigenstes Wesen. Es ist der Sinn der Vergänglichkeit schlechthin.

Unser falsches Sicherheitsgefühl kann immer nur ein Provisorium sein. Es gründet auf dem, was nicht wirklich ist. Das zerbrechliche Ruderboot, in dem wir durchs Leben schwimmen, ist ständig im Kentern begriffen. Es ist nicht tragfähig. Früher oder später müssen wir erkennen, dass es nur aus Pappmaschee besteht. Gibt es wirklich ein sicheres Schiff, das wir irgendwo besteigen können? Können wir die Ruder loslassen und eins mit dem Ozean werden?

Den meisten von uns gelingt das nicht. Wir glauben, dass unsere Angst in dem Maße abnehmen wird, wie wir festhalten. Das Gegenteil ist wahr. Das Festhalten selbst erzeugt die Angst. Je mehr Randy sich anklammert, sich Sorgen macht und sich in seiner selbst geschaffenen Isolation versteckt, desto furchterregender scheint die äußere Welt zu werden. Dieses Verhalten selbst ist die Ursache der panischen Angst.

Nichts zum Festhalten

Je stärker wir uns anklammern, desto mehr zerquetschen wir das, woran wir festhalten. Dieses Zerquetschen und Zerquetschtwerden liegt dem Schmerz zugrunde, den wir im Leben erfahren. Es ist unser Widerstand gegenüber dem Fluss des Lebens und unsere tiefe Angst, verlassen zu werden. Wenn wir beharrlich üben, dämmert ein wunderbares Gewahrsein auf. Bei einigen ist es plötzlich da, bei anderen vollzieht es sich schrittweise. Aber es wird mit Sicherheit erscheinen, wenn wir fortfahren zu sitzen. Wir erkennen, dass wir gar nicht verlassen werden können, dass wir geliebt und geschützt sind und für uns gesorgt ist. Dadurch, dass wir uns an die äußere Welt geklammert haben, haben wir uns selbst verlassen. Wenn wir nicht anhaften oder uns anklammern, werden wir für die endlosen Reichtümer offen, die uns das Universum ständig zur Verfügung stellt. Wir müssen nur unsere Herzen und Hände öffnen und es selbst sehen.

Die Anhaftung verstehen

Warum sind diese simplen Wahrheiten so schwer anzuwenden? Warum haften wir an den Dingen und klammern uns so hartnäckig an? Anhaftung scheint etwas so Automatisches, Natürliches und Grundlegendes zu sein, dass wir sie überhaupt nicht in Frage stellen. Anhaftung ist üblich, aber nicht natürlich. Und ganz gewiss ist sie nicht notwendig. Sie entsteht aus unserer tiefen Verwirrung darüber, wer wir sind, was das Wesen unseres Lebens ist und wohin wir letztendlich gehen. Sie entsteht daraus, dass wir das Wesen von Beziehungen missverstehen, und aus einer falschen Angst, verlassen zu werden.

Anhaften und Festhalten sorgen für ein falsches Gefühl der Sicherheit und vermitteln uns die Illusion, dass die Welt stabil und wirklich ist. Warum hören wir nicht auf die mächtigen Worte des *Diamant-Sutras*, die etwas anderes besagen:

> So solltest du von dieser flüchtigen Welt denken:
> ein Stern im Morgengrauen, eine Luftblase im Strom,
> ein Blitz in einer Sommerwolke,
> ein flackerndes Licht, ein Trugbild und ein Traum.

Niemand will ein Tautropfen, eine Luftblase im Strom oder ein flackerndes Licht sein. Wir wollen der Mittelpunkt des Universums sein. Und das sind wir in der Tat auch, aber nicht so, wie wir es uns vorstellen. Ganz gleich, woran wir festhalten möchten: Die Blase, die wir sind, platzt und verändert sich ständig. Unser Haar wird dünner, unsere Kinder verlassen uns, unsere Partner werden unserer überdrüssig und suchen anderswo nach Liebe. Was einst aufregend war, verblasst. Wir versuchen so zu tun, als ob es sich nicht so verhielte, und kämpfen verzweifelt darum, alles beim Alten zu halten. Es ist, als ob wir uns in einem winzig kleinen Ruderboot befänden, das auf dem wilden Ozean auf und ab tanzt.

Tanzen, solange ich kann

Thalia, eine schöne Frau von Anfang sechzig, ging im Sommer jeden Samstagabend im Central Park tanzen. Sie zog ihr langes, weich fallendes Kleid an, kämmte ihr getöntes Haar und wartete am Rand der Tanzfläche auf einen Partner.

»Ich brauche nicht lange zu warten«, sagte sie zu einer Freundin, die mit ihr gekommen war. »Auch wenn es inzwischen schwieriger geworden ist, fordert mich doch meistens jemand auf. Darauf bin ich stolz.«

An diesem Abend jedoch musste sie eine ganze Zeit warten. Thalia lächelte matt und sagte: »Als ich jung war und in den Tanzsaal kam, haben sich die Männer nach mir umgedreht. Sie haben mich scharenweise umschwärmt. Ich hatte die Wahl. Als ich im mittleren Alter war, habe ich mich nach den Männern umgedreht. Sie haben mich angelächelt und sind gekommen. Es waren nicht mehr ganz so viele, aber ich habe nie herumgestanden. Jetzt, wo ich älter bin, schaue ich sie an, und sie wenden sich ab. Doch immer noch fordern mich zwei oder drei auf. Du wirst mich heute Abend noch tanzen sehen. Ich werde tanzen, solange ich kann, auch wenn meine Beine nicht mehr wollen.«

Thalia muss weiter tanzen, um sich lebendig und begehrt zu fühlen. Ohne die Bewunderung von Männern scheint das Leben für sie vorbei zu sein. Sie würde lieber auf der Tanzfläche zusammenbrechen, als allein im Zimmer zu sitzen und sich ruhig mit sich selbst zu konfrontieren.

Dem Dharma begegnen

Der Grund dafür, dass wir so stark festhalten, ist unser mangelndes Wissen darüber, wer wir in Wahrheit sind, was das Wesen des Universums ist und welchen Platz wir darin innehaben. Das Wissen darüber nennt man auch das Studium des *Dharmas*. Dharma ist die fundamentale Wahrheit über das Wesen des Universums und unser Leben darin. Haben wir dies einmal begriffen und verarbeitet, fühlen wir uns nie mehr allein. Alle Koans, die Schülern gegeben werden, dienen in der einen oder anderen Form dem Erkennen dieser Wahrheiten: dem Verständnis, wer wir sind, was die Welt ist und was wir hier tun.

Wenn wir üben, beantworten wir diese Koans, indem wir gesellschaftliche Konditionierungen, erstarrte Überzeugungen, Ängste und abergläubische Vorstellungen Schicht für Schicht abtragen. Auch das tägliche Leben konfrontiert uns mit wertvollen Koans: Menschen, mit denen wir Schwierigkeiten haben, Situationen und Personen, die wir nicht loslassen können oder meinen, kontrollieren zu müssen, sich wiederholende Muster, die dazu führen, dass wir in unserem Leben nicht weiterkommen, endlose Erinnerungen, Sehnsüchte und Träume. Thalias Älterwerden und der Umstand, dass die Männer wegschauen, ist ein gewaltiges Koan, das ihr das Leben stellt. Wie packt sie es an? Indem sie die Tatsachen ihres Lebens verleugnet? Indem sie weiter lächelt und tanzt, obwohl die Beine nicht mehr mitmachen? Andere gehen mit diesem Koan um, indem sie sich das Gesicht liften lassen, sich mit Jüngeren anfreunden und ihrem Ehepartner nach vielen Jahren den Laufpass geben. Welche Möglichkeit gibt es noch, dieses

Koan zu durchleben? Wie können wir zu seiner Mitte vorstoßen, damit es uns möglich wird, gleichmütig zu leben
und das Leben nicht als Dieb zu betrachten, der uns unsere jugendliche Schönheit raubt? In der folgenden Geschichte wird geschildert, wie die Nonne Chiyono mit
dem Koan umging, mit dem Thalia konfrontiert war.

Kein Wasser, kein Mond

Als die Nonne Chiyono unter Meister Bukko im Enga-
ku-Kloster Zen studierte, war sie lange Zeit unfähig, die
Früchte der Meditation zu ernten. Schließlich, in einer
Mondnacht, holte sie Wasser in einem alten Eimer, der
mit Bambus zusammengebunden war. Der Bambus riss,
und der Boden brach aus dem Eimer, und in diesem Augenblick wurde Chiyono befreit. Zur Erinnerung schrieb
sie ein Gedicht:

> Auf manche Weise versuchte ich, den alten Eimer zu bewahren,
> weil der Bambusstrick zerschlissen war und nah am Reißen,
> bis zuletzt der Boden herausfiel.
> Kein Wasser mehr im Eimer!
> Kein Mond mehr im Wasser!
> > Paul Reps: *Ohne Worte, ohne Schweigen*

Der Eimer, das Wasser und Chiyono waren fort. Worauf
hofft Thalia noch?

Praktisches Zen

Übung 1: Woran wir uns anklammern

Das ist eine Übung, die dazu dient, uns darüber bewusst zu werden, woran wir uns anklammern und was wir jetzt tatsächlich brauchen. Stellen Sie eine Liste der Dinge in Ihrem Leben auf, an denen Sie sehr haften. Gehen Sie sie durch und schauen Sie sich an, welchem Zweck sie dienen. Was würde passieren, wenn Sie eins davon losließen?

Lassen Sie in dieser Woche jeden Tag eines dieser Dinge los, nur einen Tag lang. Beobachten Sie, wie es sich anfühlt. Es kann sein, dass Sie überrascht sind.

Übung 2: Was wirklich wertvoll ist

Was ist Ihnen wirklich wertvoll? Stellen Sie eine Liste der Dinge auf, die Ihnen im Augenblick besonders wertvoll sind. Welchem Zweck dienen sie? Was war Ihnen vor fünf Jahren wertvoll? Vor zehn Jahren? Was wird es morgen sein? Notieren Sie die Veränderungen. Lassen Sie sie zu.

Übung 3: Den wahren Weg finden

Nehmen Sie sich einen Augenblick Zeit und überlegen Sie, wie Sie Ihr Leben und Ihren Tod betrachten. Was glauben, befürchten oder erwarten Sie in dieser Hinsicht? Wohin gehen Sie, wo ist Ihr wahres Zuhause? Sind Ihnen diese Gedanken dienlich? Unterbinden sie andere Seiten Ihres Lebens? Bringen sie Mitgefühl und Stärke?

Halten Sie noch einen weiteren Augenblick inne und

fragen Sie sich, was Sie *wirklich* über Ihr Leben und Ihren Tod wissen. Worin besteht *wirklich* die Gefahr? Warum leben Sie so, als wenn es eine gäbe?

Fall 3 aus dem Hekinganroku: Buddha mit dem Sonnengesicht, Buddha mit dem Mondgesicht

Großmeister Ma war bedenklich krank.

Der Vorsteher seines Klosters besuchte ihn und fragte: »Wie war, Ehrwürdiger, in diesen letzten Tagen das Befinden?« Der Großmeister antwortete: »Buddha mit dem Sonnengesicht, Buddha mit dem Mondgesicht.«

Setchos Vers

Buddha mit dem Sonnengesicht,
Buddha mit dem Mondgesicht.
Wohl zwanzig Jahre sann ich schwer,
auf einen Vers erpicht.
Stieg oft für euch zur Höhle tief
hinab des blauen Drachen.
Hab mich krumm gebückt,
wieder gerade gestreckt.
Ihr Mönche mit dem hellen Blick,
missachtet es mir nicht!

Katsu Sekidas Kommentar

Unter den vielen Buddhas gibt es den Buddha mit dem Sonnengesicht, von dem es heißt, er lebe 1800 Jahre, und den Buddha mit dem Mondgesicht, von dem es heißt, er lebe nur einen Tag und eine Nacht. Basos Ausspruch »Buddha mit dem Sonnengesicht, Buddha mit dem Mondgesicht« ist besonders berühmt unter den Zen-Sprüchen. Stellen Sie sich vor, Sie sehen einen herrlichen Sonnenuntergang in der Ferne über dem Meer. Nach und nach versinkt der Buddha mit dem Sonnengesicht hinter dem Horizont. Keine Worte können die Herrlichkeit und das Strahlen seines Gesichts zum Ausdruck bringen. Alles verdichtet sich auf diesen gegenwärtigen Augenblick. Er ist ewig. Und nun stellen Sie sich vor, dass Sie um Mitternacht das spiegelgleiche Antlitz des Mondes betrachten, wie er, leicht geneigt und sinnend, über den Bergen steht. Alles ist still. Sein Leben mag nur einen Tag und eine Nacht dauern, aber dieses Augenblick-für-Augenblick-Sein stellt wahrhaft die wirkliche Existenz dar.

Was ist Thalia? Ein Buddha mit dem Sonnengesicht? Ein Buddha mit dem Mondgesicht? Warum erkennt sie sich selbst nicht?

11

Leere Hände

Zen-Wunder 11

Wir können unsere Hände leer machen.

Der große Zen-Meister Dogen ging von Japan nach China, um Zen zu studieren. Er blieb jahrelang in einem Kloster, wo er mit den Mönchen lernte und arbeitete. Als er in seine Heimat zurückkehrte, wurde er gefragt, was er denn nach so vielen Jahren des Studiums mitbringe.

Dogen antwortete: »Ich bin mit nichts zurückgekommen als mit leeren Händen.«

Leere Hände sind sehr mächtig. Sie sind die Essenz des Zen. Wenn unsere Hände voll sind, wenn sie geschlossen sind oder nach etwas greifen, sind sie nutzlos. Sie können andere nicht erreichen, berühren, trösten, erheben oder segnen. Geschlossene Hände sind mit all dem belastet, was sie nicht loslassen können. Wenn wir älter werden, häufen sich die Besitztümer an, und unsere Hände umschließen sie krampfhaft, um sie festzuhalten. Erinnerungen bestürmen uns, die Gebrechlichkeit nimmt überhand, und viele Menschen benutzen ihre Hände nur noch zum Anklammern. Sie erkennen nicht die Macht und Stärke, die darin liegen, mit leeren Händen zu leben.

Nur geben wollen

Wenn wir nur geben wollen, keinen Groll hegen und nicht starr an dem festhalten, was wir haben, öffnen sich unsere Hände weit. Sie werden nützlich und flexibel und klammern sich an nichts an.

Im *Diamant-Sutra* heißt es: »Entwickle einen Geist, der bei nichts stehen bleibt.« Nicht nur unsere Hände halten an nichts fest. Auch unser Geist kann loslassen. Neben dem Zazen gibt es andere Übungen, die uns helfen, diesen Geist, der bei nichts stehen bleibt, zu entwickeln, einen Geist, der beweglich ist und geben kann, was gegeben werden muss, und alles nehmen kann, was kommt. Eine wichtige Übung, um das zu entwickeln, heißt *Dana Paramita* – die Übung des Gebens. Doch als Erstes müssen wir verstehen, was wahres Geben und Empfangen sind.

> Äpfel gegeben und dafür Orangen empfangen.
>
> *Shiki*

Geben und Empfangen

Der Akt des Gebens und Empfangens selbst öffnet unsere Hände weit und hilft uns, loszulassen. Doch wenige geben ohne Hintergedanken. Beim Geben können viele Absichten eine Rolle spielen: jemanden festhalten, ihm schmeicheln, ihn bei Laune halten, abhängig machen oder die eigene Macht und Kontrolle erhalten wollen. Das ist nicht Geben, sondern Nehmen. Einige machen Geschenke, die für sie zu kostspielig sind. Andere können gar nichts los-

lassen. Letztlich ist es das Festhalten, das die wahren Gaben von uns fern hält. Ein ausgewogenes Verhältnis zwischen wahrem Geben und Empfangen ist unbedingt notwendig. Wenn Menschen feststellen, dass sie nicht ohne
Hintergedanken geben oder empfangen können, ist es an
der Zeit, sich anzuschauen, woran sie festhalten.

Finde das, was wertvoll ist

Warum halten wir nicht inne und fragen: »Ist das wertvoll? Hat es einen Sinn? Brauche oder will ich es noch?«
Ryokans Geschichte (siehe Kapitel 6) lehrt uns, dass wir,
je mehr wir geben, desto mehr imstande sein werden, den
unglaublichen Mond zu empfangen, der beständig für uns
alle scheint.

Wahres Geben und Empfangen sind eins. Wenn wir aus
vollem Herzen geben, ohne eine Gegenleistung zu erwarten, werden wir satt. Da ist niemand, der gibt oder emp-
fängt, sondern nur ein offenes Herz. Wenn wir erst einmal
imstande sind, anderen etwas zu schenken, werden wir sehen, dass die Welt sich beständig auch uns selbst schenkt.

Jeden Tag atmen wir ein und aus. Wir nehmen Luft auf
und geben sie ans Universum zurück. Wir haben einen
Traum, und er verblasst. Wir wachen morgens auf und
schlafen ein, wenn die Nacht hereinbricht. Jeder Schritt,
den wir machen, enthält in sich sowohl das Geben als
auch das Empfangen, das Leben und den Tod. Etwas Neues
kommt, verändert sich und vergeht. In vielen Augenblicken unseres Lebens erleben wir ein Loslassen und ein
natürliches Aufgeben.

Im Zen werden wir gebeten zu begreifen, dass Geben

sich nicht von Empfangen unterscheidet, sondern dass sie miteinander verbunden sind. Wenn wir voll und ganz geben, haben wir, wenn der nächste Augenblick kommt, Platz, um das zu empfangen, was uns als Nächstes erwartet. Ohne auszuatmen, können wir nicht einatmen. Das ist der Pulsschlag des Lebens und des Todes selbst. Wenn wir nicht aus Vorstellungen, Fantasien oder Erklärungen heraus leben, gibt es beim Loslassen nichts zu fürchten.

> Jemand sagte: »Leben und Tod sind hier.
> Wie soll ich damit umgehen?«
> Meister Unmon sagte: »Wo sind sie?«
> *Alter Zen-Spruch*

Wir wissen nicht, was Leben und Tod sind, was geschehen wird, wenn wir voll und ganz geben, was geschieht, wenn wir loslassen, und wohin es uns führen wird. Ebenso wenig haben wir eine wirkliche Ahnung davon, wohin wir letztlich gehen, wenn es an der Zeit ist, das Leben selbst loszulassen. Wir klammern uns an das Bekannte, um uns geerdet und sicher zu fühlen, aber diese Art von Sicherheit gründet auf einer Illusion. Das Leben, in dem wir leben, kann leicht zerfallen. Alles kann uns plötzlich weggenommen werden. Wie reagieren wir dann? Indem wir noch mehr festhalten? Indem wir mehr und mehr anhäufen?

Der folgende wunderbare Ausspruch von Ryokan gibt uns den Rat:

> Kehr nach Hause zurück,
> läutere dein Herz,
> verlang nichts für dich selbst.

Zunächst müssen wir wissen, wo dieses Zuhause ist, in das wir zurückkehren sollen. Wie läutern wir unser Herz? Was heißt es, »nichts für sich selbst zu verlangen«? Anfangs mag es so erscheinen, als seien die Antworten offensichtlich, aber wenn wir mit diesen Fragen voll und ganz leben, werden wir einen tieferen Sinn in unserem Leben erkennen.

Kehr nach Hause zurück

Dana, eine Zen-Schülerin, musste eine etwa zehntägige Reise nach Kalifornien unternehmen. Sie sagte ihrem Bruder, der dort lebte, dass sie nur wenig Gepäck mitnehmen würde.

Er antwortete: »Als Zen-Schülerin hast du Recht. Aber denk daran, dass es am Tag heiß wird und nachts kalt. Nimm für abends Pullover und für nachmittags leichte Shirts mit. Ich warne dich. Die Temperatur schwankt.«

Wenn es heiß wird, so begann Dana zu überlegen, würde sie vermutlich nachmittags einen Badeanzug und Sommerkleider brauchen und abends etwas anderes. Und wie sah es morgens vor Sonnenaufgang aus? Ihr Koffer wurde immer voller. Sie hatte mit einem ganz kleinen Koffer reisen wollen, aber schon bald musste sie einen größeren nehmen.

Dann rief ihr Bruder sie an und bat sie, noch an einige alte Bücher zu denken, die er haben wollte, und an ein Paket für die Mutter. Bald platzte Danas Gepäck aus allen Nähten. Beim Packen dachte sie unablässig daran, wie wenig man im Zendo brauchte und welche Erleichterung das war. Im Zendo hatte ein Schüler einmal zu ihr gesagt, dass

er durch die Zen-Praxis nur lernen wolle, mit wenig
Gepäck zu reisen. Das hatte sie beeindruckt. Diese Worte
kamen ihr nun in den Sinn, während ihr Koffer immer
schwerer wurde. Wie lange würde es dauern, bis sie gelernt hatte, mit leichtem Gepäck zu reisen? Sie hatte
nicht geglaubt, dass sie so viel brauchte. Etwas, von dem
sie jedoch ganz genau wusste, dass sie es brauchte, war das
richtige Zimmer. Es sollte nachts ruhig und tagsüber son-
nig sein. Das war nicht zu viel verlangt.

– Natürlich meinen wir, das Recht zu haben, viele Dinge
   zu fordern, und glauben, es sei wichtig, dass bestimmte
   Bedürfnisse befriedigt werden. In dieser Verfassung verstehen wir nicht die Kraft von »*Verlange nichts für dich
   selbst*«. –

Dana rief also ihren Bruder an, um zu fragen, ob er ein
Hotelzimmer für sie gefunden hatte.

»Ich bin zwar flexibel«, erinnerte sie ihn, »aber denk
bitte daran, dass ich unbedingt ein Zimmer brauche, das
ruhig ist.«

Er erwiderte: »Selbstverständlich. Ich werde dafür sorgen, dass du ein ruhiges Zimmer bekommst. Mutti und
ich freuen uns auf dich. Sieh zu, dass du pünktlich da bist.«

»Natürlich werde ich pünktlich da sein«, antwortete
sie. »Und noch etwas zu dem Zimmer. Von mir aus kann
es ruhig klein sein, aber es wäre mir lieb, wenn morgens
die Sonne hineinscheint. Ich habe seit vier oder fünf Jahren keinen Urlaub mehr gemacht. Das ist doch kein zu hoher Anspruch, oder?«

Der Bruder erwiderte: »Kein Problem.«

Sie fuhr fort: »Es ist für mich wirklich wichtig, dass ich
abends in ein ruhiges Zimmer zurückkomme, wenn ich
den ganzen Tag unterwegs war.«

Dana glaubte, dass sie nach einem hektischen Tag mit ihrer Mutter und ihrem Bruder im Hotelzimmer Frieden finden würde. Alle Vorbereitungen wurden sorgfältig getroffen.

Das Flugzeug nach Kalifornien traf mit einer Stunde Verspätung am Abflugplatz ein. Die Türen ließen sich bei der Ankunft nicht öffnen, sodass die Passagiere noch eine Stunde warten mussten. Dann war etwas mit dem Benzintank nicht in Ordnung. Sie mussten noch einige Stunden länger warten und wurden dann zu einem anderen Flug umgeleitet. Als Dana einsteigen wollte, waren alle Plätze schon besetzt. Sie wurde auf eine andere Linie umgebucht.

15 Stunden später kam sie endlich in Los Angeles an und musste noch zwei weitere Stunden auf dem Flughafen zubringen, bis ihr Gepäck mit einem anderen Flugzeug eintraf. Als sie und ihr Bruder im Hotel ankamen, war das Zimmer, das er für sie sorgfältig ausgewählt und reserviert hatte, von jemand anderem belegt.

»Wir haben nicht geglaubt, dass Sie noch kommen«, sagte der Mann am Empfang.

– Ein Mönch sein heißt, ein Hausloser sein, jemand, der imstande ist, dort hinzugehen, wohin der Wind ihn weht, und in allen Umständen, die das Leben bietet, zu Hause zu sein. Dana wurde auf die Probe gestellt. Sie wurde die wahre Bedeutung von »*Kehr nach Hause zurück*« gelehrt. –

Auf der Suche nach einem Zimmer fuhren sie und ihr Bruder bis spät in der Nacht umher. Jedes Hotel war voll. Schließlich fanden sie am anderen Ende der Stadt ein freies Zimmer. Dana war gerade eingeschlafen, als sie eine Stunde später von einem Megafon geweckt wurde, mit dem in einem nahe gelegenen Stadion Namen ausgerufen wurden. Sie sprang aus dem Bett. Im Stadion, das direkt unterhalb ihres Zimmers lag, fand eine Entlassungsfeier statt. Die Menschen auf der Tribüne jubelten jeder Person zu, die aufgerufen wurde. Sie stellte sich ans Fenster und starrte hinaus.

Als ihr Bruder einige Stunden später ankam, sagte sie: »Wir ziehen sofort aus.«

In der nächsten Nacht wurde sie von einem Erdbeben geweckt. Die Wände wackelten, und in der Hotelhalle schrien die Leute. Sie erwachte voller Panik, bis sie begriff, dass das Leben ihr seine eigene Art von Sesshin gab. In den folgenden Tagen schlief sie jede Nacht in einem anderen Zimmer.

Eines Abends kehrte sie eine Stunde nach dem offiziellen Räumungstermin in ihr Hotel zurück, nur um festzustellen, dass man ihre gesamte Kleidung, zusammengerollt in einen Plastiksack, hinten ins Foyer geworfen hatte. Der Hotelmanager hatte das Zimmer für sie geräumt.

Nur langsam verstand sie, was es mit diesen Ereignissen auf sich hatte.

Ihr Bruder, der außer sich war, fragte ständig: »Warum passiert das alles nur?«

»Beim Zen stellt man diese Frage nicht«, antwortete Dana. »Man nimmt einfach das, was kommt.«

»Aber es muss doch einen Grund dafür geben.«

– Die meisten von uns bringen 95 Prozent ihres Lebens damit zu, herauszufinden, warum etwas geschieht. Aber letztlich zählt nicht das *Warum*, sondern *wie* wir mit den Ereignissen umgehen. Wenn wir mitten in der Erfahrung bleiben, ergeben sich die Antworten von selbst.

Was Dana geschah, war der Inbegriff der Zen-Praxis. Das wirkliche Koan, das sie bekam, war, ob sie all das, was geschah, in ihre Ferien integrieren und es sich dennoch gut gehen lassen konnte. –

Als sich die Reise dem Ende näherte, sagte ihr Bruder: »Gott sei Dank bin ich nicht so wie du. Ich brauche kein ruhiges Zimmer. Ich kann überall schlafen. Mich stört nichts. Ich bin einfach nur froh, wenn ich meinen Kopf auf ein Kissen legen kann. Aber heute Nacht wirst du fabelhaft schlafen. Ich habe ein wirklich ruhiges Zimmer nach hinten heraus gefunden, damit du morgen ausgeruht zum Flughafen kommst.«

Dana antwortete: »Wunderbar.« Sie war erleichtert, die Heimreise antreten zu können.

Am nächsten Morgen rief als Erstes ihr Bruder an und schrie hektisch ins Telefon: »Du kannst nicht fliegen. In der Stadt gibt es eine Bombendrohung. Der Flughafen ist geschlossen. Ich muss dich nach San Diego zum Flughafen fahren. Ich habe für dich einen Platz in einer Maschine gleich morgen in aller Frühe bekommen. Du übernachtest heute in einem Hotel in der Nähe des Flughafens von San Diego.«

Inzwischen begann Dana zu begreifen. »Es spielt keine Rolle«, sagte sie. »Ich brauche kein ruhiges Zimmer. Ich schlafe überall. Hol mich ab, wenn du so weit bist.«

Dana machte sich bereit, nach Hause zurückzukehren.

Kehr nach Hause zurück. Kehr zu dir zurück. Wenn wir die Glocke im Zazen hören, ruft sie uns nach Hause. Sie fordert uns auf, unsere Aufmerksamkeit zurückzuholen und nicht mehr in Pläne, Fantasien, Forderungen und Erwartungen abzuschweifen.

Verlang nichts für dich selbst. Das ist ein wenig schwieriger. Unser Leben besteht zum größten Teil daraus, viel zu verlangen. Wirkliche Freude und Befriedigung sind jedoch die Folge davon, nicht von Begierde erfüllt zu sein. Statt zu verlangen, satt gemacht zu werden, bitten wir darum, benutzt zu werden. Das geht uns gegen den Strich, aber wir können es nach und nach versuchen, nur eine Stunde lang an einem Tag.

Läutere dein Herz. Indem wir einfach still sind, indem wir schauen und uns selbst wissen lassen, wer wir sind, findet Läuterung statt, und wir verstehen die alte Zen-Weisheit: »Ort für Ort ist der richtige Ort.«

> Wo ist die Straße nach Hanshan?
> Es gibt keine Straße nach Hanshan.
> *Alter Zen-Spruch*

Dana und ihr Bruder fuhren erst nach Anbruch der Dunkelheit nach San Diego. Ihr Bruder hatte ein Zimmer in einem vielstöckigen Hotel gebucht. Sie fuhren in aller Ruhe und sprachen wenig. Am Hotel angekommen, schauten sie auf und sahen eine steile Wand von Zimmern vor sich, die auf sie herabstarrte. Überall brannte Licht. Die beiden brachen in Gelächter aus. Sie saßen im Auto und lachten und lachten. Dann stiegen sie schließlich aus und gingen ins Hotel.

Der große Witz

Worin bestand der große Witz, über den sie lachten? Worin besteht das Missverständnis, mit dem Dana immer gelebt hatte? Vielleicht erkannte sie plötzlich, dass ihre gesamte

Suche umsonst gewesen war. Nichts war verborgen, weder jetzt noch jemals zuvor. Bis dahin war sie nicht imstande gewesen, es zu sehen. Ihre endlosen Forderungen hatten einen Schleier über ihre Augen gelegt. Jetzt konnte sie vielleicht überall wohnen.

»Der Geist, der nicht stehen bleibt« ist eine andere Formulierung, um leere Hände zu beschreiben. Es ist ein Geist, der jeden Augenblick neu und frisch ist, präsent für das, was geschieht. Er bleibt nicht bei Plänen oder Träumen stehen. Er ist nicht von Hass, Erinnerungen, Wünschen und Entrüstung darüber erfüllt, wie andere sich benehmen. Durch unermüdliches Zazen, durch kontinuierliches Sitzen entwickelt sich dieser Geist ganz von allein.

Praktisches Zen

Übung 1: Öffne deine Hände

Schauen Sie sich an, womit Ihre Hände gefüllt sind, während Sie durch den Tag gehen. Womit füllen Sie sie? Wie schwer ist es zu tragen? Jetzt üben Sie einfach, Ihre Hände zu öffnen. Legen Sie das, was Sie in Ihren Händen tragen, ab. Lassen Sie Ihre Hände verfügbar sein.

Übung 2: Verlang nichts für dich selbst

Stellen Sie fest, was Sie in jeder Situation verlangen. Wie viel davon brauchen Sie wirklich? Üben Sie nun in einer Situation pro Tag, nichts für sich selbst zu verlangen. Beobachten Sie, was Sie empfangen, wenn Sie überhaupt nichts fordern. Beobachten Sie, was Sie geben. Beobachten Sie, was das Universum ganz natürlich zur Verfügung stellt.

Übung 3: Bleib nicht stehen

Werden Sie sich darüber bewusst, wo Sie stehen bleiben und wobei Sie stehen bleiben. Ändern Sie Ihre Richtung, und bleiben Sie woanders stehen. Jetzt machen Sie es noch einmal, und dann noch einmal. Wenn Sie sich festgefahren, frustriert oder begrenzt fühlen, machen Sie sich dessen bewusst, ändern Sie Ihren Aufenthaltsort, und ändern Sie das, wobei Ihr Geist stehen bleibt. Dann gehen Sie einen Schritt weiter, und bleiben Sie bei nichts stehen.

Fall 7 aus dem Mumonkan: Joshus »Wasch deine Essschalen«

Ein Mönch sagte zu Joshu: »Gerade erst bin ich in dieses Kloster eingetreten. Ich ersuche Euch, Meister, gebt mir bitte Unterweisung!«

Joshu fragte: »Hast du schon deinen Reisbrei gegessen?«

Der Mönch antwortete: »Ja, das habe ich.«

Joshu sagte: »Dann wasch deine Essschalen.«

Da erlangte der Mönch eine gewisse Erleuchtung.

Mumons Kommentar

Joshu öffnete den Mund und schon entblößte er seine Gallenblase und legte Herz und Leber offen. Ich frage mich, ob dieser Mönch wirklich die Wahrheit gehört hat. Ich hoffe, er hat die Glocke nicht für einen Topf gehalten.

Mumons Vers

Gerade deshalb, weil es sonnenklar ist,
wird Zeit gebraucht, es zu begreifen.
Erkennst du erst, dass Kerzenlicht ein Feuer ist,
erfasst du auch, wie gar gekocht der Reis schon war.

Sobald der Reis gegessen ist, wird die Schüssel ausgewaschen. Es gibt keine Notwendigkeit zu zögern und keine Notwendigkeit, stehen zu bleiben.

12

Die Pilgerfahrt

Zen-Wunder 12

Wir können unbehindert kommen und gehen.

> Ich komme nirgendwoher
> und läute die Glocke.
> Ich gehe nirgendwohin
> und läute die Glocke.
>
> *Meister Fukei*

In vielen großen Religionen kennt man das Gebot, eine Pilgerfahrt zu unternehmen: den Aufenthaltsort, die Freunde, die Arbeit und das übliche Dasein zu verlassen und sich ins Unbekannte aufzumachen. Das ist die letzte Form des Loslassens, eine Reise, um Gott, das Selbst oder das Unendliche zu finden. Es ist eine Reise, die wir unternehmen, um Anhaftungen aufzulösen, Gewohnheiten zu zerstören, unsere Augen zu öffnen und herauszufinden, was das Leben wirklich ist und worin unser Platz darin besteht.

Das Wesen der Pilgerfahrt

Auf einer anderen Ebene kann man das Leben selbst als Pilgerfahrt betrachten. Wir erscheinen hier, ohne zu wissen, woher wir kommen, und gehen auf ein unbekanntes Ziel zu. Wir wissen nicht, wann wir ankommen werden, was uns erwartet oder welche Wirkungen unsere Zeit auf Erden haben wird. Das alles ist in Dunkel gehüllt. Es ist ein Geheimnis, von dem wir uns für gewöhnlich abwenden, in dem Glauben, unsere Zeit hier sei endlos lang und dauerhaft, und diese Welt sei ein Selbstzweck.

Das Wesen der Pilgerfahrt besteht darin, sich nicht mehr an falsche Gewohnheiten, Sicherheit und Stabilität zu klammern und sich stattdessen dem unermesslich großen Unbekannten auszuliefern. Selbst eine einzige Zazen-Sitzung ist eine Pilgerfahrt. Wir lassen unsere Habe vor dem Zendo zurück, setzen uns in einem bestimmten Geisteszustand hin und wissen nicht, was geschehen wird. Wir betreten bereitwillig die geheimen Winkel unseres Geistes und unseres Herzens.

> Beim Kommen und Gehen
> hinterlässt der Wasservogel keine Spur
> und braucht keinen Führer.
>
> *Dogen Zenji*

Viel Zwietracht und persönliches Leid rühren daher, dass wir nicht gewillt sind, unser Leben und unsere Beziehungen als Pilgerfahrten und Reisen zu begreifen, die dazu dienen, uns tiefer in das Geheimnis dessen einzuführen, wer wir sind. Stattdessen fordern wir Kontrolle und Beständigkeit. Wir fordern, das Leben möge vernünftig sein. Wenn unser Leben zerbricht, wenn wir Verlust, Enttäuschung, Verwirrung und Schaden erleiden und die Hilfe eines Psychologen in Anspruch nehmen, versuchen die meisten von uns, das selbst geschaffene Fundament wieder aufzubauen, das plötzlich auseinander gebrochen ist. In diesem Falle sollten wir nicht vergessen, dass auch dieses neue Fundament wieder auseinander brechen wird. Alles, was von Menschenhand gemacht ist, muss zerfallen. Ein echtes Fundament, das niemals zerfällt, lässt sich nur in den tiefsten Tiefen des Lebens finden.

Auf Pilgerfahrt zu gehen heißt, die Stücke unseres Lebens liegen zu lassen, wenn sie fallen, und nicht hin und her zu springen, um sie wieder zusammenzufügen und eine von Menschen gemachte Sicherheit zu suchen. Auf Pilgerfahrt zu gehen heißt, nicht so schnell mit Urteilen über andere Menschen bei der Hand zu sein oder sie und uns selbst in bequeme Schubladen zu stecken, um überschaubare Beziehungen zu erhalten. Es gibt nichts Bequemes und Überschaubares auf einer Pilgerfahrt. Wir halten die Unbequemlichkeit froh aus. Wir haben auch nur das notwendigste Gepäck bei uns; anderes Gepäck wie Groll, Hass oder alte Erinnerungen lassen wir zurück. Wenn nicht, drückt es uns nieder. Es erfordert Mut, unseren Hass auf andere aufzugeben, doch das ist es, was die Pilgerfahrt von uns verlangt. Wenn uns das gelingt, öffnen sich alle möglichen Türen, und die frische Frühlingsluft strömt herein.

Der Mann auf dem Dach

Nava, eine Zen-Schülerin, hatte eine Wohnung mit einer Küche, die ihr einen Ausblick auf das Dach des darunter liegenden Hauses bot. Während sie beim Frühstück saß und aus dem Fenster schaute, hatte sie im vergangenen Monat jeden Morgen einen Mann beobachtet, der durch eine Luke auf das Dach stieg und dort auf und ab schritt.

Er pflegte an den Rand zu gehen, sich hinüberzubeugen und hinunterzuschauen. Dann riss er sich mit einem Ruck davon los und nahm seine Runden auf dem Dach wieder auf. Nachdem er das mehrmals wiederholt hatte, kletterte er durch die Luke in seine Wohnung zurück.

Als er eines Morgens sehr nahe und sehr lange am Rand des Daches stand und sich hinüberbeugte, bekam es Nava mit der Angst zu tun, weil sie glaubte, er stehe kurz vor dem Selbstmord. Sie entschloss sich, die Polizei anzurufen. Sie berichtete von dem Mann und seinem Verhalten, aber da er nichts Verbotenes tat, sagte die Polizei, dass sie nicht zuständig sei.

Nava setzte sich wieder an ihren Frühstückskaffee und schaute dem verzweifelten Mann zu. Nach ungefähr einem Monat verschwand er eines Tages von der Bildfläche. Wie lange sie auch wartete, er kam nicht mehr aufs Dach.

Einige Wochen später erlebte Nava eine Überraschung. Einige Schritte neben ihr ging der Mann, der immer auf das Dach geklettert war. Spontan sagte sie zu ihm: »Ich bin so froh, Sie zu sehen. Wie geht es Ihnen?«

Er drehte sich zu ihr hin und schaute sie verdutzt an.

»Ich habe Sie von meinem Fenster aus jeden Morgen auf dem Dach gesehen«, fuhr sie fort. »Ich habe mir Sorgen darum gemacht, wie es Ihnen geht.«

Er blieb unvermittelt stehen und starrte sie an. »Sie haben sich also Sorgen gemacht, wie?«, sagte er.

»Ja. Geht es Ihnen gut? Hatten Sie vor, hinunterzuspringen?«

Er grinste. »Ja. Ich hatte große Lust dazu.«

»Das tut mir Leid«, antwortete Nava.

»Blödsinn. Aber jetzt ist es vorbei. Wenn ich jetzt aufs Dach steige, dann nur, um eine Zigarette zu rauchen.«

»Es tut mir Leid«, beharrte Nava.

»Ach wirklich?« Er schaute sie mit einem seltsamen Blick an. »Es interessiert Sie, was mit mir passiert? Aber was nützt mir das? Ihr Interesse war nicht groß genug, um zu mir aufs Dach zu kommen. Sie sind nicht gekommen, um mir Hilfe anzubieten.«

> Wach auf! Wach auf!
> Dann werden wir gute Freunde,
> schlafender Schmetterling.
>
> *Basho*

Aufs Dach klettern

Eine Pilgerfahrt unternehmen heißt, zu dem Fremden aufs Dach zu klettern: die Sicherheit des Kaffeetrinkens in der Küche zu verlassen, um wirklich da zu sein und die Hand zu reichen. Das Dach zu betreten mag uns wie eine Angst erregende oder gefährliche Handlung vorkommen. Wir haben keine Ahnung, was geschehen wird. Vielleicht wird er uns sogar mit sich in den Tod reißen. Schon vor 2000 Jahren sagte der große jüdische Lehrer Hillel: »Wenn ich nicht für mich bin, wer wird dann für mich sein? Aber wenn ich nur für mich bin, was bin ich dann?«

Die einzige Weise, wie wir dem quälenden Wunsch ein Ende setzen können, dass die Welt, wir und andere sicher und nicht in Gefahr sein sollen, ist zu begreifen und zu akzeptieren, dass es einfach nicht so ist. Wir müssen erkennen, wie man inmitten der Unsicherheit lebt. Dann ist unser Leben eine Pilgerfahrt.

Unterwegs

Der eine Mönch ist von zu Hause fortgegangen,
aber er ist nicht unterwegs.
Der andere ist niemals von zu Hause fortgegangen,
aber er ist unterwegs.

Alter Zen-Spruch

Das ist ein bekanntes Koan. Wer sind diese Mönche? Selbstverständlich ist jeder Mönch ein Teil von uns selbst. Das Koan will uns die tiefere Frage stellen, worin der Weg besteht und wo unser wahres Zuhause liegt. Wie geben wir das auf, was uns abstumpft? Was ist notwendig, um fähig zu sein, einem anderen wahrhaft zu begegnen? Wie werden wir wirklich lebendig?

Beim Zen ist die Rede davon, von zu Hause fortzugehen, Verzicht zu üben. Manche Menschen glauben, das bedeute, sie müssten ihr Zuhause, ihre Familie, ihre Arbeit und ihre Freundschaften aufgeben. Das kann für einige Menschen eine Zeit lang hilfreich sein, wenn sie verstehen, dass dies zu Zwecken des Übens geschieht. Sie werden merken, dass sie sich wieder genau dieselben Familien, dasselbe Zuhause und dieselben Freundschaften suchen, ganz gleich, wohin sie gehen, solange sie nicht bereit sind, die Gewohnheiten ihres Geistes und Herzens aufzugeben.

Wir können das Leben als Pilgerfahrt leben und dennoch zu Hause und bei unserer Familie bleiben. Wir müssen dann nichts weiter tun, als unsere eingefahrenen Gewohnheiten, Gedanken, Handlungen und Ängste aufzugeben. Wir geben die falsche Sicherheit auf, die wir daraus beziehen, dass wir ein Leben leben, in dem wir uns in der

Küche verstecken und durchs Fenster schauen. Wir geben die falsche Sicherheit auf, indem wir erkennen, dass das Leben jeden Augenblick neu und anders ist und dass wir uns nicht an überkommene Reaktionen klammern können, die zu einer anderen Zeit und an einem anderen Ort funktioniert haben. Verzicht dieser Art bedeutet, jeden Tag in eine neue Richtung zu gehen, bereit zu sein, uns der Einmaligkeit einer Erfahrung zu stellen und etwas völlig anderes über uns und andere zu entdecken. Alle Augenblicke der Umkehr, des Loslassens, der Vergebung sind Augenblicke der Pilgerfahrt, die uns von unseren hartherzigen Wegen in ein Land führen, das wir bisher noch nicht kennen gelernt haben. In der Bibel wird es das Gelobte Land genannt.

Der Weg in unserem Herzen

> Der Weg liegt nicht im Himmel,
> sondern im Herzen.
> Buddha: *Dhammapada*

Der Pilgerweg erwartet uns überall dort, wo wir sind, in allen unseren Aktivitäten und Beziehungen. Jane, eine Frau Ende fünfzig, rief ihre Freundin Lisa, eine Zen-Schülerin, an. Jane war nervös und traurig.

»Ich soll etwas tun, was ich entsetzlich finde«, sagte Jane. »Aber ich muss es tun.«

»Was denn?«, fragte Lisa.

»Eine gute Freundin von mir liegt im Sterben«, fuhr Jane fort. »Sie ist seit einigen Jahren todkrank. Wir haben dem beide nie viel Aufmerksamkeit geschenkt. Aber jetzt rückt die Zeit näher. Ich habe sie seit einigen Monaten nicht mehr gesehen und habe nun erfahren, dass es ihr wirklich schlecht geht.«

Lisa atmete tief durch.

»Sie hat einer gemeinsamen Freundin mitgeteilt, dass sie sich einen Besuch von mir wünscht. Sie will nicht sterben, ohne mich gesehen zu haben. Sie wartet.«

»Und?«, fragte Lisa.

»Es graust mir davor. Ich habe keine Ahnung, was ich tun oder sagen soll. Hilf mir zu überlegen, wie ich mich verhalten soll. Was passiert, wenn ich weine?«

Was passiert, wenn ich weine? ist ein Koan. Jane hat panische Angst davor, echt zu sein. Sie fürchtet sich vor Tod, Verzweiflung, Verlust und dem Schmerz, den sie mit sich bringen. Sie hat Angst, einfach bei ihrer sterbenden Freundin zu sein. Sie meint, das, was sie ist, sei nicht genug, sie müsse etwas hinzufügen, sich die richtige Reaktion überlegen. Es gibt keine richtige Reaktion, wenn man mit dem Tod konfrontiert ist. Man kann einen Sterbenden nicht besser trösten, als einfach von ganzem Herzen da zu sein. Der Tod ist größer als alle Spiele, die wir spielen. Was ist falsch daran, zu weinen, wenn man weinen muss? Was ist falsch daran, einfach eine Hand zu halten? Was ist falsch an dem, was wir sind? Warum zweifeln wir so sehr an der Richtigkeit unserer simplen, spontanen, authentischen Reaktion?

So wie Nava bei ihrem Erlebnis mit dem Mann auf dem Dach wird auch Jane auf eine Pilgerfahrt geschickt, fort von ihrer gewöhnlichen Art zu leben. Das ist ein Geschenk, das ihre im Sterben liegende Freundin ihr macht. Sie wiederum will einfach das Geschenk von Janes Gegenwart – mehr nicht.

»Geh einfach hin«, antwortete Lisa. »Sei ganz ruhig bei ihr, und lass geschehen, was geschieht.«

Das ist das Wesen der Pilgerfahrt. Wir haben Vertrauen in uns selbst und das, was uns zu tun aufgegeben wird. Wir erlauben der Situation einfach, zu uns zu sprechen, akzeptieren das Nichtvorhersagbare und reagieren aus der Tiefe unseres Herzens. Die Reaktion, die so entsteht, ist immer frisch und neu. Wir haben gewissermaßen ein Fenster ins Freie geöffnet. Etwas Unerwartetes kann nun geschehen. Muffige Räume sind plötzlich von Tau benetzt.

Praktisches Zen

Übung 1: Finde deine Pilgerfahrt

Was bildet für Sie eine Pilgerfahrt? Wo stecken Sie im Augenblick fest? Woran klammern Sie sich fest? Wohin müssen Sie gehen? Schreiben Sie Ihre Gedanken über die Pilgerfahrt auf. Sind Sie je auf einer gewesen? Wollen Sie eine machen?

Übung 2: Gib alte Gewohnheiten auf

Geben Sie heute eine Gewohnheit auf, an die Sie sich normalerweise klammern. Ersetzen Sie sie durch einen offenen Raum. Erlauben Sie sich, für all das da zu sein, was diese Gewohnheit von Ihnen abgeschnitten hat. Probieren Sie nächste Woche eine andere Handlung oder Übung aus. Und dann noch eine.

Übung 3: Ein frischer Anfang

Wo sind neue und frische Reaktionen in Ihrem Leben nötig? Schreiben Sie einige Beziehungen auf, die abgestorben sind. In welche Schubläden stecken Sie sie? Wie betrachten Sie den anderen Menschen? Wie betrachten Sie sich selbst? Können Sie sich und den anderen von den Ketten der Vergangenheit befreien? Was geschieht, wenn Sie das tun? Versuchen Sie es und beobachten Sie, was geschieht.

Es gibt jene,
die das
Gestern und Heute und Morgen verlassen können
und übersetzen zum andern Ufer
jenseits von Leben und Tod.
Mach deinen Geist still.
Denke nach,
beobachte.
Nichts bindet dich.
Du bist frei.

Buddha: *Dhammapada*

TEIL IV

. . . .

Das falsche Selbst Auflösen

13

Das Spielzeug weglegen

Zen-Wunder 13

*Unsere Langeweile
langweilt uns nicht mehr.*

Wenn wir klein sind, spielen wir mit Spielzeug.
Wenn wir älter werden, legen wir das Spielzeug weg
und wollen das Echte.

Ein Zen-Schüler

Der größte Teil des Lebens besteht darin, mit Spielzeug zu spielen. Es macht Spaß, verzaubert uns, ist ein Zeitvertreib und lenkt uns von einer unserer größten Ängste ab: der Langeweile. Nichts tun, niemand sein. Wenn nichts geschieht und wir uns langweilen, fühlen wir uns leer und dumpf. Ohne Zerstreuung und Unterhaltung wissen manche Menschen nicht einmal, ob sie überhaupt wirklich am Leben sind.

Viele verwenden ihre Zeit und Lebensenergie darauf, der Langeweile zu entkommen. Sie suchen nach neuen Ländern, Menschen, Orten, Büchern, Beschäftigungen und Freunden. Sie erzählen anderen von ihren aufregenden Ferien und Abenteuern und fühlen sich, als seien sie dort, *wo sich das wirkliche Leben abspielt*, als würden sie ihr Leben in vollen Zügen leben. Sie fragen niemals, was das, was sich da abspielt, eigentlich ist, oder was es bedeutet, sein Leben in vollen Zügen zu leben. Sie fürchten sich vor dem Tag, an dem sie nicht mehr imstande sein werden, »etwas zu unternehmen«, und schweigen müssen, auf sich allein zurückgeworfen.

Mit Spielzeug spielen

Wenn wir mit Spielzeug spielen, fühlen wir uns, als ob unser Leben einen Sinn hätte. Herrliche Fantasien begleiten unser Spiel gewöhnlich, und diese Fantasien sorgen für Energie und Spannung. Wenn ein Mann in einem brandneuen roten Cabrio mit offenem Verdeck fährt und lauthals singt, fühlt er sich wild, frei und voller Möglichkeiten, als Typ, mit dem die meisten Mädchen gern zusammen wären. Er bildet sich vielleicht ein, dass andere, die ihn aus ihrem Auto sehen, ihn um seine Freiheit beneiden. Nehmen wir an, er würde auf einem Motorrad sitzen, mit voller Geschwindigkeit dahinbrausen, mit wehendem Haar und berauscht vom Gefühl der Freiheit und Macht, und plötzlich würde das Motorrad auf einer Ölspur ausrutschen und sich überschlagen, sodass er mit gebrochenen Knochen auf dem Asphalt landet. Was ist dann mit seiner Freiheit? Wo bleibt seine Macht oder sein Gefühl der Lebendigkeit? War sein kurzes Hochgefühl wahre Freiheit und Macht? Fantasien können gefährliche Freunde sein.

Wenn unser Spielzeug abgenutzt oder entzweigebrochen ist, greifen wir sofort nach neuem. Tun wir das nicht, sondern bleiben in einem solchen Augenblick völlig wach und sind imstande, das auszuhalten, was sich wie Verlust, Leere oder Langeweile anfühlt, entsteht ein neues Verständnis von Freiheit, eine Freiheit, die nicht zerstört werden kann und von nichts abhängt.

Beim Zen nennt man die Fantasien, die unserem Leben den Treibstoff liefern, *Täuschungen* oder *Illusionen*. Sie gelten als eines der drei Gifte (die beiden anderen sind Gier und Zorn) und als dasjenige, das sich am schwersten aufspüren lässt. Wir hegen Täuschungen und Illusionen in Bezug auf alles: darüber, wer wir sind, wer andere Menschen sind, was wir tun, wohin wir gehen und was das Ergebnis all unserer Taten ist.

Unser wahres Leben

Der große Zen-Meister Dogen sagt:

> Wenn man einen Fisch aus dem Wasser holt,
> kann er nicht leben.
> Wasser ist das Leben für den Fisch,
> Luft ist das Leben für den Vogel.

Was ist das Leben für den Menschen? Sind solche Fantasien und Spielzeuge unser wahres Leben? Wenn dem so wäre, warum sehnen wir uns dann nach dem Echten, wenn wir älter werden?

Fantasien schleichen sich so geschickt ein, dass wir ihre Anwesenheit nicht einmal bemerken. Sie sind wie imaginäre Blumen, die uns vor den Augen tanzen. Während einige dieser Blumen schön sind, sind andere unglücklicherweise bloß Unkraut. Aber ganz gleich, ob es sich um Unkraut oder schöne Blüten, Täuschungen oder Fantasien handelt, sie behindern unsere Sicht. Sie vermitteln uns kein klares Bild von unserem Leben oder den Menschen darin. Ganz gleich, wie viel Glück oder Entzücken sie uns bescheren, Handlungen, die auf Täuschungen basieren, sind falsch. Sie führen nicht dorthin, wohin wir zu gehen glauben, noch schenken sie uns die Ergebnisse, nach denen wir uns so sehr sehnen.

Imaginäre Blumen am Himmel

Ein Bruder und zwei Schwestern, die sich eine Zeit lang nicht gesehen hatten, trafen sich zu einem Mittagsimbiss. Eine der Schwestern musste umziehen, und die drei hatten beschlossen, kurz miteinander essen zu gehen, bevor sie sich gemeinsam Riverdale ansehen wollten, den Ort, für den sie sich interessierte. Sie trafen sich in einem Schnellrestaurant, bestellten Sandwiches, und vor lauter Glück, einander zu sehen, fingen sie an, in alten Erinnerungen zu schwelgen. Nach dem Essen wollten sie nach Riverdale aufbrechen, das eine halbe Stunde entfernt lag, aber während sie Erinnerungen an längst vergangene Zeiten austauschten, kamen ihnen andere Einfälle.

»Ich glaube nicht, dass Riverdale das Richtige ist«, sagte der Bruder aufs Geratewohl. »Weißt du noch, wie sehr du immer das Meer geliebt hast? Dorthin solltest du ziehen. Wie wäre es mit Bay Ridge, Brooklyn?«

»Bay Ridge«, rief die andere Schwester. »Er hat Recht. Es fühlt sich besser an. Salzluft, lange Spaziergänge am Ozean.«

Keiner von ihnen kannte Bay Ridge sehr gut oder wusste, wie man dort hinkam.

»Nein«, trällerte die andere Schwester. »Wo du Brooklyn erwähnst, muss ich an Park Slope denken. Allein der Klang – Park Slope.«

»Park Slope ist der Ort für dich«, antwortete der gut gelaunte Bruder aufgeregt. »Ich habe wunderbare Dinge darüber gehört – gewundene Straßen, freundliche Gesichter. Es soll dort einen herrlichen Park geben. Stell dir die Bäume im Herbst vor mit den kurvenreichen Fahrradwegen.«

Natürlich war auch er niemals dort gewesen. Während die Zeit verging, schwelgten die drei in Fantasien über Orte. Ein Bild löste das nächste ab, eine Fantasie folgte der anderen, und bevor sie es überhaupt merkten, war die Zeit schon vorgerückt. Es war kurz vor dem Feierabendverkehr.

»Es hat jetzt keinen Zweck mehr, irgendwohin zu fahren. Wir geraten in einen furchtbaren Verkehr«, sagte diejenige, die sich etwas ansehen wollte. »Am besten bleiben wir, wo wir sind, und bestellen noch mehr Nachtisch.«

Genauso wirken sich Fantasien auf uns aus. Sie können von uns Besitz ergreifen, uns beherrschen, lähmen, verblüffende Bilder vorgaukeln (die gewöhnlich sehr wenig mit der Wirklichkeit zu tun haben) und entweder das konstruktive Handeln unterbinden oder uns zu Handlungen provozieren, die in einen Irrgarten münden.

Die Schwestern und der Bruder schwelgten in ihren Fantasien. Ihre wirren Vorstellungen darüber, wohin sie fahren sollten, gründeten auf der Missachtung der alten Zen-Lehre: »Irgendwohin zu gehen bringt dich nirgendwo anders hin.«

Dieser Spruch besagt, dass wir unsere Fantasien überall hin mitnehmen, und fordert uns auf, den Ort zu finden, wo wir wirklich zu Hause sind.

Die Grundlage der Täuschung

Was ist die Grundlage der Täuschung oder des Gefühls, dass wir hierhin und dorthin laufen müssen, um unser Glück zu finden? Was hält dieses Gefühl in unserem Leben so fest verwurzelt? Warum klammern wir uns so hartnäckig daran?

Das Gefühl, dass nur das, was vor unseren Augen liegt, wirklich ist, und es in uns etwas gibt, was fehlt und was wir in der Welt finden müssen, ist das Wesen aller Illusion. Diese Art von Missverständnis kommt daher, dass wir nicht wissen, wer wir wirklich sind, was das Leben ist und was wir hier tun. Wir haben die Sehnsucht, jemand Wichtiges zu werden und das Leben lebenswert erscheinen zu lassen.

Diese Begierde gründet natürlich auf dem Glauben, wir seien nicht schon wichtig genug, so wie wir sind, und das Leben, so wie es ist, sei nicht lebenswert. Sie beinhaltet, dass es in unserer Hand liegt, etwas aus uns »zu machen«, und dass wir in unserem jetzigen Zustand nicht ganz und vollkommen sind. Sie verleugnet die uns innewohnende Buddha-Natur.

Die Buddha-Natur existiert immer in uns. Sie kann nicht von uns erschaffen werden, sie kann nur gefunden, gelebt und wiedererkannt werden. In der Zen-Praxis erkennen wir sie, indem wir den Täuschungen, die wir über uns hegen, keine Beachtung schenken und sie ablegen. Wir ignorieren das hartnäckige Gefühl, dass wir nicht genügen und irgendetwas oder irgendjemand anderer werden müssen.

Wenn wir uns langweilen, einfach sitzen, nichts tun und die Träume kommen und gehen lassen, indem wir sie als das sehen, was sie sind – als Illusionen ohne Grundlage –, löst sich unsere selbst geschaffene Identität, das Ego, auf. Wenn wir auf diese Weise sitzen, werden wir zu nichts, haben nichts zu tun, brauchen an nichts zu denken und nirgendwohin zu gehen. Wir ziehen aus unserer gesellschaftlichen Identität aus. Unsere Träume über uns finden keine Bleibe mehr. Obwohl dies für viele Menschen schmerzhaft ist, ist es ein ausgezeichneter erster Schritt, um den Palast zu erreichen, in dem unser wahres Selbst wohnt.

> Es ist nicht notwendig, dass du aus dem Hause gehst.
> Bleib bei deinem Tisch und horche.
> Horche nicht einmal, warte nur.
> Warte nicht einmal, sei völlig still und allein.
> Anbieten wird sich dir die Welt zur Entlarvung,
> sie kann nicht anders, verzückt wird sie sich vor dir winden.
>
> *Franz Kafka*

Die Buddha-Natur erkennen

Um unsere Buddha-Natur zu erkennen und aus ihr zu leben, müssen wir zuerst begreifen, dass das Leben, das wir leben, unecht ist, angefüllt von Spielzeug, das uns nicht das Gefühl von Sinn geben kann, nach dem wir uns sehnen. Es ist ein Leben der Hypnose, der Sucht und der Versklavung an die Außenwelt, ein Leben, das von Träumen, Ungewissheiten, Krankheiten und Verlust beherrscht wird. In Wirklichkeit leben wir unser kostbares Leben gefangen in einer Fata Morgana. Während wir nach dauerhaftem Glück und Frieden suchen, werden wir durch die Fall-

stricke der täglichen Erfahrung über kurz oder lang des-
illusioniert und erschöpft. Unsere Suche scheint keine
Früchte zu tragen. Aber das stimmt nicht ganz. Wie Langeweile ist auch Desillusionierung eine ausgezeichnete
Erfahrung, ein notwendiger Schritt, bevor wir bereit sind,
mit beiden Füßen fest auf der Erde zu stehen.

Es ist unbedingt notwendig, imstande zu sein, Langeweile oder das zu ertragen, was sich wie fehlende Anre-
gung oder Leere anfühlt. Diese Leere, die wir anfänglich
verspüren, ist keine wirkliche Leere, sondern das Schweigen und die Einfachheit, vor denen wir uns im Leben so
fürchten. Es ist bloß das Aufgeben der Illusionen und der
falschen Begeisterung, die sie erzeugen.

Ein berühmtes Koan, das die Frage behandelt, was die
Welt der Illusion und was die Zen-Praxis ist, lautet:

»Ein Mönch sagte zu Unmon: ›Die Welt ist unermesslich weit. Warum legen wir beim Erklingen der Glocke
unser Gewand an?‹«

Die Welt ist unermesslich weit: so viele Freuden, so viele
wunderbare Dinge, die man unternehmen kann. Warum
halten wir beim Erklingen der Glocke inne, legen unser
Gewand an und setzen uns auf das Kissen? Warum tau-
schen wir unsere so genannte Freiheit gegen Strenge und
Langeweile ein? Warum kosten wir das Bittere ebenso wie
das Süße? Laufen wir weg und verlassen die Welt? Wo *ist*
diese Welt, die so unermesslich weit ist? Wie können wir
sie wirklich genießen?

Wie heißt dein Fall?

Als die Zen-Schülerin Maya gebeten wurde, bei einem
Sesshin einen Vortrag zu halten, wollte der oberste Mönch
wissen, über welches Koan sie sprechen würde.

»Wie heißt dein Fall?«, fragte er.

»Ich bin der Fall«, sagte sie.

Wir alle sind der Fall. Unser eigenes Leben ist der Fall.
Jeden Tag bekommen wir unsere Koans. Zu der wunderbaren Medizin dieses Übungswegs gehört, die Wahrheit in
allem zu finden, was geschieht.

Bei unserem Üben geht es nicht um jemand anderen.
Unsere Koans drehen sich nicht um Männer aus längst
vergangenen Zeiten. Wir gewinnen unser eigenes Leben
zurück, holen uns selbst aus der Verzauberung heraus, aus
den vielen Zaubern, unter die wir gestellt wurden und uns
selbst Tag für Tag stellen. Um dies zu tun, müssen wir bereit sein, Illusionen als die Seifenblasen anzusehen, die sie
sind. Auch wenn sie schön sind, müssen sie am Schluss
platzen. Wir müssen durchschauen, was die Medizin ist
und was das Gift.

Wenn wir unsere Illusionen ablegen und unser Spielzeug weglegen, was bleibt uns dann? Was für eine Art von
Leben haben wir dann?

> Zen ist das einfache Leben, deinen Reis zu essen
> und dann deine Schüssel auszuwaschen.
>
> *Alter Zen-Spruch*

Vielen erscheint das schlichte und einfache Leben – das
Leben, das darin besteht, Reis zu essen und die Schüssel

auszuwaschen – als langweilig, aber in Wahrheit ist es ein Leben, das wir hoch schätzen sollten. Es ist das Leben des angemessenen Handelns, das zur rechten Zeit erfolgt. Aber wie viele stehen im Einklang mit der Natur, ihrem Körper und ihren wahren Bedürfnissen? Das Leben der meisten Menschen wird nicht von natürlichen Rhythmen gelenkt, sondern von Täuschungen und wilden Fantasien. Es steht unter destruktiven, von der Gesellschaft erlassenen Geboten wie: »Dünn ist schön, und dick ist hässlich.« »Ich muss dünn und schön sein, ganz gleich, was mein Körper mir sagt. Ich werde heute morgen nichts essen, ich werde laufen, bis ich umfalle, um abzunehmen.« Wer so denkt, wird nie die natürliche Schönheit und den wahren Körper entdecken, aus denen heraus wir jeden Tag leben. Erst wenn uns das gelingt, normalisiert sich der Hunger, und wir essen das, was an diesem Tag richtig ist.

Unseren natürlichen Körper finden

Wir alle haben unseren natürlichen Körper: den inneren Leib aus echten Bedürfnissen und Gefühlen. Ein großer Fehler, den viele Menschen im Zusammenhang mit Zen begehen, ist zu glauben, dass die Zen-Praxis sie in Zombies oder Roboter verwandelt, dass der Übende die physische Welt »transzendiert«. Nichts ist weiter von der Wahrheit entfernt. Dieser Weg verhilft uns dazu, in unseren Körper hineinzugehen und voll und ganz in der Welt zu leben. Er bringt uns unmittelbar in Einklang mit unseren natürlichen Rhythmen.

Aus Fantasie und Illusion zu leben bewirkt das Gegenteil. Es macht es uns unmöglich, die Wahrheit unseres Lebens, so wie wir es leben, Augenblick für Augenblick zu hören, zu fühlen und zu erkennen. Es macht uns anfällig für Manipulationen und das Bedürfnis, die Fantasien anderer auszuleben. Ein solches Leben ist niemals lebenswert. Am Ende fragt sich der Mensch, wo seine kostbaren Jahre geblieben sind, was mit seiner Energie geschehen ist und was er am Schluss übrig hat.

> Der Pfeil, abgeschossen und verbraucht,
> fällt herab und kehrt wieder zur Erde zurück.
>
> *Alter Zen-Spruch*

Der Pfeil ist unser Leben. Ist es einmal verbraucht, zerstreut in Spielzeug und Träume, fällt es erschöpft herab und kehrt wieder zur Erde zurück. Um unseren natürlichen Körper oder unsere so genannte wahre Natur zu finden, lassen wir uns auf den lebenslangen Übungsprozess ein, uns nicht von natürlichen Bedürfnissen, sondern von falschen Wünschen und Gelüsten leer zu machen.

Praktisches Zen

Übung 1: Lass Langeweile zu

Schreiben Sie drei Tätigkeiten auf, die Sie total langweilen. Dann tun Sie eine davon pro Tag. Tun Sie sie, solange Sie es ertragen können. Erleben Sie die Langeweile voll und ganz.

Übung 2: Genieße Tagträume

Schreiben Sie Ihre Lieblingsfantasien, Tagträume und Illusionen auf, diejenigen, in die Sie sich flüchten, wenn es besonders ungemütlich wird. Gehen Sie in die Einzelheiten. Sitzen Sie da und genießen Sie sie. Beschließen Sie, 15 Minuten pro Tag nichts anderes zu tun, als sich in Tagträumen zu ergehen und zu fantasieren. Wenn diese 15 Minuten um sind, lassen Sie die Tagträume los.

Wenn Sie feststellen, dass Sie zu anderen Zeiten fantasieren, seien Sie sich dessen bewusst. Unterbrechen Sie die hartnäckigen Illusionen einfach dadurch, dass Sie zur Kenntnis nehmen, dass Sie schon wieder im Tagträumen befangen sind. Wenn Sie das immer wieder tun, wird den Fantasien der Boden entzogen, und sie verlieren ihre Macht. Sie werden überrascht feststellen, wie die Illusionen sich einmischen und nach Ihrem kostbarsten Besitz greifen – Ihrer Lebenskraft und Aufmerksamkeit. Ihre Zeit und Aufmerksamkeit sind kostbare Ressourcen. Erlauben Sie den Illusionen nicht, sie Ihnen zu stehlen.

Übung 3: Gib Spielzeug weg

Suchen Sie sich etwas, was Sie als Spielzeug verwendet haben und von dem Sie sich jetzt verabschieden können. Geben Sie es weg. Beobachten Sie, wie es ist, ohne es zu sein. Was taucht an seiner Stelle auf?

Verfahren Sie nun ebenso mit einem anderen Spielzeug, wenn Sie bereit sind. Geben Sie das Spielzeug weg, immer eins nach dem anderen. Stellen Sie fest, wie Sie sich fühlen und wie Ihr Leben ohne es aussieht.

Fall 37 aus dem Mumonkan:
Joshus Eichbaum

Ein Mönch fragte Joshu: »Welchen Sinn hat das Kommen des Bodhidharma nach China?« Joshu antwortete: »Der Eichbaum da im Garten.«

Mumons Kommentar

Könnt ihr Joshus Antwort klar durchschauen, gibt es keinen Shakyamuni in der Vergangenheit, keinen Maitreya-Buddha in der Zukunft.

Mumons Vers

Worte enthalten nicht die Wirklichkeit.
Die Rede vermittelt nicht den Geist.
An Worten haftend verliert man die Realität.
An Sätzen hängen führt zur Täuschung.

Der Eichbaum im Garten steht in seiner ganzen Erhabenheit da. Sobald Sie ihn sehen, verblassen die Träume.

14

Wenn sich Medizin in Gift verwandelt

Zen-Wunder 14
*Wir können zwischen Gift
und Medizin unterscheiden.*

Die ganze Welt ist Medizin.
Worin besteht die Krankheit?
Alter Zen-Spruch

Süße Medizin und bittere Pillen

Wir leben auf der Welt und wissen nicht, was Medizin und
was Gift (oder Täuschung) ist. Wir wissen nicht, was wir
wirklich brauchen, was uns stark, gesund, klar und mit-
fühlend macht und was innere Qual zur Folge hat. In uns
herrscht sehr viel Verwirrung. Wenn uns etwas gefällt,
wenn es uns gut schmeckt und sich gut verdauen lässt,
glauben wir, es sei gut für uns. Wenn wir einen Menschen
mögen und ihn für reizend, nett und charmant halten,
glauben wir, das sei die Medizin. Nach dieser Art von
Mensch, Kost oder Erfahrung halten wir Ausschau. Wir
laufen zu all dem hin, was süß und köstlich schmeckt.
Dann verändern sich die Dinge plötzlich. Bestürzt gehen

wir zu einem Therapeuten und sagen: »Es hat so gut ange-
fangen. Er war erst so reizend, nett und charmant. Jetzt
hat es sich als Katastrophe entpuppt. Wie kommt es, dass
ich so betrogen worden bin?«

Natürlich werden wir nie von Menschen betrogen, sondern nur von unseren eigenen falschen Erwartungen. Wenn
Menschen eine Beziehung haben, die süß und schön erscheint und in der sie alles bekommen, was sie haben wollen, verstehen sie mitunter nicht, warum es ihnen irgendwann schlechter geht, sie schwächer und abhängiger werden
oder sich zunehmend davor fürchten, vom Partner verlassen zu werden. Wenn die Situation Sie schwächt, ist sie
Gift.

Andererseits können wir an Menschen und in Situationen geraten, die außerordentlich bitter sind und uns nicht
gefallen. Sie sind schmerzhaft, und wir wollen weglaufen.
In solch einer Lage gehen manche Menschen in die Therapie und fragen: »Warum kann ich keine Beziehung haben,
in der es normal und gesund zugeht? Wie kommt es, dass
ich immer angeschrien werde? Ich verdiene diese Behandlung nicht. Ich werde Schluss machen.«

Selbstwert aufbauen

Die meisten Therapeuten sind sich einig, dass ihre Patienten es nicht verdienen, schlecht behandelt zu werden. Sie
glauben, dass sie Medizin von Gift trennen können, indem
sie den Patienten helfen, positive Beziehungen und Umstände zu finden, die sich für das Selbst konstruktiv anfühlen. Dadurch sollen die persönlichen Bedürfnisse des
Betreffenden erfüllt und dessen Selbstwertgefühl gesteigert

werden. Während das einerseits natürlich wünschenswert ist, besteht auch die Gefahr, einem falschen Ich und falschen Stolz Vorschub zu leisten und Menschen das Gefühl zu vermitteln, ihre Welt drehe sich um die Befriedigung ihrer Bedürfnisse – was sie von ihrem wahren Wert trennt. Dabei wird stillschweigend vorausgesetzt und nicht in Zweifel gezogen, dass das Selbstwertgefühl der Betreffenden in diesen Fällen darauf gründet, dass sie von jemand anderem angemessen und mit Achtung behandelt werden. Sie fühlen sich gut, wenn sie »süße« Erfahrungen im Leben machen, ihre Ziele erreichen und die Liebe gewinnen, nach der sie sich sehnen. Ist das nicht der Fall oder verlieren sie die Liebe, die ihnen so am Herzen liegt – was dann?

Die Beziehungen, die sich wie Medizin anfühlen, können Gift sein, wenn sie ein Gefühl von falschem Stolz fördern und eine aufgeblasene, fordernde Persönlichkeit bedienen, die nur zufrieden ist, wenn sie bekommt, was sie will, und andere Menschen als Instrument der Wunscherfüllung benutzt.

Die tiefere Frage, *wer* eigentlich nach Anerkennung giert, bleibt unbeachtet. Es kann sein, dass dabei das Gewahrsein, dass es ein größeres Selbst in uns gibt, zum Verschwinden gebracht wird.

Die Zen-Praxis funktioniert anders. Sie löst das falsche Ich und den falschen Stolz auf, sodass die Buddha-Natur zum Vorschein kommen kann.

Schrei mich nicht an

Der Zen-Schülerin Maya war es ein besonderer Gräuel, angeschrien zu werden. Sie tat alles, um sich dieser Erfahrung nicht auszusetzen. Prompt wurde sie, als sie mit Zen anfing, von ihrem Lehrer dauernd angeschrien. Er schrie sie für alles, was sie tat, an und sie weinte. Daraufhin schrie er wieder. Schließlich wurde ein Spaß daraus. Wenn drei Leute redeten, statt zu schweigen, hörte der Lehrer nur Maya, stoppte das Gespräch und stellte nur sie zur Rede. Nachdem das oft genug vorgekommen war, verlor es schließlich an Bedeutung. Sein Schreien wurde zu einer Art Gewitter, nichts, was gegen sie persönlich gerichtet war. Es war wie ein kalter Wind, der von Norden wehte. Als Maya mit dem Anschreien keine Probleme mehr hatte, hörte es auf.

Anfangs dachte sie: »Dieses Anschreien ist Gift. Warum muss man sich so etwas Furchtbares und Schmerzhaftes antun?« Eine ähnliche Erfahrung machen wir, wenn wir auf dem Kissen sitzen und uns alles wehtut. Wenn wir anschließend aufstehen und weggehen, wundern wir uns, warum wir uns so stark fühlen, so als ob wir unser Leben viel besser im Griff hätten.

Im Honig gefangen

Wenn wir nur zu Dingen und Menschen laufen, die gut schmecken und sich gut anfühlen, sind wir im Honig gefangen wie die Bienen. Die Sucht nach der Süße des Lebens kann eine Falle sein, und oft finden wir nicht aus ihr heraus. In diesem Fall verwandelt sich die Süße in eine neue Art Gift.

Mulla Nasrudin, der Narr in der Sufi-Tradition, aß eine scharfe Pfefferschote. Ihm liefen die Tränen, weil sie so scharf war. Dann aß er die nächste, die noch schärfer war, und anschließend die nächste. Er fand es furchtbar.

Er wurde gefragt: »Warum isst du denn all diese scharfen Pfefferschoten?«

Er sagte: »Ich warte auf eine süße.«

So geht es uns auch. Wir warten auf eine süße – eine »süße« Meditation, Person, Situation. Wir warten auf das Gute und merken nicht, dass das Bittere selbst gut sein kann. Beim Zen sitzen wir nicht und warten auf süße Pfefferschoten. Wir begreifen, dass die Pfefferschoten alle scharf sind, und hören auf, uns nach einer süßen zu sehnen. Gewöhnlich sind wir immer unzufrieden mit dem, was uns gegeben wird, dem Ort, an dem wir sind, und den Menschen, die uns begegnen. Die Leute beklagen sich ständig: »Er ist nicht groß genug, nicht intelligent genug, zu unruhig. Er kommt im Monat nur drei Stunden zu Besuch und verschwindet dann wieder.« Wir warten darauf, dass die Person oder die Situation richtig sein soll, damit wir uns gut fühlen können.

In der Zen-Praxis heißt es, wir sollten uns mit dem Bitteren und dem Süßen vertraut machen, denn das ist es, was auch wir selbst sind. Probieren Sie beides gründlich, und bekommen Sie keine Magenschmerzen. Wir bekommen bei unseren Erfahrungen oft so große Magenschmerzen, weil wir gar nicht richtig kauen. Wir beurteilen sie, hassen sie, kauen sie nicht gründlich und nehmen sie in uns auf. Zazen ist der Prozess, unsere Erfahrung gründlich zu kauen, ganz gleich, worin sie besteht, sie zu schmecken

und zu schlucken. Das ist sehr schwierig, sehr schmerzhaft und zugleich sehr kräftigend. Wenn uns das gelingt,
finden wir zu unserer Überraschung vielleicht heraus, dass
das, was wir für Gift hielten (was verletzend und Angst erregend war), in Wirklichkeit Medizin war. Irgendwie macht
es uns gesund.

Ein Feuer in der Küche

Maya rief Sara, eine andere Zen-Schülerin, an, und sagte:
»Rat mal, was passiert ist. Trotz der furchtbaren Rückenschmerzen, unter denen ich schon seit einiger Zeit leide,
habe ich am Feiertag das Festessen zu Hause veranstal-
tet.«

Sara sagte: »Und?«

»Während des Essens ist ein Feuer in der Küche ausge-
brochen, Fett ist über den Fußboden gelaufen, jemand hat
sich verbrannt, und ich bin auf den Rücken gefallen.«

Sara war bestürzt. Sie sagte: »Ein Feuer in der Küche?
Warum?«

Ein Feuer in der Küche, warum? ist auch eine Art Koan.
Jeder will wissen, *warum*. Bei diesem speziellen Feuer
geht es jedoch darum, wie sich Medizin in Gift verwandelt
und umgekehrt.

Maya bereitete das Essen für den Feiertag zu, obwohl sie
krank war und starke Rückenschmerzen hatte. Als das Essen serviert werden sollte, musste wegen ihrer Rückenbe-
schwerden einer ihrer Söhne in die Küche gehen und den
großen Topf aus dem Ofen holen. Der Topf war schwer
und glitt ihm beim Anfassen aus den Händen, woraufhin
das heiße Fett heraussprizte und sich auf der Ofentür,

dem Fußboden und seinen Beinen verteilte. Flammen schossen aus dem Ofen, und er schrie: »Hilfe, ich habe mich verbrannt.«

Entsetzt sprang Maya auf. Sie lief in die Küche, ohne zu merken, dass überall auf dem Boden Fett klebte. So rutschte sie aus und fiel auf den Rücken. Völlig geschockt, lag sie bewegungslos da wie eine Tote.

Alex, ein weiterer Gast, lief hinter ihr in die Küche und rief aus: »Sie ist tot«, woraufhin ihr Bruder auf den Tisch schlug mit den Worten: »Das ist ja die reine Hölle hier.«

Völlig aufgelöst stürzten alle in die Küche, um zu helfen. Nur ihr Bruder bewegte sich nicht vom Fleck, sondern blieb sitzen und aß weiter, erstarrt vor Angst, was als Nächstes folgen würde.

Da Maya sich in ihrem Schock immer noch nicht bewegte, rief Alex: »Es ist aus. Sie ist tot.«

Das machte Maya wieder munter, und sie sagte: »Nein, ich lebe noch.«

Während sie auf dem Boden lag, fing sie natürlich an, sich zu fragen: »Warum passiert mir das? Was habe ich falsch gemacht? Werde ich an diesem Feiertag mit einem Feuer bestraft?«

Trotz ihrer sorgenvollen Gedanken ging das Feuer von selbst aus, die Verbrennungen des Sohnes waren rasch gelindert, und auch sie selbst konnte bald wieder aufstehen. Sie war zwar zittrig, aber der Schmerz in ihrem Rücken war verschwunden; er hatte sich weiter nach unten ins Steißbein verlagert. Das tat zwar weh, aber nicht so sehr wie vorher. Der furchtbare Schmerz war verschwunden.

Francine, eine sensible Frau, die ebenfalls zu Gast war, schwieg die ganze Zeit. Sie war entsetzt über die Vorgänge. Francine empfand eine ungewöhnlich starke Abneigung gegen Unordnung und Hausarbeit und hatte bei sich zu Hause immer jemanden, der für sie putzte. Als sie aufstand und in die Küche schaute, musste sie würgen. Überall war Fett verspritzt, und jeder musste anpacken. Francine bekam einen feuchten Lappen und einen Mopp in die Hand gedrückt und wurde gebeten, den fettigen Fußboden aufzuwischen.

Jeder Gast hatte das bekommen, was er oder sie fürchtete oder verabscheute. Maya war auf den Rücken gefallen; Francine musste den Fußboden putzen; der Sohn, der unter einer Feuerphobie litt, hatte sich verbrannt. Medizin oder Gift? Natürlich ist unsere erste Reaktion auf solche Ereignisse, zu fragen, warum das passiert ist.

Das Denken fängt sofort an, nach Erklärungen zu suchen und sich Gründe zu überlegen. Am Ende sind wir in einem Nebel von Erklärungen verloren, die oft mehr Schmerz bereiten als das eigentliche Unglück. Das Gute bei einem Sturz ist, dass er all solchen Überlegungen auf der Stelle ein Ende setzt. Peng! Maya ging hundertprozentig in der Erfahrung auf. In diesem Augenblick verschwanden nicht nur ihre Gedanken, sondern auch der Schmerz. Als sie aufstand, ging es ihr gut.

Woher wissen wir, was uns Heilung bringen wird? Beim Zen fangen wir nicht an, uns Antworten zu überlegen, sondern nehmen einfach den Schlag hin – peng. Wir schlagen nicht zurück, wir hassen niemanden, auch nicht uns selbst. Üben bedeutet einfach, den Schlag hinzunehmen. Schmerz kommt. In Ordnung. Freude kommt. Gut. Wir schieben weder das eine weg, noch ziehen wir das andere zu uns heran. Es ist anmaßend zu glauben, wir wüssten immer, was was ist.

Wir werden nur eine heilende Lösung für unser Leben

finden und das Spielzeug weglegen, wenn wir bereit sind, unsere Erfahrungen hinzunehmen und uns für alles zu bedanken, was kommt. Im *Lotus-Sutra* heißt es: »Wende dich von dem ab, was falsch ist, und du wirst das finden, was wahr ist.« Aber allein erkennen zu können, was falsch und was wahr ist, bedarf großer Übung.

Wenn wir uns von dem abwenden, was falsch ist, wird das, was wahr ist, von sich aus in Erscheinung treten. Wir müssen mitunter auf die Wahrheit warten und dürfen keine Halbwahrheiten und Lügen als Wahrheit akzeptieren. Wenn wir einen Augenblick der Wahrheit erleben, wissen wir es. Unsere Knochen, unsere Zellen, unser Herz, sie alle wissen es. Wir wissen es, wenn wir einen Augenblick des Mitgefühls für einen anderen Menschen erleben. Aber zu erkennen, was Gift ist und was die Medizin, ist nicht so einfach. Manchmal ist das, was wie ein Teil der Heilung aussieht, Teil der Krankheit.

Wir erkennen, dass es Medizin und nicht Gift ist, daran, dass wir Liebe, Mitgefühl und Freude dabei erleben. Aber wir sollten nicht vergessen, dass Gift sich ständig in Medizin verwandelt und Medizin in Gift. Das eine ist nicht schlecht und das andere gut. Ohne Gift gibt es keine Medizin, ohne Medizin kein Gift. Es wechselt hin und her. Wenn wir in einem Augenblick des Gifts sitzen, ist das oft selbst die Medizin.

Von Rumi gibt es ein Gedicht dazu. Was bei ihm Liebe heißt, heißt bei uns Mitgefühl, Einssein oder Wachsein.

> Durch Liebe wird das Bittere süß.
> Durch Liebe wird aus Kupfer Gold.
> Durch Liebe wandelt sich der Bodensatz in reinsten Wein.
> Durch Liebe wird aus Schmerzen Medizin.

Schallendes Gelächter

Jahrelange Suche am Rand des Berges,
jetzt großes Gelächter auf dem Grund des Sees.

Alter Zen-Spruch

Als Maya nach dem Essen merkte, dass es ihr gut ging, brach sie in schallendes Gelächter aus. Worin besteht der Witz? Was ist dieses schallende Gelächter? Warum ist es so schwierig, dort hinzukommen? Warum ist das Erklingen dieses schallenden Gelächters die wunderbarste Medizin überhaupt?

Schallendes Gelächter bedeutet auch, große Freiheit und große Freude an allem zu empfinden. Wir haben endlich aufgehört zu suchen und sind imstande, all das, was uns gegeben wird, zu schmecken, zu empfangen und zu würdigen. Was für eine wunderbare Weise, uns für das Wunder, lebendig zu sein, zu bedanken. Solange wir das schallende Gelächter noch nicht erreicht haben, bekämpfen wir die Welt vielleicht immer noch, verstecken uns vor ihr in unseren Fantasien oder versuchen, sie zu etwas zu machen, was sie nicht ist; oder wir sind gefangen darin, endlose Interpretationen und Bedeutungen für die Dinge zu konstruieren, mit denen wir zu tun haben.

Wir haben in dem Glauben gelebt, dass etwas an diesem unglaublichen Universum, das sich tagtäglich unseren Augen bietet, auszusetzen ist, dass das Leben selbst, so wie es kommt, nicht genügt. Das hat uns völlig wahnsinnig gemacht. Wir glauben, es liege in unserer Hand, alle Umstände, Ereignisse und Menschen zu kontrollieren, denen wir begegnen. Wir haben Therapeuten, Ärzte und Psychiater aufgesucht, die in demselben Dilemma stecken. Wir laufen überall hin auf der Suche nach unserer wahren Heilung oder unserem wahren Leben.

Das Leben heißt für uns Menschen, lebendig zu sein. Wenn Sie sich vom Leben abtrennen, werden Sie sterben. Wenn Sie aus Träumen, Forderungen und Fantasien leben, trennen Sie sich vom Leben ab und bringen Ihre Zeit als Gespenst zu. Das heißt, dass Sie Ihr Leben als unechter Mensch leben, immer im Kampf oder Widerstand mit diesem oder jenem. Sie werden den Schmerz hassen und sich nur an die Lust klammern, die Bösen hassen und nur die Guten lieben. Sie werden niemals wirklich lebendig sein oder den Spruch verstehen: »Nirwana ist Samsara – Samsara ist Nirwana.«

Dieses Leben selbst ist der Himmel

Samsara ist die Welt der Erscheinungen, unser alltägliches Leben mit all den sich wiederholenden Kämpfen, Konflikten, Sehnsüchten, Freuden und Enttäuschungen. *Nirwana* wird als Ort betrachtet, an dem Frieden und Gleichmut herrschen, der frei ist vom ständigen Auf und Ab. Die meisten Menschen meinen, dass sie, um Frieden und Gleichmut zu erlangen, ihrem Leben oder dem Samsara eine irgendwie geartete Absage erteilen müssen, dass sie der Welt der Erscheinungen entrinnen oder sie kontrollieren müssen. Einige begeben sich dauerhaft auf einen Berg, um zu meditieren, andere identifizieren sich nur mit bestimmten kleinen Gruppen und weisen alle Menschen sonst zurück. Verwirrung und Wut schwellen unkontrollierbar an, angeheizt durch Illusionen und Selbstgerechtigkeit.

Die Zen-Praxis setzt dem ein Ende. »Nirwana ist Samsara« bedeutet, dass die Welt der Erscheinungen – das alltägliche Leben – der Ort ist, wo der wahre Frieden zu finden ist, von dem niemand und nichts ausgeschlossen ist. Betreten Sie das wirkliche Leben, und leben Sie es voll und ganz. Trennen Sie sich nicht ab.

> Wenn ich, ein Schüler des Dharmas,
> die wahre Gestalt des Universums anschaue,
> ist alles die niemals versagende Manifestation
> der geheimnisvollen Wahrheit.
> In jeglichem Ereignis, jeglichem Augenblick
> und an jeglichem Ort kann nichts je etwas anderes sein
> als die wunderbare Offenbarung ihres herrlichen Lichts.
>
> Aus dem *Bodhisattva-Gelübde* des Torei Enji

Praktisches Zen

Übung 1: Worin besteht die Krankheit?

Was würden Sie in Ihrem persönlichen Leben als Krankheit betrachten? Wie behandeln Sie sie? Welche Medizin nehmen Sie? Worin besteht die Krankheit, die Sie kurieren wollen? Denken Sie gründlich darüber nach. Schauen Sie die Krankheit noch einmal an. Und noch einmal. Jetzt schauen Sie sich nochmals die Medizin an. Beobachten Sie, ob Sie das alles auch anders sehen können. Gibt es eine andere Art, mit der Krankheit umzugehen, eine andere Art, Heilung zu finden?

Übung 2: Keinen Widerstand mehr leisten

Denken Sie an etwas, dem Sie großen Widerstand entgegensetzen. Setzen Sie sich friedlich damit hin. Heißen Sie es willkommen. Umarmen Sie es zutiefst. Erlauben Sie sich aber auch, Widerstand zu leisten. Leisten Sie noch mehr Widerstand, und finden Sie es in Ordnung. Geben Sie sich nun die Erlaubnis, die Angelegenheit aus Ihrem Leben verschwinden zu lassen. Schauen Sie sie nach einer Weile noch einmal an. Wenn wir dem Widerstand keinen Widerstand mehr leisten, kann sich etwas Neues ereignen. (Vielleicht wollen oder brauchen Sie das Alte nicht mehr. Oder es mag Ihnen leichter erscheinen, sich mit ihm zu befassen.)

Übung 3: Das Leben heißt für den Menschen, lebendig zu sein

Wo suchen Sie nach Ihrem Leben? Was gibt Ihnen das Gefühl, am lebendigsten zu sein? Was ist das Leben für Sie? Überdenken Sie diese Fragen, und erfreuen Sie sich an ihnen.

Erkennen Sie heute, Augenblick für Augenblick, dass jeder Mensch oder alles, was sich ereignet, das Leben für Sie ist. Das Leben ist nicht irgendwo anders. Achten Sie darauf, wie voll Sie das Leben annehmen können, das sich Ihnen jetzt zeigt.

Fall 87 aus dem Hekiganroku: Medizin und Krankheit kurieren sich gegenseitig

Unmon sagte zu seinen Schülern: »Medizin und Krankheit kurieren sich gegenseitig. Die ganze Erde ist Medizin. Zu welcher Seite gehört ihr?«

Setchos Vers

Die ganze Erde ist Medizin.
Damals und heute begehen Menschen einen großen Fehler.
Schließt das Tor, baut keinen Wagen.
Das Weltall ist die Straße, unermesslich groß und weit.
Irrtum, alles ist im Irrtum.
Obwohl sie ihre Nase in den Himmel stecken,
lassen sie sich immer noch einen Strick hindurchziehen.

15

Der wahre Mensch ohne Rang und Namen

Zen-Wunder 15
Wir können Türsteher werden.

Der Meister sprach vom hohen Sitz: »In diesem Klumpen aus rotem Fleisch ist der wahre Mensch ohne Rang und Namen. Er kommt und geht ständig durch die Tore eures Gesichts. Diejenigen, die noch keinen Beweis von ihm haben – seht, seht!«

Ein Mönch trat vor und fragte: »Was ist der wahre Mensch ohne Rang und Namen?«

Der Meister kam von seinem Sitz herunter, packte den Mönch und sagte: »Sag es! Sag es!«

Der Mönch zauderte.

Der Meister ließ ihn los und sagte: »Der wahre Mensch ohne Rang und Namen – was für ein Scheißstock er ist.« Damit kehrte er in sein Zimmer zurück.

Rinzai

Diese strenge, schonungslose Geschichte bringt das Wesen, den Geschmack und das Bestreben der Zen-Praxis zum Ausdruck. Es geht darum, den *wahren Menschen ohne Rang und Namen* zu finden, und hat man ihn einmal gefunden, sein Leben kraftvoll zu demonstrieren. Zögern funktioniert nicht. Nachahmung trifft auf Spott. Schöne Worte, die vertuschen, werden mit Verachtung gestraft, auf Scheinheiligkeit und Freundlichkeit wird getreten. Der wahre Mensch ohne Rang und Namen gibt nicht vor, ein Heiliger zu sein. Er ist die Quintessenz der Demut. Doch wenn er zögert und in sein falsches, stolperndes Selbst zurückfällt, nennt Rinzai ihn einen Scheißstock.

Der Scheißstock selber ist ein Koan. Bitte denken Sie daran, dass ein Scheißstock (oder Toilettenpapier) nicht besser oder schlechter als irgendetwas anderes ist. Auch er enthält die kostbare Buddha-Natur. Das Leben in seiner Gesamtheit verbindet sich in dieser Praxis, nichts wird ausgelassen.

Das wahnsinnige Ich

Der Scheißstock dient dazu, Schüler aufzuwecken und die Macht des wahnsinnigen falschen Ichs zu brechen. Sobald das falsche Ich und der falsche Stolz sich auflösen, kann der wahre Mensch ohne Rang und Namen sein Leben ungehindert leben. Ein Leben getrennt von unserem wahren Menschen ohne Rang und Namen zu führen ist letztlich mehr, als die meisten von uns ertragen können.

Die Behandlung, die der Meister seinem Schüler angedeihen ließ, mag zu rau, grausam oder rüde erscheinen. Doch in Wirklichkeit ist das nicht der Fall. Im Zen würde man sagen, dass der Meister seine ganze Kraft aufbot, um seinen Schüler aufzuwecken. Er war ihm gegenüber sogar so freundlich wie eine Großmutter.

Die Dringlichkeit der vor uns liegenden Aufgabe und die Gefahr, in Lügen verstrickt zu leben, sind so groß, dass man harte Methoden anwenden muss. Die Zeit spielt eine entscheidende Rolle. Nicht ein Augenblick darf verschwendet werden. Alles wird zu einer Chance, zu erwachen. Ein echter Lehrer ist beständig auf der Hut, um den richtigen Augenblick zu finden, den Schüler zu befreien. Wenn die Krankheit fortgeschritten ist, muss die Medizin stark sein. Die meisten Zen-Meister leben nach dem Motto: »Die große Not vor unseren Augen erlaubt es uns nicht, nach den Regeln vorzugehen.«

Marsha, eine ältere Frau, hatte seit zwanzig Jahren eine Beziehung zu einem gleichaltrigen Mann, der sie sehr liebte, obwohl sie nie geheiratet hatten. Dennoch hegte sie ständig die Befürchtung, dass er sie eines Tages für eine jüngere Frau verlassen würde. Insgeheim glaubte sie, dass er dann endlich das Kind haben würde, das er immer haben wollte. Mit den Jahren bekam dieser Gedanke für sie etwas Zwanghaftes. Ganz gleich, wohin sie fuhren und was sie unternahmen, sie war zunehmend der Überzeugung, dass so etwas bevorstünde. Natürlich verdarb das alle ihre gemeinsamen Unternehmungen und die schöne Zeit, die sie miteinander hätten verbringen können.

In einem Frühjahr fuhren sie ans Meer und erhielten ein Zimmer mit einer Veranda zum Ozean. Wie es der Zufall wollte, wohnten auf der Veranda nebenan ein älterer Mann mit einer jüngeren Frau und einem kleinen Kind. Das war der Inbegriff dessen, was Marsha am meisten fürchtete.

Es ist nichts Ungewöhnliches, dass wir das anziehen, wovor wir uns am meisten fürchten. Da saßen sie nun also fest, am Meer neben dieser Veranda. Marshas Freund begann, sich die Familie anzuschauen, und sagte: »Sieh dir das mal an. Was für eine junge Frau er hat!«

Von da an waren die Ferien für Marsha vorbei. Sie war am Boden zerstört, konnte nicht schlafen, wollte nichts essen und fühlte sich, als ob ihre Welt in Stücke zerbrochen sei.

»Von da war ich nichts mehr«, sagte sie. »Mein jugendlicher Elan, meine Schönheit, mein ganzer Selbstwert waren wie weggeblasen.«

Als sie am nächsten Tag am Strand saßen, kam auch das Paar mit dem kleinen Kind dorthin, und Marsha begann, fürchterliche Gefühle gegen sie alle zu hegen. Es kam so viel Hass in ihr hoch, dass es ihr selbst angst und bange wurde. Da saß sie nun, hatte einen wunderbaren Urlaub, die Sonne schien, und sie war von Hass und Angst erfüllt.

In dem Gespräch, das sie bald darauf mit den Leuten anfing, stellte sich jedoch heraus, dass die beiden kein Liebespaar, sondern Vater und Tochter waren. »Aha«, sagte sie, und von da an begann ihr das hübsche Kind zu gefallen. Nur wenig später erfuhr sie, dass der ältere Mann abgesehen von seiner Tochter allein lebte. »Wie wohltuend«, dachte sie. Jetzt konnte ihrem Freund endlich klar werden, dass auch ältere Männer oft im Stich gelassen wurden. Als sie dann noch den Eindruck hatte, dass der alleinstehende Mann sie bewundernd anschaute, jubilierte sie innerlich und fühlte sich schön und überglücklich. Die Nacht davor hatte sie vor lauter Qual nicht schlafen können, jetzt saß sie strahlend am Strand.

Das sind die Machenschaften des falschen Ichs und des falschen Stolzes. In einem Augenblick grundlos von Hass auf das Kind erfüllt, im nächsten Augenblick himmelhoch jauchzend, weil die Umstände anders aussehen und sich das Ich wieder liebenswert fühlt.

Zazen bekämpft dieses intensive Übel, indem es uns

ständig den Unterschied zwischen Fantasie und Wirklichkeit zu Bewusstsein bringt, zwischen dem Anschauen dessen, wer wir wirklich sind, und dem, was wir uns zurechtträumen.

Aus psychologischer Sicht hatte Marsha ihre Ängste und Träume auf die Welt und die Leute am Strand projiziert. Auch in der Psychologie wird die Projektion als gefährliches Phänomen betrachtet, das komplizierte Beziehungen zur Folge hat, weil wir in der Vergangenheit leben und nicht erkennen, was sich wirklich abspielt. Ausufernde Projektion führt zu Verfolgungswahn und einem Verlust an Realitätssinn.

Der wahre Mensch ohne Rang und Namen ist jemand, der nicht projizieren muss. Er ist ein klarer Spiegel, der einfach anschaut, was da ist, und allem, was kommt, Mitgefühl und Licht entgegenbringt.

Die Wahrheit sein

Buddha selbst lehnte die religiösen Institutionen und Hierarchien seiner Zeit ab, weil dadurch der selbstgerechte Stolz und das Ego gefördert wurden. Er lehnte äußere Autoritäten ab und machte sich auf die Suche danach, die Wahrheit nicht nur zu finden, sondern sie zu *sein*. Wenn wir die Wahrheit *sind*, verschwindet die Spaltung zwischen dem, was wir wissen, und dem, was wir sind. Wir denken und sprechen nicht mehr auf die eine Art und handeln auf die andere. Wir bringen das zum Ausdruck, was wahr ist.

Der größte psychologische Schmerz, unter dem wir alle leiden, ist der Schmerz, gespalten, unecht und im Konflikt zu sein. Das rührt daher, dass wir das eine erkannt haben und etwas anderes sind oder leben. Eine Erkenntnis, die wir nicht verdaut und völlig in uns aufgenommen haben, wird zu einem Gift, das wir wie ein Krebsgeschwür mit uns herumtragen. Deswegen liegt der Schwerpunkt beim Zen nicht auf dem Erkennen, sondern auf dem Sein. Nicht was Sie wissen, sondern wer Sie sind, spricht Bände. In der Geschichte von Rinzai und dem Mönch zögerte der Mönch. Seine Antwort war nicht zu seinem Leben selbst geworden. Er musste innehalten und nachdenken, und schon war er gescheitert. Der Zen-Meister verließ seinen Sitz und ging rasch fort. Seine Reaktion war eine Demonstration der Wahrheit. Sein direktes Handeln sprach eine deutliche Sprache. Die Zen-Praxis wischt das äußere Wissen weg, sodass der Schüler aus der Wahrheit seiner selbst leben kann.

Der Zen-Erfahrene weiß, wo sein Schatz liegt. Er vermeidet fruchtlose Argumentationen und Diskussionen. Wenn die Zeit kommt, hilft er anderen, ohne dass er selbst sucht. Er erkennt, dass andere er selbst sind. Wenn andere Unrecht haben, hat er Unrecht.

Wenn andere Unrecht haben, habe ich Unrecht

Viele spirituelle Praktiken gründen darauf zu definieren, wer und was richtig und was falsch ist. (Gewöhnlich ist die eigene Praxis richtig und alles andere falsch.) Übende, die so denken, verfallen leicht der Selbstgerechtigkeit, da sie alle anderen als Sünder und sich selbst als Heilige betrachten. Die halbe Welt muss verändert und reformiert werden. Beim Zen wird dies als Inbegriff der Arroganz betrachtet. Wer sind wir, dass wir über die unglaubliche Schöpfung vor unseren Augen urteilen können? Wie ist es so genannten religiösen Männern und Frauen möglich, zu behaupten, Gott zu lieben, und dennoch große Teile der Schöpfung abzulehnen?

Beim Zen heißt es: »Wenn andere Unrecht haben, habe ich Unrecht.« Das ist das Gegenteil von Arroganz. Wir selbst haben Unrecht, wenn wir meinen, dass andere Unrecht haben. Und da wir die anderen sind, müssen wir, wenn sie im Unrecht sind, auch den Irrtum in uns selbst korrigieren. Wir rühmen uns nicht selbst und machen anderen Vorwürfe. Alle Negativität, die wir in sie hineingelegt haben, wird eindeutig als Negativität in unserem eigenen Geist betrachtet. Zazen durchbricht die Angewohnheit des menschlichen Geistes, zu projizieren. Es weist deutlich auf den Umstand hin, dass wir das, was wir im Innern fühlen, hassen oder ersehnen, auf die Welt projizieren. Es ist besser, die Projektionen zurückzunehmen und zu sehen, woher diese Bilder kommen. Was ist die Quelle der Projektionen?

Schau dir an, was du selbst getan oder nicht getan hast

Wenn wir uns mit Zen beschäftigen, ziehen wir unsere Aufmerksamkeit energisch von der ständigen Beschäftigung mit den Fehlern und Taten anderer ab und schauen uns selbst gründlich an. Wir legen für unsere Handlungen Rechenschaft ab. Nur darauf liegt die Betonung. Die Reaktion anderer auf unser Verhalten verliert an Bedeutung.

Wir lernen, uns nicht nach Lob zu sehnen oder uns vor Tadel zu scheuen. Ein Zen-Meister tadelt seine Schüler unbarmherzig. Obwohl dies grausam aussieht, kann es ein Akt der Freundlichkeit sein. Der Schüler lernt, sich nicht von Lob oder Freundlichkeit im Äußeren abhängig zu machen, die bestenfalls flüchtig und vorübergehend sind. Er lernt, seine Handlungen nicht dazu zu verwenden, ein falsches Selbstgefühl aufzubauen. Diese Art Behandlung vonseiten des Meisters hilft dem Schüler, die falschen Masken aufzugeben, hinter denen er sich versteckt. Je mehr Enttäuschung er erleidet, je weniger seine Manipulationen Früchte tragen, desto schneller wird er sie loslassen, nach innen gehen und zu seiner wahren Stärke finden.

Nimm die Maske ab

Wenn sie zur Zen-Praxis kommen, sind viele noch eingeschlossen in das Gefängnis ihrer Rollen und Masken und sehnen sich danach, den wahren Grund ihres Leidens zu verstehen. Aber wie können wir anders als einsam und abgeschnitten sein, wenn wir hinter einer falschen Persona leben und immer versuchen, etwas zu sein, was wir nicht sind? Wie sollte es sein, dass wir daran nicht ersticken?

> Wenn du wirklich wirst, wird das Leben wirklich.
> Wenn du du wirst, wird Zen Zen.
>
> *Alter Zen-Spruch*

Sobald die Maske fällt, scheint das funkelnde Licht hindurch. Das Leben ist frisch und erneuert sich ständig, und das gilt auch für uns. Doch lassen sich diese Masken zuweilen nicht so leicht absetzen. Obwohl sie uns an jeder Biegung einschränken, kämpfen wir mit tödlicher Entschlossenheit darum, sie weiter zu tragen. Wir glauben, sie würden unsere Sicherheit und Schönheit garantieren. Ohne sie fühlen wir uns nackt und bloß. Einige Menschen gewöhnen sich so sehr an das Tragen ihrer Maske, dass sie sie mit ihrer eigenen Haut verwechseln.

Während des größten Teils unseres Lebens spielen wir eine Variation des Spiels »Tun wir so, als ob«. Tun wir so, als ob du König wärst und ich Königin. Tun wir so, als ob du das nicht gesagt hast und ich das nicht getan habe. Tun wir so, als ob das alles keine Rolle spielt. Ich helfe dir, deine Maske aufrechtzuerhalten, und du hilfst mir, meine aufrechtzuerhalten. Auf gewisse Weise hilft uns das, uns sicher und geborgen zu fühlen. Andererseits nimmt es uns unser wahres Leben. Wir leben in einer Welt des Scheins und werden zu Menschen aus Pappmaschee. Wenn jemand bei uns an die Tür klopft, um uns zu besuchen, ist meistens niemand zu sprechen.

Wenn wir unser Leben leben, indem wir anderen eine Fassade vorführen, verlieren wir den Kontakt zu dem, was wir wirklich sind. Wenn wir uns auf Rollen und Masken zurückziehen, sind die Worte, die wir sagen, leer. Die Menschen werden uns zuhören und nicht glauben. Unser Gefühl von Vertrauen ist beeinträchtigt. Nur wenn wir imstande sind, unsere Spiele, Masken und Rollen abzulegen, entsteht wahre Präsenz und Liebe.

Jeder fürchtet sich davor, entblößt zu werden. Einige Menschen würden eher sterben, als sich von ihren Masken zu trennen. Selbst Menschen, die sehr krank sind, machen sich in erster Linie Sorgen über ihr Aussehen und den Eindruck, den sie auf andere machen.

Doch wenn wir älter werden, wischen die Veränderungen in unserem Leben alle Bilder weg und nehmen schließlich die Masken und Spiele fort. Wer sind wir also, wenn das, was wir zu sein vorgeben, verschwunden ist? Was wird sich dann zu unserer großen Angst offenbaren? Warum ist es so schwer, den wahren Menschen ohne Rang und Namen zu finden und Tag für Tag mit ihm zu leben?

Wir klammern uns an Masken und Rollen, so wie sich ein Ertrinkender an ein Rettungsboot klammert. Wenn jemand die Maske, die wir tragen, infrage stellt oder beleidigt, fühlen wir uns, als würden wir innerlich sterben. Manche Menschen würden andere töten, um ihr öffentliches Bild aufrechtzuerhalten. Einige töten sich selbst, wenn dieses Bild verschwunden ist.

In der Zen-Praxis weiß man, dass diese Bilder selbst die Ursache unseres Schmerzes bilden und dass wir aus unseren selbst gemachten Schneckenhäusern ausbrechen müssen, so wie ein Küken an seiner Schale pickt, weil es unbedingt herauskommen und geboren werden will.

Jeffrey, ein Zen-Schüler, kam immer wieder mit demselben Koan zum Zwiegespräch bei seinem Meister. Alle Antworten, die er gab, wurden vom Meister zurückgewiesen. Das ging zwei Jahre lang so. Schließlich schrie Jeffrey verzweifelt: »Was soll ich bloß tun, um zu antworten? Ich weiß nicht mehr weiter!«

»Tritt nackt vor mich hin«, antwortete der Meister.

Tritt nackt vor mich hin

Der Zen-Meister meinte damit keine körperliche Nacktheit. Beim Zen geht es um das Geborenwerden. Das Zwiegespräch mit dem Meister (*Dokusan*) dient einfach dem Zweck, nackt zu werden und dem Meister von Angesicht zu Angesicht zu begegnen. Es ist eine wirkliche Begegnung, bei der nichts dazwischen steht. Worte werden dann unnötig. Als Martin Buber sagte: »Alles wirkliche Leben ist Begegnung«, war es diese Art von Begegnung, die er meinte.

In dem Augenblick, in dem Sie zum *Dokusan* kommen, sieht der Meister, ob Sie wirklich da sind. Wenn nicht, läutet er die Glocke, um Sie zu entlassen. Wagen Sie bloß nicht, seine kostbare Zeit zu verschwenden. Als Rinzai sich von seinem Platz erhob und fortging, entließ er damit auch den Mönch, der nicht wirklich da war.

Wenn Sie wie ein Gespenst eintreten und nach unechten Tröstungen oder Antworten suchen, müssen Sie sofort entlassen werden! Nach falschen Antworten oder Trost zu suchen ist keine neutrale Angelegenheit. Es ist Teil des Gifts, das uns unser wirkliches Leben raubt. Ein alter Zen-Spruch lautet: »Es muss wirkliche Menschen geben, bevor es wirkliche Erkenntnis gibt.«

Es kann Jahre dauern, bevor wir für eine wirkliche Begegnung reif sind; es kann auch plötzlich geschehen. Die Zen-Praxis selbst kann man als den Prozess ansehen, Reife zu erlangen. Damit wir für eine solche Begegnung offen werden, müssen unser Ich und unser Stolz sich auflösen.

Wie man Türsteher wird

Bei einer großen Religionstagung wurde unter vielen anderen Workshops auch ein Morgen-Zazen angeboten. Das Zazen sollte in einem Raum im Souterrain in der Nähe der Cafeteria stattfinden. Zwei große Türen öffneten sich zum Korridor und der Cafeteria, und vor einer der Türen gab es eine Rampe für Rollstuhlfahrer. Obwohl das Zazen auf sechs bis sieben Uhr morgens angesetzt war und man an der Tür ein Schild mit den Worten »Zazen – bitte Ruhe« angebracht hatte, versammelten sich lange vor Schluss andere Tagungsteilnehmer draußen im Korridor, die den Raum durchqueren wollten, um zum Frühstück in die Cafeteria zu gehen. Während sie beim Zazen saßen, konnten die Teilnehmer des Workshops hören, wie die Menge draußen immer größer wurde.

Die Leute unterhielten sich nicht nur laut, sondern öffneten auch ständig die Tür, um in den Raum zu schauen. Irgendjemand regte sich ungeheuer darüber auf, dass die Türen geschlossen waren, und fing an, um viertel vor sieben laut an der Tür zu klopfen. Das störte natürlich nicht nur die Meditation, sondern erzeugte auch draußen ein Gefühl von Chaos.

Die Leiterin des Zazen-Workshops bemühte sich vergeblich um einen anderen Raum. Das Zazen wurde nicht als wichtig angesehen, sondern einfach als eine Form von Morgenentspannung oder Körperübung. Die anderen Räume waren wichtigen theologischen Debatten über Gnade, Glauben, Gebet und das Empfangen der Gegenwart Gottes vorbehalten.

Also wandte sich die Leiterin an die zwanzig Teilnehmer, die Zazen machten, und fragte sie, ob sie bereit seien, abwechselnd »Türsteher« zu spielen. Sie sollten an der Tür Wache halten und dafür sorgen, dass die Leute draußen leise waren und nicht ständig die Tür aufmachten. Das wäre eine wichtige Aufgabe, sagte sie, da jemand dafür sorgen musste, dass die Atmosphäre des Zazen gewahrt blieb.

Niemand meldete sich freiwillig. Niemand wollte die Zeit der »Meditation« hergeben, um etwas so Unwichtiges zu tun, wie Türsteher zu sein. Schließlich, so argumentierten die Teilnehmer, bezahlten sie für die Tagung und wollten eine Gegenleistung für ihr Geld haben. Sie wollten nach Hause fahren und wissen, wie man Zazen praktiziert und nicht, wie man Türsteher spielt. Sie verstanden nicht, dass wahres Zazen und Türsteher sein ein und dasselbe sind.

Die Tagung sollte fünf Tage dauern. Die Leiterin fragte also andere offizielle Mitarbeiter, ob jemand bereit sei, eine Stunde am Morgen Türsteher zu spielen. Wieder meldete sich niemand.

Das aufgeregte Klopfen an der Tür vor Ende des Zazen setzte jeden Morgen zunehmend früher und heftiger ein. Am vierten Tag platzte schließlich ein Mann im Rollstuhl herein und schrie herum, dass sie kein Recht hätten, die Tür geschlossen zu halten. Er sei hungrig und habe keine andere Möglichkeit, in die Cafeteria zu kommen.

Als er in den Raum hineinrollte und die anderen schweigend dasitzen sah, regte er sich noch mehr auf und schimpfte über die Idiotie. Dann packte er einen großen Abfallbehälter, der ihm im Weg stand, und schleuderte ihn auf die Sitzenden.

Die verdutzte Leiterin sprang auf, nahm den Abfallbehälter und schob ihn aus dem Weg.

»Es tut mir so Leid«, rief sie aus. »Aber bitte verstehen Sie uns. Ich konnte keinen Türsteher finden.«

Der Mann im Rollstuhl stotterte, und seine Aufregung ließ nach.

»Wovon reden Sie?«

Er und die Leiterin starrten sich an. Ihre Entschuldigung brachte ihn aus der Fassung. Sie hatte keine Ahnung gehabt, dass draußen ein Mann im Rollstuhl wartete. Er wiederum hatte nichts davon gewusst, was sie hier drinnen taten und worin ihre Bedürfnisse bestanden.

»Wäre es Ihnen recht, unser Türsteher zu sein?«, fragte sie ihn atemlos.

Der Mann im Rollstuhl wurde still, dann fing er plötzlich an zu weinen. »Warum haben Sie mich nicht eher gefragt?«

»Ich habe nicht daran gedacht.«

»Gern«, sagte er.

Er kam sehr früh am nächsten Morgen und hielt draußen vor der Tür Wache. Der letzte Tag war ruhig, geregelt und angenehm.

Nachdem die Teilnehmer des Workshops gegangen waren, blieb der Mann im Rollstuhl noch zurück.

»Danke, dass Sie mich etwas über Zen gelehrt haben«, sagte er.

»Danke, dass Sie mich gelehrt haben«, antwortete sie.

Die beiden verließen den Tagungsraum gemeinsam.

»Wenn Sie nächstes Jahr wiederkommen, werde ich wieder der Türsteher sein«, sagte er.

»Haben Sie vielen Dank«, entgegnete sie ihm.

Niemand will ein Türsteher sein. Alle wollen den Frieden und die Glückseligkeit haben, die ihnen, wie sie meinen, die Meditation geben kann. Doch wahrer Frieden und

Zufriedenheit stellen sich nur ein, wenn Sie bereit sind, ein Türsteher zu sein, die geringste Aufgabe zu übernehmen, für andere da zu sein und nicht an sich selbst zu denken. Dann werden Sie eins mit jedem, und Ihre persönlichen Bedürfnisse verschwinden.

> Sich von der Arroganz zu befreien und die eigenen gewohnheitsmäßigen Neigungen abzuschneiden ist eine sehr drastische Maßnahme – aber sie ist notwendig, um anderen in der Welt zu helfen.
>
> *Chögyam Trungpa*

Sich von der Arroganz befreien

Wir leben unser Leben, eingesponnen in eine Arroganz, die völlig unangebracht ist. Die Meditierenden in der eben erwähnten Geschichte glaubten, etwas Wunderbares und Heiliges zu tun. Das war jedoch nicht der Fall. Sie waren nicht bereit zu helfen, als es notwendig war. Sie saßen auf ihren Kissen, trennten sich von anderen, hielten sich für besonders und entwickelten höchstwahrscheinlich Arroganz. Das ist keine Zen-Praxis.

Der Zen-Übungsweg besteht darin, Arroganz als das zu begreifen, was sie ist: als das größte Übel und Hindernis vor dem Frieden. Alles, was zur Entwicklung von Arroganz führt, muss im Keim erstickt werden. Eine große Gefahr bei allen Übungswegen ist die Entwicklung dieser Arroganz, dieser Selbstgerechtigkeit oder des falschen Stolzes. Wir können leicht glauben, dass wir im Besitz aller richtigen Antworten, der besonderen Praxis und des heiligen Wegs zur Wahrheit sind. Beim Zen meidet man all solche Reaktionen. Der wahre Zen-Held ist der Türsteher, der einfach da ist, um zu helfen. Über den Buddha wird gesagt: »Er beeinflusste alles, nicht dadurch, dass er es beherrschte, sondern indem er wahr war.«

Sich vor allem verneigen

Wenn man zum Türsteher wird, ist man imstande, sich vor allem zu verneigen. Für manche Menschen in der westlichen Kultur ist es schwierig, sich zu verneigen, da sie sich vielleicht an das Verbot der Götzenanbetung in ihren eigenen Religion erinnern. Sich vor einer Statue zu verneigen ist ihnen vielleicht nicht erlaubt. Es ist wichtig, diesen entscheidenden Punkt anzusprechen und damit im Westen ins Reine zu kommen.

Erstens ist Zen für viele Menschen keine Religion, sondern eine Übung zur Läuterung und Erleuchtung, die auf alle religiösen Wege angewendet werden kann. Es kann auf Kampfsportarten, Blumenstecken, das tägliche Leben, das Gebet und jede andere Betätigung angewendet werden, mit der sich Menschen beschäftigen. Zen erlaubt uns, die Tätigkeit direkt zu schmecken, nicht gefiltert durch Schichten von Gedanken und Vorstellungen. Wenn es für einen Menschen unannehmbar ist, sich zu verneigen, muss er oder sie es nicht physisch tun. Aber man muss sich innerlich verneigen, das Ich preisgeben und dem ganzen Leben die Ehre erweisen.

Aus der Zen-Sicht stellt das Sichverneigen das Aufgeben des Ichs und der Illusion und das Akzeptieren des erleuchteten Geistes dar. Es ist die Preisgabe des kleinen Selbst zum Besten aller. Es ist die Anerkennung des anderen und des Wertes, den das Universum besitzt, in dem wir leben. Wir können uns vor anderen auf viele Weisen, nicht nur physisch, verneigen und müssen es in der Tat tun. Es ist wichtig, die innere Haltung des Verneigens vor jedem anzunehmen, der uns auf unserem Weg begegnet.

Dieses Sichverneigen ist ein Innehalten und eine Anerkennung des Wertes und der Schönheit dessen, was sich unseren Augen darbietet. Es ist eine wunderbare Weise, unser falsches Ich und unseren falschen Stolz aufzugeben. Es ist eine Einsicht, dass wir nicht der Mittelpunkt der Welt sind, sondern willens sind, sie zu achten, zu ehren und ihr zu dienen. Ein Zen-Meister sagte dazu:

> Sich verneigen ist eine sehr ernste Praxis. Ihr sollt bereit sein, euch sogar in eurem letzten Augenblick zu verneigen. Obwohl es unmöglich ist, unsere egozentrischen Gedanken loszuwerden, haben wir es zu tun, weil unsere wahre Natur dies verlangt.
>
> Suzuki Roshi: *Zen-Geist, Anfänger-Geist*

Der wahre Mensch ohne Rang und Namen ist frei, mit der ganzen Welt in Interaktion zu treten. Er verneigt sich mit Freuden. Er erkennt, dass unsere egozentrischen Wünsche, verkapselten Täuschungen, unser Stolz und unsere Arroganz keine Wirklichkeit besitzen.

Suzuki Roshi spricht ausführlicher darüber:

> Indem wir uns verneigen, geben wir uns selbst auf. Uns selbst aufzugeben bedeutet, unsere dualistischen Vorstellungen aufzugeben. Daher gibt es keinen Unterschied zwischen Zazen und dem Sichverneigen. Gewöhnlich bedeutet das Verneigen, dass wir unsere Ver-

ehrung zum Ausdruck bringen gegenüber etwas, das mehr Verehrung verdient als wir selbst. Doch wenn ihr euch vor Buddha verneigt, solltet ihr euch keine Vorstellung von Buddha machen, sondern einfach eins werden mit ihm; seid ihr doch schon Buddha selbst. Wenn ihr eins werdet mit Buddha, eins mit allem, was existiert, dann findet ihr die wahre Bedeutung des Seins.

Manchmal verbeugt sich ein Mann vor einer Frau; manchmal verbeugt sich eine Frau vor einem Mann. Manchmal verbeugt sich der Lehrer vor dem Schüler. Manchmal können wir uns vor Katzen und Hunden verneigen.

Sichverneigen hilft dabei, unsere egozentrischen Vorstellungen auszulöschen. Das ist nicht so leicht. Es ist schwierig, diese Vorstellungen loszuwerden, und Sichverneigen ist eine sehr wertvolle Übung. Es geht nicht um das Ergebnis; das Bemühen, uns zu bessern, ist das Wertvolle.

Praktisches Zen

Übung 1: Verneige dich vor jedem

Verneigen Sie sich heute im Geiste (oder körperlich, wenn Sie können oder wollen) vor jedem Menschen, mit dem Sie zu tun haben. Bevor die Begegnung beginnt, nehmen Sie sich einen Augenblick Zeit und verneigen Sie sich. Beobachten Sie, wie das die Qualität Ihrer Begegnung verändert. Beobachten Sie, wie es die Qualität Ihres Tages beeinflusst.

Übung 2: Verneige dich vor denen, mit denen du Schwierigkeiten hast

Verneigen Sie sich (im Geiste oder körperlich) vor drei Personen, mit denen Sie Schwierigkeiten haben. Machen Sie es so lange, bis sich die Schwierigkeit aufgelöst hat.

Übung 3: Verneige dich, bevor du kämpfst

In dem Augenblick, in dem ein Streit zwischen Ihnen und Ihrem Partner entbrennt, halten Sie einen Augenblick inne und verneigen Sie sich körperlich oder im Geiste. Beobachten Sie dann, wie Sie sich fühlen. Verneigen Sie sich vor Ihrem Schreibtisch, bevor Sie sich hinsetzen, um an die Arbeit zu gehen, verneigen Sie sich vor Ihrem Essen, vor Ihren Freunden, vor Ihrem Auto. Verneigen Sie sich vor dem Morgen; halten Sie inne und verneigen Sie sich vor dem Sonnenuntergang.

Übung 4: Lass den wahren Menschen ohne Rang und Namen zu Worte kommen

Schreiben Sie ein paar Seiten darüber auf, wer Sie zu sein glauben. Wo liegen Ihre Stärken und Ihre Schwächen? Wie und wer wollen Sie sein?

Legen Sie die Seite weg. Nehmen Sie eine neue Seite und lassen Sie den wahren Menschen ohne Rang und Namen sprechen und Ihnen sagen, was er oder sie darüber denkt.

Übung 5: Sei ein Türsteher

Wie können Sie heute ein Türsteher sein? Wo werden Sie gebraucht? Was werden Sie dort tun? Wann?

Nyogen Senzaki sagt über den Türsteher, den wahren Zen-Schüler:

> Amerika hatte in der Vergangenheit Zen-Schüler, hat sie in der Gegenwart und wird viele in der Zukunft haben. Sie mischen sich problemlos unter so genannte Weltlinge. Sie spielen mit Kindern, achten Könige und Bettler und behandeln Gold und Silber wie Kiesel und Steine.
>
> Wer die Wahrheit kennt, gibt sich keinen Täuschungen über seine persönlichen Bedürfnisse oder seine begrenzten Vorstellungen hin. Er weiß, dass es in ihm keine Ego-Existenz gibt, und sieht deutlich die Leere aller Form als bloßen Schatten. Wenn ihr in dieser Art Zen lebt, könnt ihr die Hölle in euren gestrigen Träumen verlassen und euch euer eigenes Paradies schaffen, wo auch immer ihr seid.
>
> Aber diejenigen ohne Erkenntnis, die die Menschen mit ihren falschen Lehren irreführen, werden sich während ihres Leben eine Hölle schaffen.

Sei einfach dein gewöhnliches Selbst

Im *Rinzai Roku* finden sich folgende eindringlichen Ermahnungen von Zen-Meister Rinzai Gigen (chines. Linji) zu diesem Thema:

Jünger des Weges, meiner Ansicht nach gibt es nichts Schwieriges – seid einfach nur gewöhnlich, tragt eure Kleider, esst eure Nahrung und verbringt eure Zeit ohne irgendwelche Dinge. Ihr, die ihr aus allen Richtungen herkommt, ihr habt alle die Absicht, Buddha, Dharma und Befreiung zu suchen oder aus den drei Welten zu entkommen. Ihr Dummköpfe! Wenn ihr aus den drei Welten heraustretet, wohin wollt ihr dann gehen? Wollt ihr die drei Welten kennen? Sie sind nicht getrennt vom Geistgrund desjenigen, der jetzt den Dharma hört. Ein einziger Gedanke der Gier in eurem Geist ist die Welt der Begierde. Ein einziger Gedanke des Zorns in eurem Geist ist die Welt der Form. Ein einziger Gedanke der Dummheit in eurem Geist ist die Welt der Formlosigkeit. Das sind die Möbelstücke in eurem Haus!

Jünger des Wegs, findet den, der lebendig ist vor euren Augen, der die drei Welten wahrnimmt, wiegt und misst und ihnen Namen gibt.

Fall 31 aus dem Mumonkan:
Joshu durchschaut eine alte Frau

Einst fragte ein Mönch eine alte Frau: »Welcher Weg führt zum Berg Taisan?« Die alte Frau sagte: »Geradeaus weiter.« Als der Mönch ein paar Schritte weitergegangen war, sagte sie: »Auch dieser gute, ehrenwerte Mönch trottet einfach so weiter.«

Später erzählte ein Mönch Joshu diesen Vorfall. Joshu sagte: »Warte nur! Ich werde hingehen und die alte Frau für euch durchschauen.« Am nächsten Tag machte er sich auf den Weg und stellte die gleiche Frage. Die alte Frau gab die gleiche Antwort. Joshu ging heim und sagte zu seinen Schülern: »Ich habe die alte Frau für euch durchschaut.«

Mumons Kommentar

Die alte Frau sitzt da in ihrem Zelt und kennt ihre Strategie ganz genau, aber den Räuber zu fangen versteht sie nicht. Der alte Joshu war schlau genug, ins Lager einzudringen und die Festung zu bedrohen, aber er hatte nicht das Format eines großen Mannes. Nach sorgfältigem Abwägen müssen wir sagen, dass beide ihre Fehler hatten. Sagt mir nun, was hat Joshu gesehen, als er die alte Frau durchschaute?

Mumons Vers

Gleiche Frage – gleiche Antwort.
Sand im Reis – Dornen im Schlamm.

Katsuki Sekidas Kommentar

Viele Mönche, die unterwegs Rast machten, stellten der alten Frau die Frage. Sie haben vielleicht nur nach dem Weg zum Berg gefragt, aber in der Antwort der alten Frau war mehr enthalten.

Zen-Lehrer benutzen die Worte: »Geradeaus weiter«, um ihre Schüler zu ermahnen, in ihrer Zen-Praxis fortzuschreiten. Die alte Frau fand den Mönch trotz seiner augenscheinlichen Ehrbarkeit und seines Eifers tatsächlich nur mittelmäßig, bereit, anderen unbesehen zu folgen.

Als Joshu losging, um die alte Frau zu durchschauen, hatte er etwas vor. Er brauchte nur ein halbes Auge, um sie zu durchschauen. Zen zu verstehen ist das eine; es im tatsächlichen Leben zu zeigen ist das andere. Joshu ermahnt euch, sie für euch selbst zu durchschauen.

Alles hat zwei Phasen. Wenn man gewinnt, gewinnt man; wenn man verliert, verliert man. Was seht ihr in dieser alten Frau? Ist ihre Handlung auf Dank oder Undank gestoßen? Könnt ihr den Unterschied zwischen den Mönchen, Joshu und der alten Frau benennen? Seid vorsichtig! Einige unvorhergesehene Dornen könnten euch erwarten.

16

Der Zen-Fischer

Zen-Wunder 16

Wir kehren mit offenen Händen
auf den Marktplatz zurück.

Ein Mönch brachte viele Jahre meditierend in einem Berg-kloster zu. In der großen Schönheit und Stille der Natur gelangte er zu tiefer Einsicht und Frieden. Dann kam für ihn die Zeit, den Berg zu verlassen und auf den Marktplatz zurückzukehren. Bald fand er sich mitten in Lärm, Ablenkung und Schmutz wieder. Er wurde von einem unhöflichen Mann auf der Straße angerempelt, und Ärger flammte in ihm auf. Was war aus seinem kostbaren Frieden geworden? Dieser Mönch war noch nicht völlig gar gekocht. Erst auf dem von Menschen wimmelnden Marktplatz kann die Echtheit des eigenen Verständnisses sich bewähren und wachsen.

Ein landläufiges Missverständnis lautet, dass man die Welt verlassen muss, um seine Zen-Praxis zu vollenden. Nichts ist weiter von der Wahrheit entfernt. Die Welt begleitet uns, wohin wir auch gehen, und die wahre Verwirklichung des Zen wird direkt auf dem Marktplatz gelebt. Je mehr Durcheinander im Leben, desto besser. Je mehr das Leben uns herausfordert und an uns herantritt, desto stärker muss das Üben werden. Wahres Gleichgewicht entsteht, wenn man ständig aus der Mitte geworfen wird. Wie kann man den ruhigen Punkt im Innern finden, wenn man nicht hin und her geworfen wird?

Wahres Gleichgewicht ist kraftvoll und aktiv; es ist eine lebendige Reaktion auf die Bewegungen des Lebens. Es ist kein gefühlloser, toter und lebloser Frieden – das wäre nur unechtes Zen und ein Rückzug aus der unverfälschten Schönheit der Veränderung.

Die alte Frau am Straßenrand

Eine alte Frau, die in der Zen-Praxis sehr weit fortgeschritten war, saß eines Tages laut schluchzend am Straßenrand. Einer ihrer Enkel war gestorben, und ihre Wehklagen drangen nach nah und fern. Einige Zen-Mönche näherten sich auf der Straße, sahen sie und erkannten sie wieder, da der Ruf ihrer Weisheit sich weit verbreitet hatte. Voller Verwunderung schauten sie sie an.

»Du hast viele Jahre Zen geübt«, sagten sie. »Wie kannst du so sehr weinen, dass dein Enkel gestorben ist?«

Sie schaute sie verächtlich an. »Wie könnte ich es nicht tun?«, antwortete sie.

Mit zunehmendem Verständnis und Mitgefühl entwickelt sich auch unsere Fähigkeit, das zu fühlen und auszudrücken, was wahr ist. Wir werden menschlicher, nicht unmenschlicher. Wenn wir unsere Erleuchtung nicht auf die Straße und den Marktplatz zurücktragen und unsere Hände öffnen, um allen anderen Wesen zu helfen, handelt es sich nicht um die wirkliche Praxis, sondern um ein Imitat.

Der Zen-Fischer

Einen Übenden, der auf den Marktplatz zurückgekehrt ist, kann man als Zen-Fischer bezeichnen. Seine oder ihre Übung ist zur Reife gelangt. Er kehrt ohne Dünkel und Ego zurück, ohne Gier, Zorn, Angst oder den Wunsch zu schaden. Er trägt keine besondere Kleidung und Sprache zur Schau, sondern wirkt ganz natürlich, wie alle anderen auch. Der Gestank des Zen ist von ihm gewichen. Er hat es nicht nötig, etwas Besonderes zu sein oder zu tun. Jeder Tag ist besonders genug für ihn, so wie er ist. Man kann ihn nicht von irgendjemand anderem unterscheiden, und er trennt sich nicht von anderen aufgrund einer Klassen-, Rassen- oder Religionszugehörigkeit oder aus anderen Gründen. Der Zen-Fischer geht hinaus und mischt sich unter das Volk. Wenn Sie nach ihm Ausschau halten, können Sie ihn nicht finden. Er sieht wie jeder andere Fischer aus, der auf dem Dock sitzt und darauf wartet, dass ein Fisch anbeißt. Nur wartet der Zen-Fischer nicht auf Fische. Er wartet auf gar nichts. Er sitzt einfach da, gemeinsam mit der ganzen Welt. Wenn etwas in sein Netz schwimmt, begrüßt er es und tut es dorthin zurück, wohin es gehört. Er ist der wahre Mensch ohne Rang und Namen geworden.

Anders als Kreuzfahrer oder andere religiöse Lehrer hat der Zen-Fischer nichts zu verkaufen, keine Geschäfte anzubieten, keine Weisheit anzupreisen. Er kommt mit leeren Händen auf den Marktplatz. Einige würden das vielleicht bedingungslose Liebe nennen. Im Zen gibt man dem keinen Namen. Worte, Fantasien, Ideale und Beschreibungen spielen an einem solchen Punkt keine Rolle mehr. Da ist nur die reine Erfahrung, für das Leben in seiner Gesamtheit die ganze Zeit über da zu sein.

Gewöhnlich stellen wir uns den Marktplatz als einen von unserer Wohnung getrennten Ort vor. Wir gehen hin, um Geschäfte zu tätigen, um zu kaufen, zu verkaufen und uns unter die Menge zu mischen. Auf dem Markt wimmelt es von Geschäftigkeit, Leben und Betriebsamkeit. Einige Menschen sind reich, andere arm. Einige machen gute Geschäfte, andere werden betrogen. Schlaue, gerissene Menschen findet man dort ebenso wie Narren. Niemand will ein Narr sein. Jeder will mit etwas Wertvollem nach Hause kommen. Jeder will ein gutes Geschäft machen.

Der Zen-Fischer ist vollkommen glücklich damit, ein Narr zu sein. Einige nennen ihn einen Idioten. Alles, was man ihm anbietet, nimmt er. Er gibt seinerseits immer das Beste zurück. Er rechnet nicht nach und ist glücklich mit dem, was der Tag bringt. Er sammelt nichts an und ist bereit, das zu nehmen, was übrig bleibt. Hinter seinem Rücken lachen die Leute über ihn. Es interessiert ihn nicht. Er stimmt in ihr Lachen ein. Er möchte andere glücklich und zufrieden sehen. Er ist nicht auf den Marktplatz gekommen, um Aufsehen zu erregen, Befehle zu geben oder um irgendjemanden irgendetwas zu lehren. Das, was er ist, und nicht das, was er sagt, bildet die wortlose Lehre, die von selbst vermittelt wird.

Wenn wir auf den Markt gehen, ganz gleich, ob es sich um den Geschäfts-, Beziehungs-, Liebes- oder Wissensmarkt handelt, geschieht es gewöhnlich in dem Wunsch zu wissen, was wir »bekommen« werden. Wir haben unsere Waren, die wir verkaufen – unsere Produkte, unseren Körper, unseren Charme, unsere Weisheit oder unser Geld –, und wir wollen einen guten Gegenwert erhalten. Wenn uns das gelingt, sind wir zufrieden und fühlen uns klug und erfolgreich. Wenn wir übers Ohr gehauen werden, fühlen wir uns als Versager und fragen uns, wozu unser Leben gut ist. Wir sind gefangen im Wirbel des Marktes, der uns in Wirklichkeit unseren Schatz raubt und nicht gibt.

Der Zen-Fischer begreift, dass der Marktplatz überall dort ist, wo er ist. Der Marktplatz ist niemals von ihm getrennt; er ist niemals vom Markt getrennt. Der Inbegriff des Zen ist, sich mit leeren Händen unter die Menschen auf dem Marktplatz zu mischen, das anzubieten, was gebraucht wird, und dann weiterzugehen. Der Zen-Fischer hat kein Bedürfnis nach Auszeichnungen, Applaus oder Dankbarkeit, weil er sich selbst erkennt. In jedem, dem er begegnet, sieht er sich selbst, und mehr braucht er nicht.

So?

Der Zen-Meister Hakuin war ein hoch geschätzter Mönch. Alle Menschen in der Stadt hatten große Achtung vor seiner Hingabe und seinem disziplinierten Leben. Eines Tages wurde eine junge Frau in der Stadt schwanger. Sie schämte sich, und in ihrer Angst erzählte sie jedem, dass Hakuin der Vater des Kindes sei. Die ganze Stadt wandte sich gegen ihn.

Als Hakuin davon hörte, sagte er nur: »So?«

Schließlich kam das Kind zur Welt. Die junge Frau brachte das Kind zu Hakuin.

Hakuin nahm den Säugling in Empfang. Er kümmerte sich so rührend um ihn wie eine Großmutter. Die Menschen in der Stadt dachten die übelsten Dinge und sprachen jeden Tag schlecht von ihm.

»So?«, sagte Hakuin, als er davon hörte.

Mehrere Jahre später kehrte der wahre Kindesvater in die Stadt und zur Mutter des Kindes zurück. Sie waren nun beide älter und reif genug, um zu heiraten. Sie wollten das Kind wieder zu sich nehmen. Das Paar ging zu Hakuin und teilte ihm diesen Wunsch mit.

»So?«, sagte er und gab ihnen das Kind liebevoll zurück.

Nun erfuhren auch die Leute in der Stadt die wahre Geschichte. Sie versammelten sich um Hakuins kleine Hütte und überhäuften ihn Tag für Tag mit Lob. Hakuin hörte es sich ruhig an.

»So?«, sagte er.

»*So?*« ist ein Koan. Was auch immer ihm widerfuhr, Gutes und Böses, Schönes und Hässliches, Freundliches und Unfreundliches, der weise Hakuin antwortete immer darauf: »So?« Dieses eine Wort tilgt den Schmerz in unserem Leben. Es tilgt Illusion, Angst und Herzlosigkeit. Es ergreift uns tief und bringt uns zum Kern der Sache zurück.

Gewinn und Verlust

So ist das Leben auf dem Marktplatz. Gewinn, Verlust, Ruhm und Schande wechseln sich ab wie Ebbe und Flut. Der reife Zen-Mönch Hakuin blieb bei Ebbe und Flut und in allen Umständen, die ihm begegneten, gleichermaßen gelassen. Beschuldigung verletzte ihn nicht, und Lob machte ihn nicht stolz, weil er die wahre Natur beider zutiefst erkannte. Er wirkte als Quelle des Segens auf dem Marktplatz, aber er bezog seine Kraft nicht aus dessen Mitteln und Methoden.

Dies bringt Seng-ts'an wunderbar zum Ausdruck:

Die Unwissenden hegen die Vorstellung der Ruhe und der
Ruhelosigkeit.
Die Erleuchteten haben keine Neigungen und Abneigungen.
Alle Formen von Dualität
werden von den Unwissenden selbst hervorgebracht.
Sie gleichen Visionen und Blumen im leeren Raum:
Warum sollten wir uns die Mühe machen, sie zu erfassen?
Gewinn und Verlust, Richtig und Falsch –
Hinfort mit ihnen ein für alle Mal.

Die Stärke der Zen-Praxis liegt darin, uns zu lehren, auf
dem Marktplatz des Lebens zu sein und dabei ein echtes
Verständnis sowohl vom Markt als auch von uns selbst zu
entwickeln. Wenn unsere Rollen, Masken und Kostüme
völlig weggefallen sind und wir die Vergänglichkeit und
Leere aller Menschen und Ereignisse sehen, wird der
Markt zum heiligen Boden, den wir das Privileg haben zu
beschreiten. Das ist die Frucht der Zen-Praxis. Das ist die
Richtung, in die sie uns führt.

Der Markt und der Tempel werden eins

An einem Feiertag besuchte der Zen-Schüler Jeff eine Kirche, in der inbrünstiges Gebet und eine sehr strenge Re-
ligionsausübung gepflegt wurden. An einer bestimmten
Stelle des Gottesdienstes kündigte der Priester an, dass
nun der heiligste Teil des Gottesdienstes bevorstand und
das Reden von da an bis zum Ende der Handlung untersagt
war. In der Kirche wurde es still, und alle machten sich für

den Höhepunkt der Feier bereit. Da brach plötzlich ein Streit zwischen zwei Gläubigen aus. Einer fing an, den anderen anzuschreien, während der zweite auf das Gebetbuch des ersten einschlug. Alle Anwesenden waren sprachlos. Der erste Mann begann, mit den Armen zu fuchteln und seinen Gegner laut zu verwünschen. Es war unmöglich, ihn zum Schweigen zu bringen. Der Priester schlug mit der Faust auf die Kanzel, um Ruhe herzustellen, doch der Streit ging weiter. Alle waren völlig schockiert. Der Kirchenvorsteher wandte sich an die Streitenden und sagte zu dem Störenfried: »Sie müssen gehen. Sie stören die ganze Gemeinde. Hier walten die Kräfte des Bösen.« Daraufhin fluchte der Mann nur noch lauter.

Schließlich ging Jeff, der Zen-Schüler, mit einem gewinnenden Lächeln auf den Mann zu. Er war weder ärgerlich auf ihn, noch hielt er ihn für böse oder teuflisch.

Er sagte: »Moment mal, ich bin einer der Wachmänner von draußen, die für die Sicherheit der Kirche sorgen.«

Der Mann hielt inne: »Wirklich?«

Jeff lächelte weiter. »Ja, wir dachten, die Gefahr würde heute Abend von draußen kommen, nicht von drinnen.«

Jetzt lächelte der Mann auch.

»Warum gehen wir nicht zusammen raus, machen einen Spaziergang und sprechen über die ganze Sache?«, sagte Jeff. Als Jeff den Arm um ihn legte, fing der Mann an zu weinen. In diesem Augenblick war Jeff der Zen-Fischer. Als die beiden Männer hinausgegangen waren, war es an der Zeit, sich wieder den Gebeten zuzuwenden.

Gebet ist notwendig, aber Flexibilität auch. Bei einem plötzlichen Problem, bei akutem Schmerz und Leiden, brauchen wir mehr als einen starken Charakter: Wir brauchen das flexible Herz des Zen-Fischers.

Die große Not vor unseren Augen

Wir sitzen, damit wir die große Not vor unseren Augen spüren und uns ihrer annehmen können, und damit wir uns auch der großen Not annehmen können, die in uns selbst herrscht. Wir sind ebenso der weinende Mann wie auch der Zen-Fischer, der unbemerkt auf Marktplätzen aller Art seines Wegs geht.

Rebecca, eine Zen-Schülerin, schlief allein in einem großen Haus, aus dem sie gerade ausziehen wollte. In den frühen Morgenstunden bei Anbruch der Dämmerung hörte sie ein lautes Klopfen an der Haustür. Erschreckt fuhr sie im Bett auf.

»Wer ist da?«, rief sie, so laut sie konnte.

»Ich bin es, Mike«, gab eine Stimme zur Antwort.

Außer sich vor Schreck überlegte Rebecca, wer das sein mochte.

»Machen Sie auf. Lassen Sie mich herein. Ich bin eine Stunde mit dem Fahrrad hierher gefahren.«

»Ich weiß nicht, wer Sie sind«, rief Rebecca.

»Sie müssen sich an mich erinnern«, rief die gequälte Stimme. »Ich habe oft bei Ihnen übernachtet. Ich bin Joshs Freund.«

Plötzlich erinnerte sich Rebecca daran, dass einer ihrer Söhne einen Freund hatte, der unlängst verrückt geworden war.

»Es ist zu früh am Morgen, Mike«, rief sie.

»Lassen Sie mich rein.«

»Es ist noch zu früh.«

»Wollen Sie mir damit sagen, dass ich ganz allein bleiben soll?«, rief er.

Gelähmt vor Angst, rief Rebecca: »Nein, ich will Ihnen nur sagen, dass ich hier ganz allein bin.«

Das schien ihm besser zu gefallen. Das Klopfen hörte auf.

»Dann kommen Sie doch zu mir nach Hause«, rief er wieder. »Ich will mit Ihnen reden, ich will Ihnen etwas erzählen.«

Rebecca fragte sich, ob sie die Polizei holen sollte.

»Ich möchte, dass Sie mir helfen. Werden Sie gleich kommen?«, fragte Mike.

»Ich weiß nicht, ob ich das kann«, antwortete sie.

»Heißt das, Sie lassen mich im Stich?«

Welche Hilfe kann ich ihm leisten?, fragte sie sich.

Rebecca war nicht reif. Sie war noch nicht so weit. Sie war keine wahre Zen-Fischerin. Ein Zen-Fischer hätte sofort die Tür geöffnet und den Rufenden willkommen geheißen. Rebecca lebte immer noch in der Angst.

Von dem Arzt Galen geht die Geschichte, dass der große Heiler einen seiner Assistenten bat, ihm ein bestimmtes Medikament zu geben.

»Das Medikament ist für Geisteskranke«, antwortete der Assistent. »Sie sind weit davon entfernt, es zu brauchen.«

Galen antwortete: »Gestern hat sich ein Geisteskranker nach mir umgedreht, mich angelächelt, die Augenbrauen gehoben und gesenkt und mich am Ärmel berührt. Er hätte das nicht getan, wenn er in mir nicht etwas Verwandtes entdeckt hätte.«

Wenn Rebecca die Geistesverwandtschaft zwischen sich und Mike gesehen hätte, hätten die Dinge anders verlaufen können. Wenn sie begriffen hätte, dass wir alle verrückt sind, hätte es nichts zu fürchten gegeben. Jeder, der sich, wie kurz auch immer, zu jemand anderem hingezogen fühlt, teilt mit dem anderen ein gemeinsames Bewusstsein. Wie Vimalakirti, ein Schüler Buddhas, sagte: »Ich bin krank, weil alle Wesen krank sind.«

Wäre Rebecca imstande gewesen, sich an die Stelle des anderen zu versetzen, hätte Heilung für beide stattfinden können.

Aus psychologischer Sicht mag es für diese Situation andere Reaktionen und Deutungen geben. Einige fragen vielleicht nach der angemessenen Reaktion. Bestand nicht eine echte physische Gefahr für Rebecca? War es nicht angemessen, sich Mike gegenüber abzugrenzen? Aus psychologischer Sicht bejahen wir diese Punkte natürlich. Aus der Sicht des Zen-Fischers hingegen findet Heilung anders statt. Einige Menschen würden vielleicht einwenden, dass es gefährlich sein könnte, für alle, die da kommen, die eigene Tür offen stehen zu lassen. Der Zen-Fischer antwortet, indem er auf die viel größere Gefahr hinweist, hinter geschlossenen Türen zu leben, eine Gefahr für Mike ebenso wie für Rebecca. Das folgende Gedicht von Rumi beinhaltet wertvolle Unterweisungen für beide.

Schrei auf in deiner Schwäche

Nimm die Watte aus deinen Ängsten, die Watte der Tröstungen,
damit du die Sphärenmusik hören kannst.
Schieb das Haar aus deinen Augen.
Puste den Schleim aus deiner Nase
und aus deinem Hirn.
Lass den Wind hindurchwehen.
Lass nichts in dir übrig
von dem galligen Fieber.

Löse die Fesseln von deinen Füßen.
Löse den Knoten der Gier.
Gib deine Schwäche dem einen, der hilft,
und lass die Milch des Liebens in dich hineinfließen.
Sei geduldig. Antworte auf jeden Ruf, der deinen Geist
erhebt.
Übergehe solche, die dich ängstlich und traurig machen
und dich wieder in Krankheit und Tod zurückfallen lassen.

Den Zen-Fischer gibt es in allen Traditionen. Er hat die Kleinheit und Angst überwunden. In den *Zehn Ochsenbildern* wird der Zen-Fischer wunderbar beschrieben.

Das Tor zu seiner Hütte ist verschlossen und selbst die Weisesten können ihn nicht finden. Sein geistiges Panorama ist endlich verschwunden. Er geht seinen eigenen Weg und macht keinen Versuch, den Schritten der früheren Weisen zu folgen. Mit einer Kalebasse schlendert er auf den Markt, mit seinem Stock kehrt er heim. Er führt Gastwirte und Fischhändler auf den Weg.

Mit nackter Brust und barfuß kommt er auf den Marktplatz.
Von Schmutz und Staub bedeckt, wie breit er lacht!
Ohne sich mystischer Kräfte zu bedienen,
bringt er verdorrte Bäume rasch zum Blühen.

Praktisches Zen

Übung 1: Wo ist der Marktplatz?

Fragen Sie sich: Wo ist der Marktplatz Ihres Lebens? Wo kaufen und verkaufen Sie Ihre Waren? Auf welche Art von Gegenwert hoffen Sie? Haben Sie ihn jemals bekommen? Hat er Ihnen jemals das gebracht, wonach Sie gesucht haben?

Übung 2: So?

Ganz gleich, was Ihnen heute, morgen und übermorgen widerfährt, reagieren Sie, indem Sie sagen: »So?« Bei jeder Gelegenheit. Schauen Sie die Welt, sich selbst und Ihr Leben aus der Sicht dieses mächtigen Koans an. Versenken Sie sich morgens und abends tief in es hinein. Lassen Sie es jeden Ihrer Atemzüge durchdringen. Sie halten das für schwierig? So?

Im Grunde ist es viel schwieriger, ohne dieses Koan auf dem Marktplatz des Lebens zu leben und herumgestoßen zu werden. Wenn die Begeisterung und der Spaß am Gewinnen und Verlieren nachlässt, wenn der Zirkuslärm erstirbt und das Tosen der Fahrten im Vergnügungspark verhallt, wenn Sie allein dastehen und in den dunklen Nachthimmel schauen, werden Sie dankbar sein, sich damit auseinander gesetzt zu haben.

So, unablässig geübt, bringt Stille, Frieden und wahres Verständnis. Ohne es leben wir ein Leben, das sich in Masken und Spielen erschöpft. Es ist nichts falsch an Masken und Spielen, solange wir wissen, dass wir sie tragen und sie nicht unser echtes Fleisch und Blut ersetzen.

Fall 36 aus dem Mumonkan:
Begegnung mit einem vollendeten Meister

Goso sagte: »Begegnet ihr unterwegs einem Mann, der auf dem Weg Vollendung erlangt hat, grüßt ihr ihn weder mit Worten noch mit Schweigen. Sagt mir: Wie wollt ihr ihn grüßen?«

Mumons Kommentar

Wenn ihr eine enge Begegnung mit ihm zustande bringt, wird sie sicherlich lohnend sein. Wenn nicht, müsst ihr in jeder Weise Acht geben.

Mumons Vers

Unterwegs einem Meister des Weges begegnend,
grüß ihn weder mit Worten noch Schweigen.
Einen Faustschlag ins Gesicht versetz ich dir.
Willst du's realisieren, tu es sofort.

TEIL V

Zen, Gott und Erleuchtung

17

Das torlose Tor durchschreiten

Zen-Wunder 17

Das torlose Tor öffnet sich, und wir gehen hindurch.

Wie du zu sein glaubst, nicht wie du wirklich bist,
bildet die Gitterstäbe deines Gefängnisses.
Moderne Zen-Lehre

Die Sehnsucht nach Freiheit, Liebe, Gott und Erleuchtung
liegt tief in uns allen. Wir benennen und erleben sie unterschiedlich: die einen als Suche nach der Wahrheit, andere als Gnade oder als Sehnsucht nach dem Geliebten,
wieder andere als Beseitigung der Beengtheit in ihrem Leben oder als Erfüllung eines Lebensauftrags. Beim Zen erleben wir sie als das Aufwachen aus einem tiefen, uner-
bittlichen Traum.

Obwohl vieles in der Welt von heute uns Schmerz zu
verursachen scheint, kann man sagen, dass die nicht er-
füllte Ursehnsucht nach Erleuchtung oder Gott die Ursache all unseres Leidens bildet. Ist diese Sehnsucht gestillt,
kommt und geht alles andere in der Welt einfach, und wir
können es als Teil des universellen Tanzes hinnehmen. In
der hinduistischen Tradition nennt man das *Leila*, Spiel,
und die Erwachten werden als verspielt und von Freude
und Gesang erfüllt beschrieben.

Sie genießen die Ereignisse als Teil des verschlungenen Gewebes des Lebens.

> Ein Erleuchteter ist ständig voller Lachen.
> Er ist kein ernster Mensch, wie man gewöhnlich annimmt.
> Immer wenn ihr Ernst seht,
> dann könnt ihr gewiss sein, dass etwas nicht stimmt –
> denn Ernsthaftigkeit ist Teil eines von Krankheit befallenen Wesens.
> Keine Blume ist ernst, außer sie ist krank.
> Kein Vogel ist ernst, außer er ist krank.
> Ein Erleuchteter erkennt, dass das Leben ein Gesang ist.
>
> *Bhagwan Shri Rajneesh*

Wenn unsere Ursehnsucht jedoch unerfüllt bleibt, kann uns nichts von dem, was wir leisten oder bekommen, Frieden und Erfüllung bringen. Daher ist das Leben der meisten Menschen voll von Hindernissen, Hemmungen und Begrenzungen. Die meisten erleben sich als Gefangene ihrer Arbeit, ihrer Umgebung und Familie, ihrer Beziehungen, Krankheiten oder anderen Umstände. Diese Schwierigkeiten und Begrenzungen können als geschlossene Tore betrachtet werden, mit denen wir konfrontiert sind – Tore, die uns daran hindern, uns frei durchs Leben zu bewegen. Jedes Koan, das wir auf dem Zen-Übungsweg erhalten, ist ebenso ein Tor. Mit jeder Lösung eines Koans dreht sich der Schlüssel weiter, sodass sich das ganze Tor plötzlich öffnet und wir hindurchgehen können.

Das torlose Tor

Wenn du einmal dieses Tor durchschritten hast,
kannst du frei durchs Universum gehen.
Die drei Pfeiler des Zen

Unser gesamtes Leben gründet auf der Vorstellung von Begrenzung und Kampf. Die Sehnsucht nach Frieden und danach, die Erfahrung der Begrenzung zu überwinden, macht sich konstant geltend, sowohl in unserer Arbeit an Koans als auch in der Erfahrung unseres Lebens. Wenn wir fortfahren zu üben, erkennen wir, dass die Erfahrung der Begrenzung von dem Gefühl eines getrennten, unwirklichen Selbst herrührt, das darum kämpft, seine Wirklichkeit zu behaupten und in einer Umgebung zu überleben, die seinen Bedürfnissen feindlich gegenüberzustehen scheint.

Die Höhepunkte im Leben eines Menschen sind solche, in denen dieses Gefühl des getrennten Selbst zusammen mit all seinen tief verwurzelten Begierden verschwindet. Eine solche Urerfahrung kann auf verschiedene Weise erlebt werden: beim Gebet, der Sexualität, in der Meditation, in Musik und Kunst – immer wenn die Trennung vom Leben sich auflöst und der Mensch in sein ursprüngliches Zuhause zurückkehrt. Dieses ursprüngliche Zuhause kann man auch die Quelle, Gott, den Geliebten oder die universelle Weisheit nennen.

Viele suchen diese Erfahrung, indem sie Drogen, Alkohol oder andere Substanzen zu sich nehmen, die vorübergehend die Fesseln sprengen, in denen sie sich gefangen fühlen. Für kurze Augenblicke gehen sie durch das torlose Tor und schmecken ihre ursprüngliche Natur. Aber je nachdem, wie sie dort hinkommen und wie sie die Erfahrung integrieren, kann die Rückkehr in die »Alltagswirklichkeit« einen Tribut fordern. Man erkennt die Echtheit einer Erfahrung des Einsseins daran, ob der Mensch nach seiner Rückkehr mehr ist, als er vorher war. Sein Wesen hat sich verändert. Er hat einen tiefer verwurzelten Frieden.

Wenn er hingegen zerstört ist, einen Kater hat, an Wahrnehmungsverzerrungen, Halluzinationen oder Wutausbrüchen leidet oder anderswie in seinen Funktionen beeinträchtigt ist, wissen wir, dass die Erfahrung auf unechte Weise hervorgerufen wurde und er jetzt den Preis dafür zahlen muss. Überall im Leben gibt es Imitate und Surrogate, die negative Wirkungen haben. Große Sorgfalt und Geduld sind vonnöten. Durch das torlose Tor gehen erfordert Weisheit, Gnade und Vorbereitung. Man kann es nicht billig bekommen. Es ist keine schnelle Notlösung oder eine kostenlose Mahlzeit.

Der Weg hinaus

Der Weg hinaus ist einfach und wird uns ohne Vorbehalte gezeigt. Die ganze Welt zeigt ihn uns. Wir bilden uns ein, in einem Raum oder einem Leben eingeschlossen und gefangen zu sein, in dem es kein Entrinnen gibt. Aber da ist eine Tür direkt vor unseren Augen. Statt sie zu öffnen und mutig hindurchzugehen, klettern wir die Wände hoch, lassen uns von den Fenstern herabbaumeln oder rennen wie wahnsinnig im Raum auf und ab und wiederholen endlos dieselben Verhaltensweisen. Dann laufen wir zu allen Arten von Ärzten, die unglücklicherweise mit uns drinnen eingesperrt sind.

In gewisser Weise gleichen wir alle Geisteskranken, die auf ihrer Station eingeschlossen sind und furchtbar leiden, aber wir weigern uns, einfach durch die Tür zu gehen. Wir glauben, *eine solche Lösung sei zu offensichtlich, sie sei für Kinder.* Die Vorstellung, dass es immer eine Tür gegeben hat, die auf uns wartet, könnte uns sogar zu Narren stempeln, und der größte Schrecken für alle im Raum Eingeschlossenen besteht darin, töricht zu erscheinen. Alle wollen klug sein. Einige halten sich für erfolgreiche, bedeutende und mächtige Menschen. Andere denken, ohne sie könne das Leben im Raum nicht weitergehen.

Wieder andere weigern sich, die Tür für eine Tür zu halten, wenn sie sie gerade vor sich sehen. Sie glauben, jemand wolle sie hereinlegen, und halten sich für zu klug, um auf so etwas Einfaches hereinzufallen. Die Nächsten verlieben sich in ihre Falle. Sie werden süchtig danach, hilflos umherzulaufen und sich bei jedem zu beklagen, der zuhört. Andern gefällt es, schnell im Karree zu laufen. Je schneller sie laufen, desto mächtiger fühlen sie sich. In ihrer Verzweiflung über die scheinbare Ausweglosigkeit der Situation vergessen viele, dass sie Gefangene sind und dass es eine funkelnde Welt gibt, die draußen wartet.

Geh hindurch

Laut Zen ist der Weg nach draußen leicht. Gehen Sie einfach zur Tür, drücken Sie die Klinke herunter und gehen Sie hinaus. Der Weg nach draußen liegt direkt vor Ihren Augen. Es ist das Geburtsrecht eines jeden, durch die Tür zu gehen und den unermesslich weiten Himmel draußen zu erblicken. Nichts ist verborgen, alles ist offenbar. In der

Ferne zu suchen ist nicht notwendig. Schauen Sie – die Tür ist direkt hier.

Ein Ehepaar kam zu einem Zen-Meister. Die Frau war mit dem fünften Kind schwanger. Der Ehemann fühlte sich unwohl und bedrückt, weil er das Gefühl hatte, dass er für so viele Kinder nicht sorgen könne.

Der Zen-Meister bot ihnen Tee an, und sie setzten sich in aller Ruhe und tranken gemeinsam den grünen Tee.

»Wie soll ich noch ein weiteres Kind verkraften?«, fragte der Ehemann endlich voller Verdruss. »Ich fühle mich jetzt schon ausgelaugt und überfordert. Ich habe nichts mehr zu geben.«

Der Zen-Meister trank ruhig seinen Tee.

Der verzweifelte Mann schaute ihn an. »Es gibt eine Grenze für die Belastung, die man einem Menschen zumuten kann. Sagen Sie mir bitte, was soll ich denn noch geben?«

»Vielleicht«, antwortete der Zen-Meister, »braucht das Kind nichts weiter als die Chance, die Augen zu öffnen und in den Himmel zu schauen.«

Wie viele von uns können wirklich die Augen öffnen und in den Himmel schauen? Wie vielen ist das überhaupt wichtig? Wie viele denken, dass all die Schätze, die es zu finden gibt, in dem winzig kleinen Raum verborgen sind, in dem sie eingeschlossen sind?

Um die Tür zu finden und zu öffnen, ist wenig vonnöten. Es ist Bestandteil der Medizin, die wir nehmen. Dieser Bestandteil ist sowohl die Frucht des Übens als auch eine Hilfe auf dem Weg.

Wisse, dass die Tür da ist

Wir müssen wissen, dass die Tür da ist. Das kann man auch *Glauben* nennen. In der Zen-Praxis ist es eine Grundannahme, von der wir ausgehen, und sie wird schließlich zu persönlichem Wissen, das zunimmt, wenn wir sitzen. Ob wir sie im Augenblick sehen können oder nicht, es gibt eine Tür vor unseren Augen. Weil wir so blind sind, kann es schwierig sein, sie zu sehen, aber die Tür ist immer da. Der Weg aus unserem persönlichen Gefängnis heraus ist nicht weiter als einen Atemzug entfernt. In jedem beliebigen Augenblick können wir ihn finden. Und selbst wenn wir ihn finden und anschließend wieder verlieren, ist er niemals fort. Er wartet immer darauf, dass wir zu ihm zurückkehren. Niemand ist davon ausgeschlossen.

Wenn wir ruhig, klar und beständig Zazen üben, wird genug vom Nebel beiseite geschoben, sodass wir die Tür sehen können. Das Üben führt dazu, unser Leben und Gewahrsein auf eine gesunde Basis zu stellen. Suzuki Roshi sagt:

Wenn ihr diese einfache Praxis jeden Tag fortsetzt, werdet ihr eine wunderbare Kraft bekommen. Bevor ihr sie bekommt, ist sie etwas Wunderbares, doch wenn ihr sie erhalten habt, ist sie nichts Besonderes mehr. Es ist nur euer eigenes Selbst, nichts Besonderes. Wie ein chinesisches Gedicht es ausdrückt: »Ich ging und ich kehrte zurück. Es war nichts Besonderes. Rozan, berühmt wegen seiner nebligen Berge, Sekko wegen seines Wassers.«

Es ist ein Art Rätsel, dass für Menschen, welche Erleuchtung nicht erfahren haben, die Erleuchtung etwas Wunderbares ist. Aber wenn sie sie erlangen, ist sie nichts. Und doch ist sie nicht nichts. Könnt ihr das verstehen? Für eine Mutter mit Kindern ist es nichts Besonderes, Kinder zu haben. Das ist Zazen. Wenn ihr deshalb diese Praxis fortsetzt, werdet ihr zunehmend etwas gewinnen, nichts Besonderes, aber doch etwas.

Zen-Geist, Anfänger-Geist

Zwei Männer im Zug

Eines Abends ging eine Frau in den Zendo und setzte sich neben eine alte Zen-Freundin, die ihr besonders am Herzen lag. Was bedeutet es, mit einer alten Freundin oder einem alten Freund zu sitzen? Es bedeutet nicht, zu schwatzen oder zu plaudern, sondern einfach still nebeneinander zu sitzen und zu atmen. Dabei fiel ihr eine Geschichte von Martin Buber ein:

An einem kalten Winterabend bestiegen zwei Männer den Zug und setzten sich nebeneinander. Ein Mann schlug die Zeitung auf, die er während der Fahrt lesen wollte, während der andere sich mit Papieren aus dem Büro beschäftigte. Die beiden Männer waren Fremde, sie hatten sich nie zuvor gesehen. Während der Zug seinem Ziel entgegenfuhr, gingen sie weiter ihrer jeweiligen Beschäftigung nach. Dann plötzlich, wie aus dem Nichts heraus, hob sich ein Schleier zwischen ihnen. Ohne dass einer den anderen ansah oder auch nur ein Wort fiel, floss die Kommunikation zwischen ihnen hin und her. Sie waren ergriffen davon. Jeder von beiden hatte das Gefühl, den anderen total zu kennen, alles über diesen Menschen, den so genannten Fremden im Zug, zu wissen. Buber sagte: »ES

sprach, und die beiden Männer saßen da und ließen es zu.«
Beim nächsten Bahnhof stand einer der Männer auf und
verließ den Zug. Der andere fühlte sich vollkommen und
ganz, so als wenn er eine echte Begegnung gehabt und den
Mann auf dem Platz neben ihm wirklich gekannt hätte.
Sein Gefühl von Trennung und Isolation verschwand.

Das ist eine ausgezeichnete Schilderung dessen, was es
bedeutet, durch das torlose Tor zu gehen. Wo waren die
Schlösser an dem Tor vorher? Wie sind sie aufgegangen? In
dem Augenblick, als sich der Schleier hob, machten die
Männer kein Zazen – Zazen machte sie. Keiner von beiden brauchte Details über den anderen zu wissen, über
sein Alter, seinen Beruf, seine finanzielle Situation oder
seine Lebensgeschichte. Tatsächlich halten all die Arten,
auf die wir uns gewöhnlich kennen, das torlose Tor fest
verschlossen. Unser sozialer Kontakt zu anderen konzentriert sich auf diese Art Details, aber was im Zug geschah,
bringt uns zur essenziellen Wahrheit zurück. Diese Art
von »Begegnung« oder Gemeinschaft ist nicht nur mit
Menschen möglich. Sie kann auch mit einer Blume, einem Baum oder einem Tier stattfinden. Die Zazen-Praxis
bereitet uns auf das Aufheben des Schleiers vor. Wenn wir
mit solchen Augenblicken der Kommunion beschenkt
werden, sind wir niemals mehr dieselben.

Der Zen-Meister Dogen sagt:

> Zen zu studieren heißt, das Selbst zu studieren.
> Das Selbst zu studieren heißt, das Selbst zu vergessen.
> Das Selbst zu vergessen heißt, mit allem eins zu werden.

Im Zug vergaßen diese beiden Männer plötzlich das Selbst.
Sie vergaßen ihre kleinen selbstsüchtigen Interessen und

öffneten sich der Ganzheit. Tatsächlich waren sie auch schon vorher miteinander verbunden. Es war nur ihre zwanghafte Beschäftigung mit ihrem kleinen Selbst, die sie davon abhielt, das zu erkennen.

Nichts Besonderes

Es ist sehr wichtig, zu betonen, dass Erleuchtung *nichts Besonderes* ist. Dadurch bleiben wir mit beiden Beinen fest auf dem Boden des alltäglichen Lebens stehen und vermeiden auch den Stolz und die Arroganz, die solch eine Erfahrung mitunter begleiten und für neue Trennung sorgen, sodass wir wieder an den Ausgangspunkt zurückgeworfen werden.

Nichts Besonderes bedeutet, dass die Erleuchtung selbst etwas Natürliches ist, uns innewohnt und auch so betrachtet werden sollte. Wir erleben sie viele Male im Leben, und sie ist Teil des ständigen Prozesses des Erwachsenwerdens. Wenn wir nach ihr an Orten zu suchen, die zu weit vom Gewöhnlichen entfernt sind, enden wir mitunter beim Gegenteil.

Wenn wir Gewahrsein oder Zazen üben, kehren wir in unser ursprüngliches Zuhause zurück. Das geschieht jedes Mal, wenn wir auf dem Kissen sitzen, auch wenn wir es vielleicht nicht bemerken. Für einige ist die Erleuchtung oder *Kensho*, wie sie genannt wird, eine intensive Erfahrung. Es findet eine plötzliche, dramatische Entgrenzung statt oder die Erfahrung einer durchdringenden Einsicht. Das kann von Glückseligkeit oder großer Freude begleitet sein. Mitunter fließen Tränen, das Leben wird anders gesehen. Alte Ängste oder Hindernisse können verschwinden. Das torlose Tor selbst wird als unwirklich erkannt.

Nachdem ein Mensch das torlose Tor durchschritten hat, muss er sich wieder den vor ihm liegenden Alltagsangelegenheiten zuwenden. Bestimmte Hindernisse oder Probleme sind für immer erledigt, andere nicht. Sie können jedoch weniger real erscheinen, und es kann einfacher sein, mit ihnen zu leben. Wenn wir mit dem schlichten, täglichen Üben nicht weitermachen, kann all dies wieder in den Hintergrund treten und zu einem Traum werden. Wenn wir diese Erfahrung nicht in alle Aspekte des täglichen Lebens integrieren, kann sie zu einem Beiwerk werden statt zu etwas Nützlichem und Relevantem.

Es gibt alle möglichen Gründe dafür, dass wir mit der Zen-Praxis beginnen. Manche Menschen hegen anfangs die große Illusion, dass sie Erleuchtung erlangen und nie mehr leiden werden. In gewisser Weise ist das wahr, aber nicht so, wie sie es sich vorstellen. Wenn sich das torlose Tor öffnet, werden wir größer als das Leiden, wir tragen es anders und können es manchmal sogar willkommen heißen.

Falsche Bilder von Erleuchtung

Eines der größten Hindernisse beim Üben sind die Illusionen, die wir über die Erleuchtung hegen, und die Enttäuschung, die daraus folgen kann. In einem Sutra wird von jemandem gesprochen, der sich Arme und Beine abhackt, um der Erleuchtung würdig zu sein. Wir können unglaubliche Bilder und Fantasien darüber entwickeln, wie wir zur Erleuchtung gelangen und worin ihre Wirkungen bestehen werden. Darin lauert eine große Gefahr.

Ein Schüler rezitierte mehrere Stunden am Tag religiöse Texte, transzendierte alles Weltliche und verharrte in der Glückseligkeit. Er besuchte einmal eine andere Frau aus der Gruppe, die einen schweren Krug voller Wasser hatte, den sie nicht allein hochheben konnte. Sie bat ihn, den Krug hochzuheben und ihr zu helfen, ihn an seinen Platz zu tragen.

Er seufzte und hob den schweren Wasserkrug halbherzig an. Dieser kippte um und lief aus. Das Wasser nützte niemandem mehr. Das ist die Gefahr, wenn man in zu viel Glückseligkeit verharrt.

In der Zen-Praxis geht es nicht darum, ein großer Heiliger oder Weiser zu werden, ein erleuchtetes Wesen, das nie mehr Schmerz verspürt. Es geht darum, das dualistische Denken abzubauen, das anderen und uns selbst schadet und das torlose Tor in unserem Leben fest verschlossen hält.

Unser dualistisches Denken sagt uns, dass es hier ein Subjekt und dort ein Objekt gibt, dass wir etwas von anderen bekommen oder Mauern aufbauen müssen, um uns selbst zu schützen. Solange wir so denken, ist das Leiden unausweichlich. Doch in den Augenblicken, in denen wir einen anderen anschauen und uns selbst in ihm sehen, öffnet sich das torlose Tor und das Leiden verschwindet.

Ein Herbstabend

Richard, ein Zen-Schüler, war zu Hause bei seinen Eltern und setzte sich an einem Herbstabend auf den Zaun im Hof, als plötzlich jegliches Gefühl der Trennung zwischen ihm und der ganzen Welt von ihm wich. Er erlebte sich als völlig eins mit allen Wesen, und die Einsamkeit, die er jahrelang mit sich herumgetragen hatte, löste sich in Nichts auf. Danach wollte er diese Erfahrung natürlich festhalten und sie verstehen. Er ging fort in ein Kloster, wo er viele Jahre Zen übte.

»Von da an war mein Leben sehr schwierig«, sagte er. Man sollte meinen, dass das Leben nach so einer wunderbaren Erfahrung schön und vollkommen ist. Es kann jedoch ganz im Gegenteil schwieriger werden, und das Üben dient als Rückgrat, um mit den sich einstellenden Schwierigkeiten fertig zu werden.

Schließlich musste Richard das Kloster verlassen und in das alltägliche Leben mit all seinen Komplikationen zurückkehren. Da sagte er: »Jetzt sitze ich auf der Spitze einer 30 Meter hohen Stange.« Das bedeutet: »Ich stecke an einer bestimmten Stelle in meinem Leben in der Sackgasse und komme nicht voran. Ich kann weder von der Stange herunter, noch kann ich dort sitzen bleiben. Ich sitze einfach da.« Obwohl er sich danach sehnte, ins Kloster zurückzukehren und zu üben, verhinderten die Umstände es. Dieser Zustand, sein alltägliches Leben zu leben und sich zu wünschen, anderswo zu sein, hielt bei ihm zehn Jahre lang an. Seine Erleuchtungserfahrung spaltete ihn in zwei Hälften.

Auch das ist ein berühmtes Koan, mit dem Schüler üben: *Spring von der Spitze einer 100 Meter hohen Stange herab.*

Richard hatte das Gefühl, oben auf der Stange festzusitzen, weil er an der Vorstellung festhielt, dass echtes Üben nur darin bestehen konnte, ins Kloster zurückzugehen. Aber was tat er denn jeden Tag, von dem Augenblick an, als er aufgewacht war? Üben und wieder üben. Keine besondere Übung, das ist die schwierigste Übung überhaupt.

Das sind die beiden Gesichter des Zen: Wir sitzen, und dann kehren wir in unser Leben zurück, um anders auf das zu reagieren, was uns dort begegnet. Wenn wir den ganzen Tag in Glückseligkeit verharren, was soll dann werden, wenn jemand unsere Hilfe braucht?

> Auf dem Rücken des hölzernen Pferdes,
> das auf dem Kopf steht,
> galoppiere ich durch die Leere.
> Willst du meine Spur aufnehmen?
> Ha! Versuche, den Sturm in einem Netz zu fangen.
>
> *Gido Shushin*

Zen-Krankheit

Die Erfahrung von so viel Freiheit kann verschiedene Konsequenzen haben. Für einige wird daraus eine Sucht. Das gewöhnliche Leben erscheint ihnen sinnlos, und sie bringen ihre Zeit damit zu, der Erleuchtung oder Glückseligkeit nachzujagen. Das Einzige, was sie wollen, ist Freiheit, Einssein, Glückseligkeit. Das nennt man »Zen-Krankheit« oder den »Gestank von Zen«. Sie befällt Menschen auf den Anfangsstufen des Übens. Nur weil jemand eine Erleuchtungserfahrung hat, bedeutet das nicht, dass dieser Mensch weit gekommen ist. Es bedeutet einfach, dass er einen kleinen Spalt im torlosen Tor erspäht hat und dass er jetzt noch mehr üben muss.

Wir wissen nicht, was wirkliches Üben ist, solange wir nicht mehrere Jahre lang gesessen haben. Jedes Jahr auf dem Weg glauben wir, dass wir jetzt endlich Verständnis erlangt haben. Aber wenn unser Üben stark und aufrichtig ist, begreifen wir im nächsten Jahr, dass das nicht der Fall war. Die Entdeckungen nehmen kein Ende.

Der große Zen-Meister Joshu hatte seine erste große Erleuchtung im Alter von sechzig. Er blieb danach im Kloster und übte, bis er achtzig war, damit seine Erleuchtung zur Reife gelangen konnte. Mit achtzig ging er fort, gründete seine eigene Schule, lehrte bis zum Alter von 102 Jahren und verbreitete sein Licht nah und fern. Sehr viele Schüler gelangten unter ihm zur Erleuchtung.

Eine andere Form der Zen-Krankheit besteht darin, dass ein Mensch aufgrund irgendeiner Erleuchtungserfahrung denkt, er sei anders und besser als andere. Er drischt Zen-Phrasen und schaut andere mit einem seltsamen Glitzern in den Augen an. Diese Art von Krankheit muss sofort behandelt werden.

Ein berühmter Zen-Spruch heißt: »Wenn du Buddha siehst, töte ihn.« Das wird weithin missverstanden. Es bezieht sich einfach auf diese ganz spezielle Zen-Krankheit. Es bedeutet, dass wir jemandem, der sich wie ein großes, erleuchtetes Wesen aufführt, keine Beachtung schenken sollten. Suchen Sie im Innern nach dem Erleuchteten. Verehren Sie nicht andere und verlieren dabei sich selbst.

Was ist verkehrt an deinem eigenen Kopf?

Buddha töten heißt wissen, dass wir selbst einen Kopf haben, dass wir durch unsere eigenen Nasenlöcher atmen, dass unser eigenes Herz schlägt. Es bedeutet, äußere Phänomene und Autoritäten zu verwerfen und tief nach innen zu gehen. Man kann es auch so auffassen, dass man den Geist des lebendigen Gottes im Innern findet. In der

Bibel heißt es, dass wir den Geist des lebendigen Gottes finden sollen. Im Zen heißt es, dass wir nicht an den toten Worten der alten Meister kleben sollen, sondern aus dem sprechen und den kennen lernen sollen, der jetzt in unserem Innern lebt. Das ist der Prozess, von falschen Autoritäten frei zu werden und sich von anderen nicht täuschen oder in die Falle locken zu lassen. So viele Menschen setzen sich selbst Grenzen, indem sie eine falsche Autorität verehren, die ganze Macht und Schönheit, die sie selbst besitzen, anderen zuschreiben und ihre eigene Kraft bei diesem Handel verlieren. Zen ist eine Radikalkur dafür. Aber lassen Sie sich nicht zum Narren halten. Lassen Sie sich nicht in die Falle locken. Denken Sie daran, den »wahren Lehrer« im Innern zu finden.

Unbewusst geben wir die Verantwortung für unser Leben an diejenigen ab, die wir für Autoritäten halten. Wir vergöttern sie und projizieren auf sie alle von uns idealisierten Eigenschaften. In anderen Traditionen wird diese blinde Verehrung des falschen Gottes »Götzendienst« genannt.

Bete keine Götzen an

Im Christentum gibt es das strenge Gebot, keine Götzen anzubeten oder sich falsche Götter zu machen. Beim Zen nehmen wir das ernst. Wir verehren nicht die Form oder die Erscheinung. Wir nehmen sie, wie sie kommt, und lassen sie gehen. Wir machen keine äußere Manifestation zu einem Götzen oder projizieren unsere Ideale auf etwas außerhalb von uns selbst. Wir suchen nicht im Äußeren nach Antworten, sondern haben einen radikalen Glauben an den lebendigen Geist im Inneren. Wir werden still, um im unmittelbaren Kontakt mit dem »Geist des lebendigen Gottes« zu sein. Das heißt es, das Leben des wahren Menschen ohne Rang und Namen zu leben.

Es gibt die berühmte Geschichte von Enyadatta, einer Frau aus Buddhas Zeiten, die das veranschaulicht. Eines Morgens wachte sie auf und wusste nicht, wo ihr Kopf war. Sie lief blind vor Angst umher und glaubte, ihr Kopf sitze auf den Schultern anderer Menschen. Nachdem das tagelang so ging und sie verzweifelt überall gesucht, geweint und um Hilfe gerufen hatte, kamen viele Ratgeber und Ärzte herbei, aber niemand konnte ihr helfen. Schließlich erschien ein Mönch und schlug ihr vor, sie solle aufhören, herumzulaufen, und sich stattdessen ruhig und bewegungslos hinsetzen, atmen, sich auf ihre zerstreuten Energien konzentrieren und eins mit ihrem Atem werden.

Nach einigen Tagen geriet Enyadatta in eine Verzückung, lief im Raum umher, in dem sie sich aufhielt, und rief: »Mein Kopf sitzt ja auf meinen eigenen Schultern.«

Enyadatta hatte eine Erleuchtung. Sie war durch das torlose Tor gegangen. Es gab kein Tor, keinen Verlust, ihr Kopf war nie irgendwo anders gewesen. Er hatte immer auf ihren Schultern gesessen. Sie hatte nur geträumt, dass sie enthauptet worden war und sich in der Welt nicht zurechtfinden konnte. Ihre Täuschung hatte sie verrückt gemacht. Jetzt sah sie etwas sehr Einfaches: dass sie ursprünglich ganz und heil war. Enyadatta sah ihre Buddha-Natur; sie begriff, dass nichts an ihr je verkehrt gewesen war. Von Anbeginn an hatte sie alles gehabt, was sie brauchte, um ein vollständiges und glückliches Leben zu führen. Als sie ihre Buddha-Natur sah, wurden ihr große Erleichterung und Freude zuteil.

Nur ein haarfeiner Unterschied,
und Himmel und Erde sind getrennt.

Seng-ts'an

Ihre große Freude war wunderbar, doch war sie zugleich Teil der Zen-Krankheit. Warum sind wir so außer uns vor Freude, wenn wir entdecken, dass unser Kopf dort ist, wo er hingehört, dass wir ursprünglich heil und ganz sind? Was hat uns dazu veranlasst, etwas anderes zu glauben?

Unser Kopf ist auf unseren eigenen Schultern

Jedes Mal, wenn wir uns aufs Kissen sitzen, um Zazen zu üben, leben wir, ganz gleich, ob wir es bewusst erkennen oder nicht, aus dieser grundlegenden Wahrheit und bringen sie zum Ausdruck: Unser Kopf sitzt auf unseren eigenen Schultern, und alles, was wir brauchen, wird uns von innen gegeben. Wir lassen uns nicht von anderen täuschen. Wir setzen keine unrealistischen Erwartungen in andere Menschen. Das drückt sich in dem aus, was wir tun: Wir übernehmen die radikale Verantwortung für unser eigenes Leben. Wenn das geschieht, können wir auch die Verantwortung für die kostbare Welt übernehmen, in der wir leben.

Die Angst, weiterzugehen

Francine fürchtete sich von Kindheit an unablässig vor Krankheit und Tod. Mit zunehmendem Alter verstärkte sich diese Angst. Bei der kleinsten Erkrankung schlug ihr Herz unkontrollierbar und Bilder des Todes übermannten sie. Dieses sich verstärkende Problem führte zu immer größeren Einschränkungen in ihrem Leben, da sie verzweifelt versuchte, Personen oder Orte zu vermeiden, an denen Krankheitskeime lauerten.

Schließlich ging sie in eine Therapie und verbrachte beträchtliche Zeit damit, psychologische Faktoren, Träume und Assoziationen aus ihrer Kindheit zu analysieren. Obwohl es ihr vorübergehend besser ging, kehrten ihre Ängste schließlich zurück, und sogar noch stärker als vorher. In ihrer Verzweiflung entschloss sich Francine, es mit Zen zu probieren.

Am Anfang saß sie zaghaft auf dem Kissen und zweifelte ständig an dem Wert dessen, was sie tat. Als ihre Zweifel schließlich nachließen, erlaubte sie sich, tiefer in die Stille zu gehen. Tag für Tag trat sie in die Stille ein und kehrte wieder zurück. Eines Tages beim Sesshin erlaubte sie sich selbst, tief in das Zentrum dessen einzutauchen, was sie wie einen Abgrund empfand, der sie umgab. Zu ihrer Überraschung kehrte sie voller Licht und Freude zurück.

»Meine Angst vor dem Tod ist an diesem Tag gestorben«, sagte sie später. »In gewisser Weise bin ich auf dem Kissen gestorben. In diesem Augenblick begriff ich, dass alles gut ist.«

Während des Zazen gehen wir in die Stille und kehren

nach Hause zurück. Dann kommen wir wieder hierher. Diese Reise, die wir wieder und wieder unternehmen, macht uns mit einer anderen Landschaft vertraut. In vielen Menschen entsteht dadurch das Gefühl, dass sie keine Fremden mehr sein werden, wenn es für sie an der Zeit ist, diese vorübergehende Welt zu verlassen. Wenn wir unseren Ursprung erkennen, verliert nicht nur der Tod, sondern auch das Leben alles Beängstigende. Wir werden dann frei, das vor uns liegende Leben voll zu leben, ganz gleich, wie kurz oder zerbrechlich es sein mag.

Wohin wir gehen

Nicht nur das Üben von Zen, sondern jedes Üben bringt uns zu unserem ursprünglichen Zuhause zurück: zu unserer Quelle, Gott, unserem Selbst, unserer ursprünglichen Natur. Wenn wir begreifen, woher wir kommen und wohin wir gehen, wird uns völlig klar, dass das hier nicht unser ständiges Zuhause ist. Wenn wir das begreifen, lässt unser eisernes Festhalten an dieser Welt und denjenigen, die sie bewohnen, nach, und in uns entsteht Ruhe. Wenn wir jetzt gefragt werden, wer wir sind, können wir leicht zusammen mit dem Dichter Basho sagen:

> Ein Reisender,
> so sollst du mich kennen
> an diesem Herbstabend.

Uns als Reisende zu betrachten mag eine Weile dauern. Obwohl wir andere sterben sehen, glauben wir, wir würden für immer hier bleiben, und haften tief an den Erfahrungen, die uns auf dem Weg begegnen. Mit zunehmender Anhaftung schließt sich das torlose Tor. Wenn die schmerzhafte Anhaftung nachlässt und wir sehen, wie zerbrechlich und vorübergehend unser Leben hier ist, wird jeder Tag zunehmend kostbar, und Tod und Verlust verlieren ihren Schrecken. Sie sind vielleicht traurig, aber nicht Angst erregend.

Die Auswirkungen des Übens unterscheiden sich von Mensch zu Mensch, und sie sind gar nicht so wichtig. Von großer Wichtigkeit ist hingegen die Erfahrung, durch das torlose Tor zu gehen. Auch wenn wir es Hunderte von Malen durchschreiten müssen – es wird bei jedem Mal breiter, einfacher zu öffnen, und der Ausblick wird immer vollkommener, wie eine herrliche Blüte, die sich entfaltet.

Die Udambara-Blume blüht

Von der Udambara-Blume heißt es, dass sie nur einmal in 3000 Jahren blüht. Der Anblick eines voll erwachten Menschen ist so selten wie der Anblick einer Udambara-Blume. Doch wenn Sie sie einmal gesehen haben, bleibt der Duft dieser Blume immer bei Ihnen. Sie werden ihn nie vergessen.

Das ist die Richtung, in die wir gehen. Wir wollen uns der Udambara-Blume nähern, die so selten, so wohlriechend und so wohltuend ist. In einem japanischen Kloster heißt es: »Obwohl vom Stängel gefallen, duftet die Udambara-Blume immer noch.« Es sind diese zwei Bilder, mit denen wir es tun zu haben: die Udambara-Blume, die vom Stängel gefallen ist, und jemand, der auf einer hundert Meter hohen Stange sitzt. Wir sind alle gescheitert und sitzen auf einer Stange fest, und gleichzeitig sind wir Udambara-Blumen und haben das Potenzial der Erleuchtung, das niemals ausgelöscht werden kann. Wir müssen lernen, das alles auf einmal zu fassen.

Praktisches Zen

Übung 1: Untersuche das Tor

Wo sind die Tore, die in Ihrem Leben verschlossen sind? Was hält Sie davon ab, durch sie hindurchzugehen? Nehmen Sie sich Zeit, das zu beantworten.

Übung 2: Lass zu, dass Hindernisse verschwinden

Erinnern Sie sich an einen Augenblick, als ein Hindernis oder Hemmnis, das unüberwindlich schien, problemlos verschwand. Denken Sie an all die Male, als dies in Ihrem Leben geschah.

Übung 3: Geh durch das Tor

Denken Sie an eine Situation in Ihrem Leben, die Sie begrenzt. Gehen Sie heute einfach hindurch. Denken Sie nicht darüber nach, wie. Tun Sie es einfach. Tun Sie dies in der kommenden Woche jeden Tag. Sehen Sie sich selbst, wie Sie einfach hindurchgehen. Rinzai sagt dazu: »Selbst wenn du nicht versuchst, etwas Außergewöhnliches zu erreichen, wird es von ganz allein zu dir kommen.« Und weiter heißt es:

Ihr alle, nach meiner Erfahrung bin ich und seid ihr nichts anderes als Buddha. Was fehlt euch denn in all euren Handlungen? Verehrte Mönche, in den drei Welten ist kein Friede, so wie in einem brennenden Haus. Dies ist kein Ort, an dem ihr lange weilt. Der Todesdämon der Vergänglichkeit kommt in einem Augenblick, ohne zwischen Reich und Arm, Alt und Jung zu wählen.

Wenn ihr nicht verschieden sein wollt von Buddha und den Patriarchen, dann sucht einfach nicht außerhalb.

Ihr alle, der Dharma-Geist ist ohne Form und durchdringt alle zehn Richtungen. Im Auge wird es Sehen genannt, im Ohr wird es Hören genannt, in der Nase wird es Riechen genannt, im Mund wird es Erörterung genannt, in der Hand wird es Greifen genannt, in den Füßen geht und rennt es. Warum sage ich dies? Nur weil die Übenden ihren herumsuchenden Geist nicht zur Ruhe bringen können. Ihr solltet innehalten und euch selbst gründlich anschauen.

Rinzai Roku

Fall 16 aus dem Mumonkan: Wenn die Glocke ertönt

Unmon sagte: »Die Welt ist unermesslich weit. Warum legen wir beim Erklingen der Glocke unser Gewand an?«

Mumons Kommentar

Beim Studium und der Übung des Zen ist es im Allgemeinen äußerst verwerflich, Tönen und Farben nachzugehen.

Auch wenn du möglicherweise beim Hören von Klängen oder beim Sehen von Farben Einsicht erlangst, bleibt das gewöhnlich und banal. Man braucht nicht besonders zu betonen, dass für echte Zen-Mönche, wenn sie Töne und Farben frei verwenden, jedes Ding und jede Handlung hell und klar und ein erfülltes Wunder ist

Wenn ihr einen Klang hört, sagt mir doch: Kommt der Klang zum Ohr oder geht das Ohr zum Klang? Auch wenn ihr beides, Klang und Stille, ausgelöscht habt, was wollt ihr dann noch hier erfahren? Wenn ihr mit den Ohren hört, könnt ihr es nicht erreichen. Wenn ihr mit den Augen hört, dann werdet ihr dessen zum ersten Mal inne-werden.

Mumons Vers

Mit der Erfahrung sind alle Dinge wie von einer Familie.
Ohne die Erfahrung ist jedes gesondert und verschieden.
Ohne die Erfahrung sind alle Dinge wie von einer Familie.
Mit der Erfahrung ist jedes gesondert und verschieden.

18

Zen und Gott

Zen-Wunder 18

*Wir können Gott von ganzem Herzen,
aus ganzer Seele und mit all unserer Kraft lieben.*

Gehe von ganzem Herzen mit mir.
Thora

Viele Menschen fragen, ob Zen eine Religion ist. Worin besteht die Beziehung zwischen Zazen und Gott? Zazen ist an und für sich neutral. Es ist eine universelle Aktivität, die allen Wesen innewohnt, wie Atmen, Sitzen, Stehen und Gehen. Sie ist uns allen eigen, etwas, das wir alle miteinander teilen. Alle Wesen lieben, hassen, hoffen, fürchten und haben das Bedürfnis, eins zu sein mit dem, was größer als sie selbst ist.

In den jüdischen Schriften heißt es, dass die Weisen in der Vergangenheit eine Stunde zu sitzen, eine Stunde zu beten und dann wieder eine Stunde zu sitzen pflegten. Sie setzten sich eine Stunde lang hin, um sich auf das Gebet vorzubereiten, auf die ehrfurchtsvolle Aufgabe, vor ihren Schöpfer zu treten. Nach dem Gebet setzten sie sich noch einmal eine Stunde hin, um die Auswirkungen und Einflüsse des Gebets in sich aufzunehmen. Christen, Moslems, Hindus und all jene, die den übrigen Glaubensgemeinschaften angehören, kennen Zeiten und Methoden, in die Stille zu gehen, ruhig zu sein und sich dem zuzuwenden, was jenseits ihres kleinen Denkvermögens liegt.

Läuterung

Zazen selbst kann man als Übung betrachten, nicht als Religion. Es richtet die Aufmerksamkeit auf den Einzelnen und auf die Läuterung, der er sich und sein Leben unterziehen muss. Es stellt nicht die Frage nach Gott, sondern hält die Aufmerksamkeit vielmehr auf den Menschen gerichtet, der sich dem Unendlichen zuwendet. Wenn Menschen verwirrt, besorgt oder ärgerlich sind, sind sie mitunter für nichts anderes zugänglich als für die Welt der Täuschung, in der sie gefangen sind. Zazen ist eine Übung der Läuterung, die die Menschen einfach, klar, offen und zugänglich für die Erfahrung des Unendlichen macht, auf jede Weise, auf die sie diese Erfahrung zulassen und ehren können.

Das Wort Gott mit seinen vielen Synonymen kann für jeden Menschen etwas anderes bedeuten. Im Namen Gottes wurden Kriege geführt, Menschen verworfen, verurteilt und umgebracht. Leben wurden vernichtet. Eine religiöse Gruppierung hasst oft die andere, und das alles im Namen des einen Gottes, der uns alle erschaffen hat und uns miteinander vereinigt. Diese falschen Vorstellungen haben viel Verwirrung und Missverständnisse gestiftet. In der Bibel steht das nachdrückliche Gebot, keine falschen Götter anzubeten. Wir sollen keine Götzen oder eine von uns selbst gemachte, falsche Vorstellung von Gott verehren.

Beim Zen beschreiben wir Gott nicht intellektuell, sondern erfahren das große Geheimnis mit Fleisch und Blut. Indem wir üben, einfach nur zu sitzen, kehren wir zu unserer ursprünglichen Natur und gleichzeitig zur Reinheit und essenziellen Güte Gottes zurück. Wenn wir einfach und selbstlos werden, werden wir zu einem geeigneten Gefäß, um mit den Geboten und Regeln, die uns gegeben wurden, zu leben und ihnen Ausdruck zu verleihen – sie in unserem Leben wirklich werden zu lassen.

Wir lesen beispielsweise das Gebot, unseren Nächsten so zu lieben wie uns selbst. Aber wie machen wir das? Diese Worte einfach nur ständig zu wiederholen reicht nicht aus. Wie viele Menschen können ihren Nächsten so wie sich selbst lieben? Wie wenige lieben sich überhaupt selbst oder haben einen Geschmack von tiefem Mitgefühl erlebt? Wie viele sind dafür offen, wirklich ein Nächster zu sein, zu einem Fremden freundlich zu sein und ihn in ihre Welt aufzunehmen? Wenn dieses Gebot tatsächlich praktiziert würde, gäbe es keine Obdachlosen auf unseren Straßen.

Es heißt, dass Abraham der größte Diener Gottes war, weil sein Zelt immer Reisenden und Fremden offen stand. Er hieß alle willkommen und speiste sie – mit materieller und spiritueller Kost. Er lehrte sie den wahren Weg zu Gott. Das ist auch der Weg des wahren Zen.

Der eine kommt, der andere geht

> Wenn du kommst, heißen wir dich willkommen,
> wenn du gehst, halten wir dich nicht zurück.
>
> *Alter Zen-Spruch*

Alle sind willkommen, ungeachtet ihrer Rasse oder Religion, ihrer sozialen Zugehörigkeit oder ihres Lebensstils. Alle erhalten einen Platz im Zelt. Wenn es für die Besucher an der Zeit ist fortzugehen, werden sie nicht kontrolliert, verfolgt oder angeklagt, weil sie in ihrem Leben weiterziehen. Es wird ihnen für das Geschenk ihrer Anwesenheit gedankt.

Um die Vorschriften aller Religionen lebendig werden zu lassen und sie täglich in unserem Leben demonstrieren zu können, müssen wir uns von Angesicht zu Angesicht dem Teil in uns stellen, der das verhindern will. Wir müssen unsere Selbstsucht und Grausamkeit, unsere Gier und unseren Kummer kennen lernen, damit sie voll und ganz aufgelöst werden können. Es ist von entscheidender Bedeutung, uns in Achtsamkeit und Läuterung zu üben, damit wir uns nicht in selbstgerechten Träumen einlullen und glauben, wir folgten Gottes Geboten, wenn unser Leben in Wirklichkeit Zeugnis für das Gegenteil ablegt: für Vorurteile, Ablehnung, Hass und Gewalt.

Wenn wir die Gifte in uns selbst auflösen, wird die Gegenwart Gottes in unserem geringsten Kontakt miteinander, in unserer Umgebung und in allem sichtbar, was uns zu tun aufgegeben ist. Wir sind immer mehr imstande, die Notwendigkeit zu verstehen und auf sie zu reagieren, auf die in den heiligen Schriften hingewiesen wird: sich dem hinzugeben, was größer ist als wir selbst, dem Geist des lebendigen Gottes.

Einige Menschen, die Zen praktizieren, sind hingebungsvolle Buddhisten, andere sind Juden, Christen, Hindus oder Moslems. Wieder andere nutzen ihr Zazen dazu, um Gärten zu pflegen, nahrhaftes Essen zuzubereiten, sich um Freunde oder Gemeinschaften zu kümmern. Ebenso wie es keine zwei identischen Fingerabdrücke gibt, so manifestiert sich Zazen für jeden Übenden auf ganz eigene Weise. Es gibt keine Gebote oder Forderungen – vielmehr sind alle eingeladen, das Lied zu finden und zu singen, das sie in ihrem Innern tragen. Einige erleben ihre eigenen Religionen bewusster. Andere finden andere, neue Wege, um ihre Liebe zu Gott oder dem Leben auszudrücken.

Ganz gleich, ob man das Wort Gott, Seele, universaler Geist, höheres Selbst, endlose Dimension, höhere Macht oder universelles Leben benutzt – alles weist auf dieselbe Erfahrung hin. Im Zen werden wir gebeten, Worte beiseite zu legen, damit wir die Verwirrung und die Meinungsverschiedenheiten beiseite legen, DAS direkt schmecken und es dann der ganzen Welt schenken können. Kabir sagte dazu:

> Schüler, sag mir,
> wo ist Gott?
> Er ist der Atem im Atem.

Zen-Warnungen

Die letzten hundert Jahre waren Pionierjahre der Zen-Praxis im Westen, die neue Saat in unbeackertes Neuland gebracht haben. Sie waren Jahre der Freude und des Lachens, des Kummers und der Entdeckungen, der Verwirrung und der Schönheit, des Wachstums und der Schmerzen. Wie bei jeder neuen Unternehmung hat es neben Zeiten des Siegs Zeiten des Irrtums und Verlusts gegeben. Wenn man heute eine Bilanz ziehen will, ist es notwendig, mit ehrlichen Augen zu schauen und die Gefahren der Zen-Praxis nicht herunterzuspielen oder weitere Illusionen zu schaffen, die bei den Einzelnen noch mehr Verwirrung auslösen, als es vorher schon gab.

Vor allem ist Zen praktisch. Es ruft uns in Erinnerung, ständig gegenüber dem präsent zu sein, was vor unseren Augen ist. Es warnt uns davor, das Üben zu benutzen, um das zu ignorieren, was uns nicht gefällt. Verdrängung ist in den Menschen tief verwurzelt. Die Praxis in den Dienst der Verdrängung zu stellen bildet eine große Gefahr für uns alle.

Beim wahren Üben nehmen wir alles zur Kenntnis, was geschieht, erkennen es an und benutzen angemessene Mittel, um damit umzugehen. Blinder Gehorsam ist immer fehl am Platz. Ein zentraler Teil des Übens besteht darin, das Haus zu putzen, mutig einen Besen zu nehmen und den Staub kraftvoll hinauszukehren.

Vor allem aber zielt die Zen-Praxis auf Demut ab, auf die gründliche Beseitigung des Ego, der Arroganz, der Macht und Kontrolle über andere. Sie ist dem Auflösen von Illusionen und Lügen gewidmet. Die Zen-Praxis bildet ein Gegengift für alle Formen von Erstarrung und Heuchelei, die die einfache, wahrhaftige Erfahrung des Einzelnen unterminieren. Wenn man Zen aufrichtig übt, gibt es dem Übenden seine Menschenwürde, Kraft und Freiheit zurück.

Das ist eine Warnung davor, Autoritäten anzubeten, den eigenen klaren Geist aufzugeben und zu glauben, die Wahrheit existiere in anderen. Auch wenn es viele große Zen-Lehrer gibt, sind diese Lehrer Menschen und dem Irrtum unterworfen. Sie tun ihr Bestes, und wir tun unser Bestes, damit unsere Sicht klar bleibt. Wir fallen, sie fallen, und dann stehen beide wieder auf. Wenn jemand fällt, sollten wir uns nicht selbst hinters Licht führen und behaupten, er stünde aufrecht da. Zu viel unkontrollierte Macht für einen Menschen verwandelt sich immer in Gift. In allen Zen-Zentren ist es notwendig, ein Gegenmittel für diese Möglichkeit zu haben. Wir tragen alle die Verantwortung dafür, nicht zu erlauben, dass dies stattfindet.

Es tut gut, sich an den alten Zen-Spruch zu erinnern: »Es gibt Zen, doch es gibt keine Zen-Lehrer.« Er führt uns zu der Einsicht, dass unser eigenes Üben unser Lehrer ist. Alles, was wir sind und brauchen, ist tief in unserem Innern bereits da. Ein Lehrer kommt, um anzuleiten, zu ermutigen, zu inspirieren und zu warnen. Zuweilen ist es notwendig, dass auch wir unsere Lehrer und Zen-Freunde anleiten, ermutigen, inspirieren und warnen. Kein Mensch ist unfehlbar. Das ist die größte Warnung, die uns Zen gibt.

Zen-Begleiter fürs Leben

Hier folgt die Essenz des Buches in Form einiger Leitsätze. Machen Sie sie zu Ihren Begleitern, und erfreuen Sie sich daran, wie sie in Ihrem Leben wirksam werden.

- Lehne dich nicht an andere an. Lehne dich an nichts an.
- Halte deinen Rücken immer gerade. Deine Wirbelsäule verbindet Himmel und Erde miteinander. Erweise ihr Ehre.
- Einsamkeit ist die fehlende Bereitschaft, mit der ganzen Schöpfung offen zu kommunizieren. Schaffe Abhilfe.
- Blase dich nicht auf, und mache andere nicht klein. Wir gehen alle auf derselben Erde.
- Dieser eine Atemzug wird nicht wiederkommen. Schenke ihm Aufmerksamkeit.
- Wir können nicht dem Lärm Einhalt gebieten, aber wir können uns selbst Einhalt gebieten. Wir können den Lärm akzeptieren.
- Was du in diesem Augenblick bist, enthält die gesamte Botschaft dessen, was du warst.
- Du kannst nie etwas Schlimmeres zu Gesicht bekommen als dich selbst.
- Ort für Ort ist der richtige Ort.
- Setz keinen fremden Kopf auf deinen Kopf. Was ist an deinem eigenen verkehrt?
- Irgendwohin gehen bringt dich nirgendwo anders hin.

• Nichts zu tun ist mehr als genug. Die Blumen blühen von selbst.

Literaturhinweise

Beck, Charlotte Joko: *Zen im Alltag*. Knaur Verlag, München 1990.

dieselbe: *Einfach Zen*. Knaur Verlag, München 2000.

Chödrön, Pema: *Dharma als Lehre – Dharma als Erfahrung*. Aurum Verlag, Braunschweig 1991.

Dhammapada. Die Grundlagen der buddhistischen Lehre. Droemersche Verlagsanstalt 1998.

Dogen Zenji: *Shobogenzo*. Theseus Verlag, Berlin 2001.

Gundert, Wilhelm (Hrsg.): *Niederschrift von der smaragdenen Felswand*. Carl Hanser Verlag, München 1964.

Kapleau, Philip: *Die drei Pfeiler des Zen*. Scherz Verlag, München 1979.

Kornfield, Jack: *Die Lehren Buddhas*. Knaur Verlag, München 1996.

Linji (Rinzai): *Das Denken ist ein wilder Affe. Aufzeichnungen und Unterweisungen der Lehren des großen Zen-Meisters (Rinzai Roku)*. Barth Verlag, München 1995.

Reps, Paul (Hrsg.): *Ohne Worte, ohne Schweigen*. Barth Verlag, München 1989.

Schwarz, Ernst (Hrsg.): *Bi-Yän-Lu. Koan-Sammlung. Aufzeichnungen des Meisters vom Blauen Fels*. Kösel Verlag, München 1999.

Seng-ts'an: *Die Meißelschrift vom Glauben an den Geist (Shinjinmei)*. Barth Verlag, München 1991.

Suzuki, Shunryu: *Zen-Geist, Anfänger-Geist*. Theseus Verlag, Zürich – München 1975.

Thich Nhat Hanh: *Nenne mich bei meinem wahren Namen. Gesammelte Gedichte.* Theseus Verlag, Berlin 1997.

Yamada, Koun (Hrsg.): *Mumonkan. Die torlose Schranke.* Kösel Verlag, München 1989.

ARKANA
GOLDMANN

Der Weg der Achtsamkeit

Pema Chödrön
Wenn alles zusammenbricht   21525

Steve Hagen
Buddhismus kurz und bündig   21544

Dalai Lama
Die Lehren des tibetischen
Buddhismus   21539

Dalai Lama
Das Herz aller Religionen ist eins
                    13278

Goldmann • Der Taschenbuch-Verlag

ARKANA
GOLDMANN

Osho - Medidation & Energie

Meditationsführer   21609

Was kann ich tun?   21561

Liebe, Freiheit, Alleinsein   21599

Meditation   21521

Goldmann • Der Taschenbuch-Verlag